Originaltitel: *An Honest Living*
Copyright © 2022 by Dwyer Murphy

SEPTIME *suspense*

© 2024, Septime Verlag, Wien
Alle Rechte vorbehalten.

Lektorat: Christie Jagenteufel
Umschlag und Satz: Jürgen Schütz
Umschlagbild: © i-stock
Druck und Bindung: Florjančič tisk d.o.o.
Printed in the EU

ISBN: 978-3-99120-047-5
www.septime-verlag.at
www.facebook.com/septimeverlag | www.instagram.com/septimeverlag

Dwyer Murphy

Ehrlich währt am längsten

Roman

Aus dem amerikanischen Englisch von Roland Freisitzer

Für Carolina und Eloisa

Erster Teil
Schöner wohnen

1

Ich sah Newton Reddick zum ersten Mal vor dem Gebäude der Poquelin-Gesellschaft auf der East Forty-Seventh Street. Er war betrunken und lehnte an einem Einkaufswagen, der mit Ein-Dollar-Taschenbüchern gefüllt war. Er wirkte unbeschwert und schien sich an der Kälte nicht zu stören. Die Poquelin war eine Privatbibliothek, die im Vergoldeten Zeitalter von Bankkaufleuten gegründet wurde, die meinten, sich in Rockefellers und Carnegies zu verwandeln, wenn sie ihre Mittagspausen nur lesend verbrachten. Eine Privatbibliothek war sie 2005 noch immer, und zusätzlich dazu eine Gelehrtenvereinigung, die sich der Kunst, der Wissenschaft und der Erhaltung des Buches – was auch immer das bedeuten mochte – widmete. Auf ihrer Mitgliederliste fanden sich unzählige Akademiker, Antiquariatsbesitzer sowie einige unzeitgemäße Exzentriker des alten Geldes, die sich in der Hoffnung auf eine literarische Abendgestaltung von den East Seventies hierher verirrten. Newton Reddick war einer der Antiquariatsbesitzer, oder zumindest war er einer gewesen. Man sagte mir, dass er mittlerweile nur noch Sammler sei. »Sammler« schien mir ein übertrieben höflicher Ausdruck zu sein, doch er verdeutlichte immerhin die Tatsache, dass er damit kein Geld verdiente. Er lebte vom Geld seiner viel jüngeren Frau, die ihren Reichtum geerbt hatte und mit der er seit beinahe zehn

Jahren verheiratet war. Offensichtlich verhalf ihm das zu einem Ehrenplatz unter den Mitgliedern der Bibliothek. An den mit Taschenbüchern gefüllten Wagen gelehnt, hielt er vor der Poquelin Hof und wedelte mit seiner Zigarette, die er in der freien Hand hielt, während ein Trio aus rotgesichtigen Alten wegen der Kälte eng aneinandergedrückt an seinen Lippen zu hängen schien. Seine schneidende Tenorstimme prallte von den Wolkenkratzern ab und drang auf die andere Straßenseite, wo ich mit einem Kaffee aus dem Gemischtwarenladen an der Ecke Fifth Avenue und Forty-Seventh Street stand.

Er ließ sich über jemanden namens Richardson aus. »Das Problem mit Richardson ist«, erklärte er den anderen, »dass der Mann keinen Sinn für Geschichte, kein Gefühl für irgendein höheres Anliegen hat. Er denkt, dass der Pulitzer den Wert eines Buches steigert.«

Die kleine vor der Poquelin versammelte Gesellschaft erkannte den Trugschluss dieser Denkweise nur allzu deutlich, und bevor sie ihre Zigaretten ausdämpften und wieder ins Gebäude gingen, hatten sie noch ein paar nette Worte für die ganzen Richardsons dieser Welt übrig, die den Wald vor lauter Bäumen nicht sahen, die wahre Größe nicht einmal dann erkennen würden, wenn diese an sie herantreten und ihnen einen Kinnhaken verpassen würde. Diese alten Büchermänner waren ein lebhafter Haufen. An einem anderen Abend, unter anderen Umständen, hätte ich ihrem Geschwätz möglicherweise gerne gelauscht. Es war ein Dienstag im November, kurz vor Thanksgiving. Überall in der Stadt besuchte man Freunde und schlug beim Trinken über die Stränge. Es war die Zeit der Partys und Paraden und der kleinen, bedeutungslosen Affären.

Üblicherweise hielt ich mich von Scheidungskram fern, aber der Fall war mir auf Empfehlung zugegangen. Eine Frau, die sich Anna Reddick nannte, hatte mich am Donnerstagabend der vorangegangenen Woche in meinem Apartment aufgesucht und erzählt, dass sie meinen Freund Ulises auf einer Party getroffen habe. Ulises war ein Lyriker aus Venezuela, der mir viel Arbeit zuschanzte. Er fand es furchtbar komisch, dass ich Rechtsanwalt und nicht Künstler oder Schriftsteller oder Lyriker wie alle anderen war. Noch amüsanter fand er die Tatsache, dass ich nicht mehr für eine der großen Midtown-Kanzleien arbeiten wollte und stattdessen versuchte, mich allein durchzuschlagen. Leichtsinnig und kaum profitabel. Er hatte mir bereits eine ganze Reihe potenzieller Mandanten zu Beratungsgesprächen geschickt. In seiner Welt fanden sich immer wieder Leute, die Hilfe benötigten und nicht wussten, wo sie diese finden konnten. Manche hatten Geld und andere versuchten, mich mit Mahlzeiten oder Gemälden zu bezahlen. Manchmal ließ ich mich darauf ein, obwohl ich eigentlich keine Ahnung von bildender Kunst hatte und deshalb jemanden um den Gefallen bitten musste – Ulises oder einen anderen Freund –, es für mich zu begutachten. Es war ein endloser Kreislauf idealler Geschäfte und mickriger Erträge, von in Aussicht gestellten Gefallen, die letztendlich entweder spontan oder gar nicht eingelöst wurden. Solange ich die Miete bezahlen konnte, war das in Kauf zu nehmen. Anna Reddick erschien mit Bargeld – zehntausend Dollar. Sie hatte die Scheine fein säuberlich und alle gleich ausgerichtet gestapelt, so wie eine Kellnerin ihr Trinkgeld am Ende einer Schicht sortieren würde.

»Erwischen Sie ihn dabei«, sagte sie, »und Sie erhalten einen Bonus, in bar, per Scheck, Geldbrief oder Überweisung, wie auch immer, Sie haben die Wahl.« Ich hatte ein paar magere Monate hinter mir, also war ich nicht in der Lage, sie abzuweisen. Irgendetwas an diesem Fall beunruhigte mich von Beginn an. Was auch immer es war, ich konnte es erfolgreich verdrängen.

So wie ich es verstand, bestand der Job im Wesentlichen aus einem kontrollierten Ankauf, so wie ein verdeckter Ermittler ein wenig Gras auf der Straße oder einen von der Palette gefallenen Karton mit Motorolas oder Hunderte andere Dinge kaufen würde, deren Herkunft oder Bestimmung zweifelhaft war. Nur handelte es sich in diesem Fall nicht um Gras, sondern um Bücher. Ich hatte mir eine Liste von fünf Titeln auf einer Karteikarte notiert. Irgendeiner davon würde genügen, sagte sie, und ich müsse mir keine Sorgen darüber machen, sie tatsächlich zu kaufen, solange ich ein Kaufanbot ihres Mannes, von dem sie sich scheiden lassen wolle, erhielte und das auch in einer eidesstattlichen Erklärung beschwören würde. Sie glaubte, dass er ihre Bücher, bei denen es sich um Familienerbstücke handelte, verkaufen wolle. Ihre Anwälte hätten gesagt, dass sie irgendeinen Beweis für diese Annahme benötigen würde, und ihr dazu geraten, eigens zu diesem Zwecke einen weiteren Anwalt einzuschalten, da man die Sache durch die Arbeit eines Dritten zur Gänze in und unter Verschwiegenheitsklauseln verschleiern konnte. Ein typisches Konstrukt von Scheidungsanwälten. Sie trieben es mit der Geheimhaltung so weit, bis die Wahrheit beinahe bedeutungslos war, so gründlich und endgültig verdunkelt, dass man den Weg zurück ans Tageslicht kaum finden konnte. Die Bücher hatten recht ungewöhnliche Titel. Lang, verschnörkelt und grauenhaft. *Die letzten Bekenntnisse von Tom Mansfield, der seinen Diener korrumpierte und ermordete. Anmerkungen zu den Ermittlungen gegen Charles Mandell und der letztendlichen Tötung von Luke M. Johnston.* Es handelte sich offensichtlich um juristische Bände.

Oberflächlich betrachtet, hatte alles Hand und Fuß. Ein Anwalt auf der Suche nach Büchern. Soll immer wieder vorkommen.

Ich folgte Reddick und seinen Jüngern ins Gebäude und stieg eine schmale Treppe in den zweiten Stock hinauf, wo sich ein mit Kronleuchtern geschmückter Bankettsaal befand, auf dessen Hartholzboden abgenutzte Teppiche lagen. Es war der in der Poquelin öffentlich zugängliche Gesprächsabend, doch so wie es aussah, war ich der einzige Fremde, der dieses Angebot wahrnahm. Siebzehn alte Männer in bis zum Kinn zugeknöpften Hemden. Einige Gemälde an den Wänden und zur Schau gestellte Bücher. Die Reden waren bereits zu Ende und die Mitglieder hatten sich dem alkoholischen Teil des Abends zugewandt. Ich beobachtete Reddick von der anderen Seite des Raumes. Er war hochgewachsen, dünn und sehr bemüht, sich aufrecht zu halten, indem er sich mit den Händen den Rücken stützte, so wie eine schwangere Frau es tun würde. Er war dreiundsechzig Jahre alt. Seine Frau in ihren frühen Dreißigern. Vielleicht ging ich deshalb so hart mit ihm ins Gericht, weil ich der Meinung war, dass ein Mann seines Alters, dem das Leben eine junge und finanziell unabhängige, dazu auch noch auf ihre ganz eigene Art und Weise attraktive Frau beschert hatte – ganze zehn Jahre lang –, sich bescheiden und zivilisiert verhalten müsse, wenn sie am Ende doch noch zur Vernunft kam. Dass er nicht herumgehen und ihre Familienbücher verkaufen sollte. Es gibt nichts Schlimmeres als einen dreisten Hahnrei. Das waren jedenfalls die Gedanken, die ich wälzte, während ich mit einem Drink durch den Saal schlenderte und den alten Männern meine Geschichte erzählte, die Newton Reddick anlocken sollte und es schließlich auch tat. Die Geschichte war mehr oder weniger wahr: Ich erzählte ihnen, dass ich Anwalt sei, spezialisiert auf geistiges Eigentum. Dass ich mich für die Geschichte der Poquelin-Gesellschaft interessieren würde, aber unmittelbar darauf aus sei, ein paar Bücher zur Ausschmückung meines Büros zu kaufen, vorzugsweise Gesetzesbücher, historische Raritäten.

Reddick kam mit zwei Drinks auf mich zu und stellte sich vor.

»Ich sehe, dass Sie gerade dabei sind, loszulegen«, sagte er.

Er gab mir den Drink und wir stießen an. Sein Griff war unsicher und sein Lächeln das eines Mannes, der Fremden ebenso wie deren Absichten ganz selbstverständlich vertraut. Er strahlte eine gewisse Arglosigkeit aus, die vielleicht nicht nur dem Whiskey geschuldet war. Wir sprachen eine Weile über die Poquelin-Gesellschaft und die Stadt selbst. Er wollte mir erzählen, wie sich alles verändert hatte. In diesen Jahren fand man sich oft in derartigen Gesprächen wieder, und was die andere Person dabei wirklich sagen wollte, war immer, dass sie bereits länger in New York war als man selbst, viel länger natürlich, und dass das bedeutsam war. Bei Newton Reddick hatte ich dieses Gefühl nicht. Er erzählte mir von der Stadt, aber seine Erinnerungen wirkten irgendwie unschuldig, so wie man über das Haus seiner Kindheit erzählen würde, das längst verkauft worden war. Auf diesem Weg fanden wir zurück zum Thema Bücher und der Sammlung, die ich mir zulegen wollte.

»Das ist ein aufregender Moment«, sagte er. »Ich erinnere mich an meine Anfänge. An das Herumschnüffeln in der Book Row – die Läden sagen Ihnen bestimmt nichts, das war lange vor Ihrer Zeit. Ich arbeitete damals im Büro einer Versicherungsgesellschaft, doch nach Feierabend fand ich mich oft in der Innenstadt wieder, auf dem Weg Richtung Fourth

Avenue, ohne genau zu wissen wieso. Natürlich besaß ich Bücher. Buchclubausgaben. Kartonweise Taschenbücher mit Eselsohren. Ich hatte nie daran gedacht, eine echte Sammlung anzulegen, eine eigene Bibliothek.«

Er hatte ein seltsames Funkeln in den Augen. Wäre ich boshaft, hätte ich gesagt, dass es Gier war, doch das Gespräch hatte mich milde gestimmt und ich fühlte, dass seine Erinnerung mehr war als das.

»Mit welchem Buch haben Sie angefangen?«, fragte ich.

»*Schöner wohnen*«, sagte er. »Edith Wharton und Ogden Codman, die Ausgabe von 1919.«

»War es sehr wertvoll?«

»Nicht besonders. Aber es hat dazu geführt, dass ich meine Richtung fand.« Er lächelte traurig und strich sich mit den Händen über den Rücken. »Man erinnert sich eher an die Bücher, die man verliert, als an die, die man behält. Sind Sie gewappnet?«

Ich nippte an dem Whiskey, den er mir gebracht hatte, und wappnete mich für eine lange, melancholische Zukunft des Sammelns und Verlierens von Büchern. So schlimm konnte es nicht sein. Seine Frau hatte die Bibliothek in den letzten Jahren finanziert, und jetzt, wo er sie verloren hatte oder sie demnächst an die Scheidungsanwälte verlieren würde, hatte er immerhin noch die Gesellschaft der Gelehrten, die hier seinen Geschichten lauschten. Überall in New York, auf der ganzen Welt, erlitten alte Männer viel schlimmere Schicksale. Armut, Krankheit oder Einsamkeit. Und sie hatten keine Büchergemeinschaften, bei denen sie sich ausweinen konnten.

Das sagte ich mir, obwohl ich ihn in Wahrheit mochte. Er hatte eine ungewohnt aufrechte Art.

»Interessieren Sie sich für Edith Wharton?«, fragte er.

»Ich mag ihre Romane. Sonst habe ich nichts von ihr gelesen.«

»Die meisten Menschen Ihres Alters kennen sie gar nicht mehr. Man sagt mir, dass sie heutzutage nicht mehr in Mode ist. Nicht modern genug. Ich kann mir nicht vorstellen, warum das so sein soll. Das einzige ihrer Bücher, das noch irgendjemand in seiner Sammlung haben möchte, ist *Zeit der Unschuld*, aber sie wollen es auch nur, weil es den Pulitzer gewonnen hat. Sie sammeln Reihen. Pulitzer-, Booker- und Nobelpreisträger. Letzten Monat war ein Mann hier, der behauptete, jedes Pulitzer-Sachbuch mit einem blauen Schutzumschlag zu besitzen. Können Sie sich das vorstellen?«

Ich konnte es nicht. Ich versuchte es erst gar nicht. Nach einer Weile erwähnte ich beiläufig das *Haus der Freude*. Es war ein Buch, das ich in einer anderen Phase meines Lebens oft gelesen hatte. Als ich erstmals nach New York kam und in der Nähe des Brooklyn Museums wohnte, über einem Laden, der jamaikanisches Grillhähnchen mit Besteck und Teller an der Fenstertheke verkaufte. Wenn man mehr davon wollte, brachte man das Geschirr am nächsten Tag sauber zurück. Es war eine lange U-Bahn-Fahrt bis zur juristischen Fakultät an der 116th Street und ich las damals alle möglichen Bücher immer wieder. Edith Whartons waren da am besten. Da konnte man schon mal die Verbindung zur Lokallinie verpassen, wenn man solche Bücher las, und dann musste man zurückfahren oder den ganzen Weg von Harlem laufen.

Aus irgendeinem Grund wollte ich Newton Reddick davon erzählen, aber ich entschied mich dagegen.

»Lily Bart«, sagte er, »ist eine bewundernswerte Figur. So stark. Also suchen Sie nach einer literarischen Sammlung?«

»Natürlich, wieso nicht.«

»Solange sie sich nicht an Preisen orientiert. Nichts Gewöhnliches.«

»Nein, nichts Gewöhnliches.«

Ich warf einen Blick auf meine Uhr. Es war fast Mitternacht.

»Ich interessiere mich auch für juristische Bücher«, sagte ich.

Er blickte tief in sein Glas, möglicherweise immer noch in Gedanken an Edith Wharton oder an die ganzen jungen Leute, die es ablehnten, sie zu lesen, und alle, die ihre Meinung über schöneres Wohnen nie kennen würden. Er brauchte eine Weile, um sich wieder zu sammeln. Ich fragte mich, wie viele Verkäufe ihm in all den Jahren entgangen waren, weil er sich auf diese Weise in seinen Träumen und persönlichen Enttäuschungen verloren hatte.

»Juristische Bücher«, sagte er. »Natürlich. Da kann ich Ihnen behilflich sein.«

»Was würden Sie mir empfehlen?«

»Da gibt es eine ganz fabelhafte Tradition im Bereich der juristischen Schriften. Anwälte sind immer schon großartige Buchsammler gewesen. Da gab es Pforzheimer in Yale, Walter Jr., nicht Carl. Allyn Peck und der Rest von ihnen in Harvard. Es kommt darauf an, welcher Bereich des Rechts Sie interessiert.«

»Ich denke da an etwas Spezielleres als ein paar Bücher von Blackstone.«

»Etwas Spezielleres?«

»Etwas Ausgefallenes. Wäre schön, wenn es etwas Lesenswertes wäre.«

Er brauchte einen Moment, aber als es bei ihm ankam, lächelte er, freundlich und ein wenig abwesend. Er vermittelte mir den Eindruck, dass er viel Zeit darauf verwendet hatte, ausgefallene Dinge zu sammeln, und dabei oft genug schmerzhafte Erfahrungen gemacht hatte. Zusammengerechnet hatte er wahrscheinlich einen Großteil seines Lebens vornübergebeugt in Buchhandlungen verbracht.

»Ich möchte Ihnen gerne etwas zeigen«, sagte er. »Kommen Sie mit mir?«

Zu diesem Zeitpunkt war er schon völlig betrunken. Seine Augen waren glasig, wie ein See am frühen Morgen.

Ich folgte ihm einen Flur entlang und durch eine Reihe Lesesäle, die alle mit Lehnstühlen und mit Büchern gefüllten Einbauregalen ausgestattet waren. Keiner der Räume war besetzt, und da beschlich mich das Gefühl, ein seltsames Gefühl, das ich nicht richtig zu artikulieren oder zu deuten wusste, nämlich dass die Räume, durch die wir gingen, den Büchern gehörten, wie alles in dem Gebäude, und dass es keine Rolle spielte, wessen Name auf einer Besitzurkunde stand oder wer der Gesellschaft beitrat oder auch nicht, dass die Bücher immer da sein würden, genauso wie die alten Männer, die durch die Räume schlurften und sich um sie kümmerten.

Schließlich kamen wir zu dem Ort, den Reddick mir zeigen wollte. Es war ein Raum wie alle anderen, an denen wir bereits vorbeigekommen waren, klein und diskret, im hübschen Stil von Edith Whartons New York eingerichtet. Reddick öffnete die Arme. Er schien zu glauben, dass die Herrlichkeit offensichtlich war.

»Die Sammlung der Prozessschriften«, sagte er.

Es roch nach Herbstfäule. Der Raum hatte kein Fenster und war schummrig beleuchtet.

Er nahm ein Buch aus einem der Regale und reichte es mir. Es war minderwertig gebunden, minderwertig gemacht, geradezu schäbig, nichts, das ich zu sammeln gedächte und in den Regalen meines Büros auszustellen, des imaginären Büros, dessen Einrichtung mich in die Poquelin-Gesellschaft geführt hatte. Der Titel des Buches lautete *Das Leben und die Verbrechen des Mordechai Hewitt, dem Mörder von New York.* Es war ein Buch zum Prozess. Das ganze obere Regal war damit gefüllt. Von dort trug auch der faulige Geruch zu uns.

Ich gab vor, das Buch durchzublättern, es zu bewundern.

»Das trifft es genau«, sagte ich. »Es ist perfekt.«

»Nicht wahr?«, sagte er. »Es ist wie … wie das Festhalten der Zeit selbst.«

Seit wir den Raum betreten hatten, ging etwas in ihm vor. Wie eine Beschleunigung des Blutstromes. Er wirkte zwanzig Jahre jünger, was mich an die Frau denken ließ, die er im Begriff war zu verlieren. Selbst wenn er diese paar Jahrzehnte hätte abwerfen können, verband ihn nichts mit ihr. Das war die unumstößliche Wahrheit.

»Könnten Sie mir so etwas wie das hier verkaufen?«

»Ja«, sagte er feierlich. »Nicht diese, aber es gibt andere. Eine ganze Menge andere.«

»So viele, wie Sie entbehren können.«

»Es freut mich, dass Sie das zu schätzen wissen. Ehrlich.«

Ohne erneut gefragt werden zu müssen, fand er einen Notizblock und einen Kugelschreiber auf dem Lesepult in der Ecke des Raumes und begann zu schreiben. Als er fertig war, riss er das Blatt aus dem Block und überreichte es mir. Er hatte zehn Titel aufgeschrieben und neben jeden eine Anmerkung mit dem Verlag und einer Jahreszahl, vermutlich das Jahr, in dem das Buch gedruckt worden war, und schließlich eine Spalte mit den jeweiligen Preisen. Er hatte die Zahlen nur schwach gestrichen, als ob es ihn in Verlegenheit gebracht hätte, es überhaupt erst tun zu müssen, als ob wir uns beide dafür schämen müssten, so profan zu sein. Es waren unglaublich teure Hefte.

»Diese Bücher wären ein ausgezeichneter Auftakt zu einer spezialisierten Sammlung«, sagte er. »Nehmen Sie das mit nach Hause. Sehen Sie sich die Bände an, denken Sie über die Summen nach. Überlegen Sie. Dann rufen Sie mich an. Wir werden das schon hinkriegen.«

»Was hinkriegen?«, fragte ich ein wenig dümmlich.

»Ihre Bibliothek«, sagte er. »Das ist erst der Anfang.«

Ich fragte, ob es ihm etwas ausmachen würde, den Zettel mit seinem Namen zu unterschreiben. Als Andenken.

Er tat es mit Freude, ohne es zu hinterfragen oder Verdacht zu schöpfen. Wir waren an der Schwelle zu einem großen Abenteuer, er und ich. Natürlich sammelten wir Souvenirs.

Ich bedankte mich und steckte den Zettel in meine Hosentasche. Er war nun Beweismaterial.

Bevor ich ging, wollte er mir die Hand schütteln, doch ich fand einen Weg, es zu vermeiden, ohne dabei unhöflich zu sein.

2

Damals dachte ich, dass man kaum leichter Geld verdienen konnte. Am darauffolgenden Tag tippte ich meine Aussage und die eidesstattliche Erklärung, fügte Reddicks handgeschriebenen und signierten Zettel mit dem Angebot als Beweisstück A hinzu und mailte die Dokumente an Shannon Rebholz von Rebholz und Kahn, Anna Reddicks Scheidungsanwältin. Eine Woche später tauchte ein Kurier mit einem versiegelten Manila-Umschlag an meiner Tür auf. Er beinhaltete feines Briefpapier und eine Rolle mit Hundertdollarscheinen, fünfzig Stück davon. Zusammen mit dem Vorschuss machte das also fünfzehntausend Dollar. Keine schlechte Ausbeute für ein paar Stunden Arbeit. Ich steckte das meiste davon unter die Matratze und nahm mir vor, den Anleihenmarkt so bald wie möglich unter die Lupe zu nehmen. Mit dem, was übrig blieb, lud ich Ulises Lima zu Steaks im Peter Luger's ein. Auf diesem Weg wollte ich mich bei ihm dafür bedanken, mir einen so unkomplizierten, aber lukrativen Fall vermittelt zu haben. Er bestellte ein Porterhouse mit Ofenkartoffeln, und gegen Ende des Abends, nachdem wir beide eine ganze Menge getrunken hatten, bestand er darauf, einen Toast auszusprechen. Er begann als Trinkspruch über Loyalität und Freundschaft und endete damit, dass er über Jorge Luis Borges und seine frühe Lyrik sprach, wie furchtbar sie war, so schrecklich, dass sie Teil eines großen Streiches sein musste, den der große Mann den Argentiniern gespielt hatte. Den Rest des Abendessens verbrachten wir damit, zu überlegen, ob es einen Sinn hinter diesem Streich geben könnte und ob eine erfundene Enzyklopädie wie der *Codex Seraphinianus* oder gar ein Haufen Gauchos involviert gewesen war. Es war einer dieser Abende, an denen wir glücklich und satt waren. Die Arbeit hatte sich einfach so ergeben, ohne dass einer von uns beiden sie hätte suchen müssen.

Zu dem Zeitpunkt war Ulises wahrscheinlich mein engster Freund in der Stadt, aber wenn man mich gefragt hätte, wie wir uns kennengelernt hatten, hätte ich es nicht vermocht, mich daran zu erinnern. Er behauptete, dass es in einer Buchhandlung auf der Lower East Side war, die Taschenbuchkrimis und anarchistische Literatur verkaufte, aber er konnte sich nicht an den Namen erinnern. Er verwechselte mich dabei mit jemand anderem. New York war damals gespickt mit kleinen, sterbenden Läden und es hätte genauso gut ein Schallplattenladen, eine Imbissbude oder ein Zeitungskiosk gewesen sein können. Ulises hatte einen scharfen Verstand, der sich ständig falsch an etwas erinnerte. Das war es, was ihn zum Poeten mache, wie er gerne sagte. Würde er sich in der richtigen Reihenfolge an Geschehnisse erinnern, wäre er Detektiv oder Laborassistent geworden. Erinnerungen seien spekulativ. So lautete jedenfalls seine Theorie, die auf Umwegen mit der Poesie von Borges und einigen der unbekannteren Werke von Roberto Bolaño, einem anderen von Ulises bewunderten Schriftsteller zusammenhing. Bolaño war zwei Jahre zuvor gestorben, irgendwo in Barcelona, vermeintlich an Leberversagen. Seither war er ziemlich populär geworden und manchmal sah man Leute in der U-Bahn, die versuchten, seine Bücher im spanischen Original zu lesen, insbesondere *2666*, den Roman, den er zu der Zeit schrieb, als er auf die neue Leber wartete, die ihn allerdings nie erreichte. Für Ulises, der sich nach einer Figur Bolaños nannte, war das äußerst unangenehm. Er hatte sich den Namen verpasst, als er zum ersten Mal nach New York kam, und darauf gebaut, dass der Literaturhinweis für lange Zeit, vielleicht für immer, im Dunkeln bleiben würde. Sein wirklicher Name war Juan Andres Henriquez Houry. Alle nannten ihn aber Ulises. Er hatte überall in der Stadt Freunde, einen ganzen Haufen außergewöhnlicher Leute.

Nach den Steaks gingen wir ins Fortaleza Café und sprachen weiter über die Arbeit. Es war hauptsächlich Stammpublikum da. Manche von ihnen kannte er. Andere wiederum waren Leute, für die ich in der Vergangenheit Jobs erledigt hatte, Bekannte, Nachbarn und die Frau, die die Bäckerei auf der Graham Avenue führte und die im Sommer zuvor eine Zeichnung des blauen Ofens, den ihr ihre Großmutter vererbt hatte, als Markenzeichen hatte anmelden wollen. Ein einfacher Fall, der nur die Einreichung beim Patentamt erforderte und mir eine Zeit lang eine Menge kostenloser Muffins einbrachte. Warme, üppige Muffins, die vor Beeren nur so überquollen. Sie trug einen weiten Pullover und tanzte mit einer anderen Frau, die mir bekannt vorkam. Möglicherweise arbeitete sie auch in der Bäckerei. Rund um die Handgelenke waren ihre Ärmelenden mit Puderzucker bestäubt. Es war kurz nach dreiundzwanzig Uhr und im Fortaleza gab es unter der Woche Live-Musik. Sie verlangten dafür keinen Eintritt, ließen nur einen Hut herumgehen. Wenn man wollte, konnte man ihn ignorieren, doch Miss Daniela, die Besitzerin und Managerin des Cafés, die aus Fortaleza stammte oder auch nicht – ich habe das nie überprüft –, saß an der Bar und beobachtete ganz genau, wer spendete und wer nicht. Viele taten es nicht, aber die habe ich nie wiedergesehen.

»Ihr zwei seid immer am Arbeiten«, sagte Miss Daniela, als Ulises und ich an der Bar hockten. Sie saß drei Stühle weiter und beobachtete die Band, die aus einer Gitarre, Drums und einer Sängerin bestand und Samba zum Besten gab. Immer wenn ein Zug über die Williamsburg Bridge fuhr, beschleunigte die Band das Tempo und spielte lauter, kämpfte wacker gegen das Rattern der Gleise und des Brückenunterbaus an, das bemüht war, sie zu übertönen, was aber nie gelang. Es geschah immer sehr natürlich. Sie spielten jeden Donnerstagabend, von ungefähr einundzwanzig Uhr bis Mitternacht.

Miss Daniela setzte sich um, um uns näher zu sein. Näher zu Ulises und zur Band.

Ulises erzählte ihr, worüber wir diskutierten. Den Newton-Reddick-Fall. Borges. Scheidung. Sie hatte eigentlich nicht gedacht, dass wir arbeiteten – es war nur ein Witz gewesen. Sie mochte es, Ulises aufzuziehen. Sie seien Nachbarn, wie sie gerne sagte, sie aus Brasilien und er aus Venezuela, sie würden schon eine Grenze teilen, wieso nicht auch hin und wieder das Bett; zum Lachen, zum Spaß, um in Übung zu bleiben? Sie trug ihr Haar zu einem großen, altmodischen Knoten, den sie mit Seidentüchern umwickelte. Im Vorjahr war sie zweimal wegen Verstößen gegen das Revue-Gesetz zu Geldstrafen verurteilt worden. Das Revue-Gesetz in New York war so wie sonst nirgendwo im Land, vielleicht wie nirgendwo auf der Welt. Man durfte nur in wenigen, über die Stadt verteilten Lokalen tanzen, in Clubs und in alten Discos, von denen einige nur noch aufgrund der Tanzgenehmigung über die Runden kamen. Die Strafen waren nicht allzu hoch, doch sie summierten sich für ein kleines Lokal wie das Fortaleza, das nur zehn Tische, die Barhocker und eine Küche mit vier Herdplatten hatte. Die Stadtverwaltung schickte unter der Woche gerne Polizisten in Zivil vorbei, um die Zuwiderhandelnden zu erwischen. Das Revue-Gesetz war verabschiedet worden, um die schwarzen und lateinamerikanischen Stadtteile besser unter Kontrolle zu haben. Es war genug, um eine Geschäftsfrau in den Wahnsinn zu treiben, besonders eine, die Musik anbot, speziell Samba. Aber Miss Daniela ertrug die Vorstellung nicht, ihr Lokal verändern zu müssen. Ich sagte ihr, dass ich es, wenn sie die nächste Strafe erhielt, für sie ausfechten würde, pro bono. Sie fragte, ob sich Ulises diesem Kampf anschließen würde, pro bono, und er sagte, er würde es versuchen, es wäre sogar eine Ehre, es zu tun, doch dass man die Stadtverwaltung nicht bekämpfen könne. Das hatte er irgendwo aufgeschnappt.

»Wisst ihr, ich habe mich bereits von fünf Männern scheiden lassen«, sagte Miss Daniela. »Zwei in Brasilien, drei hier. Jeder von ihnen ein klasse Typ. Keiner nahm mir etwas weg. Keiner nahm sich einen Anwalt. Unterschrieben einfach die Papiere, wenn ich sie vorbeibrachte. Wenn ich sie an den Sonntagen dann in der Kirche sah, zogen sie alle den Hut.«

»Du hast gute Männer für Scheidungen gewählt«, sagte ich.

»Das muss man. Man muss darüber nachdenken, wie es enden wird.«

»Du hättest Prozessanwältin werden sollen. Genau das bringen sie uns nämlich bei.«

»Anwälte tanzen nicht«, sagte sie. »Keine Musik, kein Tanzen. Nur Strafen, Bußgelder, Scheidungen.«

Sie hatte uns zur Gänze durchschaut. Dennoch fragte sie, ob ich mit ihr tanzen wolle.

»Und wie ist das mit der Strafe?«, fragte ich.

»Ich habe hier meinen Rechtsanwalt«, sagte sie.

Sie klopfte Ulises flirtend auf die Schulter, obwohl er uns längst nicht mehr zuhörte. Er sprach mit einer Kellnerin, die er kannte und ein paar Jahrzehnte jünger als Miss Daniela war, aber was wusste sie schon davon, wie man eine Ehe begann oder sich scheiden ließ? Miss Daniela und ich gingen bis zum Ende der Bar, wo gerade noch genug Platz zum Tanzen war, zwischen dem Servicebereich und der Ecke, in der sich die Band postiert hatte. Der J-Zug fuhr über unsere Köpfe hinweg und der Rhythmus beschleunigte, ich hatte keine Chance mitzuhalten, obwohl ich mich bemühte und dabei ordentlich ins Schwitzen kam. Miss Daniela bewegte sich anmutig. Der Duft der Käsebällchen, die sie immer brieten und den gesüßten Getränken beilegten, lag in der Luft. Hinterher ließ ich einen Zwanziger in den Hut gleiten. Es war viel mehr, als ich sonst spendete, aber wir feierten den Abschluss eines erfolgreichen Falls. Das war mein Argument, als ich den Schein einwarf und dem Hut dabei zusah, wie er verschwand.

»Zwanzig Mücken«, sagte Miss Daniela. »Denkst du, dass ich mir heute eine Strafe einfange?«

Ich erwiderte, dass ich das nicht wisse. Niemand wusste so etwas.

»Sind irgendwelche Polizisten hier?«, fragte sie. »Was siehst du?«

»Nein«, sagte ich. »Die sind alle auf dem Polizeiball.«

»Was soll das sein?«

»Der Weihnachtsball der Wohltätigen Brüder. Sie halten den immer im Dezember ab.«

»Und keiner von ihnen tanzt? Das klingt nach einer Party.«

Vielleicht tanzten sie ja. Ich wusste nichts darüber. Ich kannte kaum Polizisten. Als Anwalt sollte man eigentlich Freunde bei der Polizei haben, aber ich konnte mich nie dazu durchringen, mich mit ihnen anzufreunden. Ich kannte ein paar Leute vom FBI, Anwälte gewisser Spezialeinheiten, doch von denen tanzte niemand, nicht dass ich es je gesehen hätte. Ich war dabei, mir den Polizeiball auszudenken, ich erfand ihn, obwohl es sich wie etwas anhörte, das sie tun würden, nämlich in Fahrgemeinschaften von Staten und Long Island mit ihren Gattinnen in die Stadt zu kommen, dann stockbesoffen nach Hause zu fahren, dabei Rehe zu überfahren und am nächsten Morgen Blut auf dem Kotflügel oder auf dem Rand der Windschutzscheibe zu entdecken und sich zu fragen, was sie getan hatten, ihre Frauen zu fragen, die es auch nicht wussten, ihre Gewerkschaftsvertreter anzurufen, um sicherzustellen, dass es geheim gehalten werden konnte und dass keine Unfälle gemeldet worden waren. Und nein, ich hatte nie einen Sinn darin gesehen, auf Polizeidienststellen herumzulungern und dabei neue Freunde zu finden.

»Keine Scheidungen mehr für dich«, sagte Miss Daniela. »Dafür bist du nicht gemacht, in Ordnung?«

Ich pflichtete ihr bei, obwohl wir wahrscheinlich unterschiedliche Gründe hatten, es so zu sehen.

Ulises und ich blieben bis zur Sperrstunde und begleiteten die Kellnerin dann zu Fuß nach Hause, die Frau, von der er wusste, dass sie alle zehn Tische allein im Griff hatte, die Schwerstarbeit leistete, die die Drinks und die Käsebällchen herumtrug, die auch pão de queijo genannt wurden. Ihr Name war Gloria Almeida und sie lebte auf der North Eleventh, in der Nähe der Brauerei, fast eine halbe Meile Umweg, aber es machte uns nichts aus, wir wollten sie einfach nach Hause begleiten. Für die Nacht war Schnee vorhergesagt, aber er ließ noch auf sich warten.

3

Es war eine andere Woche, ein ruhiger Mittwoch und ich wollte hinausgehen und mir die weihnachtlich dekorierte Stadt ansehen, also lief ich über die Brücke und dann nördlich in Richtung des Sotheby's Auktionshauses auf der York Avenue an der Upper East Side, nur einen Steinwurf vom Fluss entfernt. Sotheby's war der perfekte Ort, um sich die Zeit zu vertreiben. Sie hatten immer wieder neue Kunst ausgestellt und doch gab es eine übersichtliche Ordnung, die sich nie wirklich zu verändern schien. Im Erdgeschoss und im ersten Stock befanden sich die Impressionisten, die Modernisten und die pazifischen Skulpturen. Darüber dann die zeitgenössischen Gemälde und wenn man weiter aufwärtsging, konnte man Abbildungen und eine Auswahl der verschiedenen Privatangebote sehen, und irgendwo in einem Raum, den ich nie entdeckte, die Edelsteine. Wenn man es den ganzen Weg hinauf in den neunten Stock schaffte, gelangte man in ein Café, in dem es einen ausgezeichneten, bitteren Espresso gab. Gratis. Es war also definitiv kein schlechter Ort, um den Nachmittag zu verbringen, und hin und wieder ergatterte ich dort auch einen Job. Ich kannte eine Frau in der Uhrenabteilung. Tatsächlich leitete sie die Uhrenabteilung und hatte mir im vergangenen Jahr einen interessanten Fall zugeschanzt: Eine Lieferung Uhren musste vom Zoll abgefertigt werden, aber niemand wusste, wer der Besitzer der Uhren war, man kannte nur den Empfänger – Sotheby's New York – und wusste, woher sie kamen – Marokko via Lausanne. Ich überlegte, sie zum Mittagessen einzuladen, doch ich ließ mir Zeit, in den sechsten Stock zu gelangen, um sie zu fragen. In der Abteilung für Privatverkäufe waren einige Schiffszeichnungen ausgestellt. Nicht der heldenhafte, britische Pomp, sondern Schiffszeichnungen aus Nordindien oder der zentralasiatischen Tiefebene, Gebiete also, in denen es weit und breit kein Wasser gab, weshalb die Zeichnungen also Träume von Menschen darstellten, die das Meer in ferner Vergangenheit ein- oder zweimal gesehen hatten. Als ich endlich im sechsten Stock ankam, war es kurz vor vierzehn Uhr.

Katya, die Frau, die ich in der Uhrenabteilung kannte, sagte, dass sie nicht wegkönne. Sie hatte vier oder fünf Geräte auf ihrem Schreibtisch stehen, die für mich undurchschaubare Aufgaben erledigten. Im ganzen Büro herrschte ein reges Treiben.

»Das ist schon in Ordnung«, sagte ich. »Nächstes Mal rufe ich vorher an oder komme zum Bieten.«

Sie muss etwas an meiner Stimme bemerkt haben. Einen Unterton. Sie war es gewohnt, Uhren zuzuhören, mit all ihren komplizierten Mechanismen und winzig kleinen Störungen, die einem verrieten, was man wissen musste. Sie fragte, wie es Xiomara ginge. Sie hatte sie bereits eine Zeit lang nicht mehr gesehen.

»Es geht ihr gut«, sagte ich. »Sie hat demnächst eine Show in Paris.«

»Welche Show?«

Ich erzählte ihr von der Ausstellung. In Englisch hatte man sie als »Young Voices of Latin America« bezeichnet – auf Französisch und Spanisch hatte man sie unterschiedlich betitelt. Ein hochkarätiges Ereignis, worüber man in den Kunstzeitschriften und vielleicht darüber hinaus in den Feuilletons in Frankreich und anderswo berichten würde. Einige Künstler könnten sich so einen guten Ruf machen, darunter auch Xiomara. Das Event wurde im Centre Pompidou abgehalten. Als ich mit Katya sprach und ihr schilderte, was ich über die Ausstellung wusste, täuschte ich aus irgendeinem Grund vor, eine Meinung über das Gebäude, das Centre Pompidou, zu haben, welches ich noch nie besucht oder gar gesehen hatte. Das war so eine Sache, über die Xiomara gelacht hätte. Sie war der Meinung, dass dies das Herzstück der Arbeit eines Anwalts sei, eine Meinung über Ereignisse und Menschen, die er noch nie gesehen hat, vorzutäuschen; und in dieser Hinsicht passten wir gar nicht so schlecht zusammen, sie und ich. Unsere Tätigkeiten waren sich sehr ähnlich.

»Sie muss begeistert sein«, sagte Katya.

Ich pflichtete ihr bei. Sie musste es sein. Sie war es. Ich freute mich für sie. Anders konnte es nicht sein. Überall, wo ich in diesem Winter hinkam, fragten mich die Leute nach Xiomara. Sie war etwas, worüber sie reden konnten, wie das Wetter oder die Verspätungen der U-Bahn. Sie war bereits über einen Monat weg, und zu Hause, in der Wohnung, fand ich ihre Skulpturen immer noch manchmal an merkwürdigen Plätzen, nackte Miniaturbüsten in klassischen Posen, ihr Ausdruck einer der Verzückung oder Folter oder irgendwo dazwischen, alle aus den raffiniertesten Materialien, die sie auftreiben konnte, gehauen, einschließlich eines Walknochens, den sie von einem pensionierten Galeerenkoch bezogen hatte, der im Seemannstrakt des Prospect Park YMCA wohnte. Vom Hals abwärts waren sie schlicht und klassisch dargestellt, doch sie trugen Totenmasken. Bunte und furchterregende Masken. Früher fand ich sie immer wieder zwischen Sofakissen oder in der Küche, hinter einer Schublade eingeklemmt, die sich nicht schließen ließ, egal wie fest man drückte.

»Sag mal«, sagte ich zu Katya, »gibt es unter den Uhren in eurer Sammlung nicht auch gestohlene?«

»Ich hoffe nicht.«

»Aber was, wenn sie es sind.«

»Dann ist deine Nummer die, die ich als zweite wähle«, sagte sie. »Spätestens als dritte.«

Die Aussicht auf einen langen, feuchten Nachmittag breitete sich vor mir aus. Zu Hause hatte ich nichts zu tun. Und da Weihnachten vor der Tür stand, wollte niemand einen Rechtsstreit beginnen. Am Wochenende würden alle in Vorfreude auf die Feiertage trinken und einige von ihnen dabei verhaftet werden, und das würde dann Arbeit bringen, doch an einem gewöhnlichen Mittwoch im Dezember liegt weniger Hoffnung in der Luft, und weniger Verzweiflung. Zur Aufmunterung blieb nur Sotheby's und die Auslagen der Kaufhäuser.

Katya erzählte mir, dass im Haus gerade nicht viel los sei. Alle bereiteten sich auf die saisonalen Veranstaltungen vor. Doch wenn ich wirklich scharf auf Ablenkung sei, so gebe es irgendwo im Haus die Vorbesichtigung einer Bücherausstellung. Sie sagte es so, als wäre es die langweiligste Sache, die sie sich hätte vorstellen können. Im Vergleich zu Uhren schien ihr das offenbar eine ziemlich trostlose Angelegenheit zu sein.

»Schau in ein paar Wochen bei mir vorbei«, sagte sie. »Dann gehen wir so oft zu Mittag essen, wie du bezahlen kannst.«

Ich sagte, dass ich das tun würde. »Ich rufe dich nach Neujahr an.«

»Im Januar bin ich in Miami«, erwiderte sie.

»Um was zu tun?«

»Die sind dort verrückt nach Uhren. Und ich hasse Jänner in New York. Und dort schneit es nie.«

Sie ließ einen gerne mit derart kryptischen Bemerkungen zurück, sodass man sich eingehend fragen musste, was sie gemeint hatte. Sie war eine interessante Frau und ich war enttäuscht, nicht mit ihr zu Mittag essen zu können, obwohl ich in Wahrheit keinen Hunger hatte. Der Espresso im neunten Stock hatte ihn gestillt.

Die Vorbesichtigung der Bücherausstellung war im Untergeschoss. Sie hatten ganze Arbeit geleistet und den Raum mit altmodischen Details dekoriert, die mich an Newton Reddick und Edith Whartons Buch denken ließen, das er mir beschrieben hatte, das Buch, das sie über schöneres Wohnen und Inneneinrichtung geschrieben hatte, das Buch, das ihn fürs Sammeln begeistert hatte. Wahrscheinlich musste ich auch deshalb an ihn denken, weil es eine Buchauktion war und es so aussah, als ob so ziemlich jeder New Yorker Buchhändler bei der Vorbesichtigung anwesend war, und alle trugen sie Tweed in der einen oder anderen Ausführung. Tweed-Jacken, Tweed-Hosen, es gab sogar einige Tweed-Westen. Es war alles sehr festlich gehalten und man konnte sehen, dass die Auktion in ihrer Welt eine große Sache war und sie alle glücklich waren, da zu sein. Mir kam in den Sinn, dass Reddick anwesend sein könnte und er wahrscheinlich nicht sehr erfreut darüber wäre, mich zu sehen, nicht wenn seine Anwälte den endgültigen Scheidungsantrag bereits erhalten hatten, was höchstwahrscheinlich der Fall war. Es waren schon einige Wochen vergangen und Scheidungsanwälte waren nicht gerade für ihre Zurückhaltung bekannt. Ich blickte mich um, konnte ihn aber nirgendwo entdecken. Die meisten Anwesenden waren offensichtlich Raritätenhändler und Buchverkäufer. Anwälte waren nicht darunter, zumindest keine, die ich kannte, und so verteilte ich meine Visitenkarte im Hinblick darauf, dass sich hier die Gelegenheit ergeben könnte, in einer neuen Sparte Fuß zu fassen: als Finder von Büchern und von Betrunkenen oder Geschiedenen, die sie gelegentlich mitgehen ließen. Ich mochte Bücher. Ulises pflegte zu sagen, dass Balzac noch nie einen Menschen so viel Geld gekostet habe wie mich. Wie wahr: Ich las derartige Bücher äußerst gern, nicht nur Balzac, sondern eine ganze Reihe von Autoren mit überdimensionierten, unausgegorenen und etwas irrwitzigen Ambitionen. Vermutlich hatten mich diese Bücher zu einer ganzen Menge seltsamer Ideen inspiriert, was ich mit meinem Leben anfangen sollte, was ich tun und was ich besser lassen sollte. Auf diese Weise war eine Stange Geld flöten gegangen – in Form von Gehalt, das damals in den Wirtschaftskanzleien noch immer recht üppig war, und anderen Bezügen, aber das machte mir nichts aus. Ich war zufrieden mit meiner Solo-Kanzlei. Man durfte lesen, was man wollte, und wenn es nichts anderes zu tun gab, konnte man einfach zu Sotheby's gehen und dort neue Welten entdecken. Offenbar war es eine weihnachtliche Tradition. Die Sotheby's-Auktion für schöne Bücher, Drucke und Americana.

Ausgestellt waren einige wunderbare Bücher und einige, von denen ich noch nie gehört hatte, obwohl ihr Rufpreis hoch, beinahe absurd hoch war. Nur war es eben Sotheby's, kurz vor Weihnachten, und was die Leute von der Upper East Side kaufen würden, wusste man sowieso nie. Mein Favorit war eine Erstausgabe von Mark Twains *Der berühmte Springfrosch von Calaveras*. Es war eine besondere Ausgabe mit einem hübschen grünen Leineneinband, in dessen linker unterer Ecke ein zum Sprung ansetzender Frosch in Gold geprägt war, der wie ein in die Höhe schießendes Wappentier aussah. Es war offensichtlich Mark Twains erstes Buch, obwohl er zu dem Zeitpunkt bereits berühmt war, weil die Erzählung zuvor in einer Zeitung, in der *New York Saturday Press*, unter dem Titel »Jim Smiley und sein Springfrosch« abgedruckt worden war und sich die Leute darum rissen, es in einem langlebigeren Format zu kaufen. Die Frau, die für die Bücher Twains zuständig war, erzählte mir all das und erklärte auch, dass es ungewöhnlich war, Erstausgaben einer Ära, in der so viel Sorgfalt auf den Buchdruck gelegt worden war, zu finden, da man den historischen Wert der Autoren typischerweise erst lange nach deren Tod erkannte.

»Nehmen Sie Melville«, sagte sie. »Obwohl er eine Zeit lang recht populär war, hat das niemanden wirklich interessiert.«

Ich sagte, dass das für die meisten von uns gelten könne, und sie lächelte und fragte mich, ob es etwas anderes gebe, das ich gerne sehen würde, doch ich lehnte ab, ich hatte bereits zu viel ihrer Zeit in Anspruch genommen. Es gab ernsthafte Interessenten, die darauf warteten, über Twain und dessen außergewöhnliches Vermächtnis zu reden. Ich wollte sie ihnen nicht vorenthalten. Auf dem Weg nach draußen hielt mich einer der Händler auf. Er trug Tweed, wie alle anderen auch. Eine Sportjacke. Abgesehen davon wirkte er zu jung für dieses Umfeld. Vierzig oder fünfundvierzig vielleicht.

»Das sind Sie«, sagte er. Er hielt eine meiner Visitenkarten in der Hand.

Ich bot ihm meine Hand an, doch er schien es nicht zu bemerken. Es sah so aus, als würde er mit sich kämpfen. Einen Moment lang dachte ich, er würde gleich ein Geständnis ablegen. Er hatte diesen glasigen, abwesenden Blick, der oft einer entlastenden Aussage vorangeht. In Filmen und sogar in Büchern werden die Leute von Anwälten immer wieder davor gewarnt, ein Geständnis abzulegen, aber im wirklichen Leben sieht die Sache anders aus. Im wirklichen Leben will man alles hören, was es zu hören gibt, und danach muss man dann entweder Kompromisse eingehen oder eben nicht. Das ist das Wesentliche an diesem Job: eine schnelle Entscheidung treffen und mit den Konsequenzen leben. Ich war neugierig und wollte ihn anhören.

»Sie haben die Twain-Bücher bewundert«, sagte er.

Ich erzählte ihm, dass mich *Der berühmte Springfrosch* besonders beeindruckt hatte, den ich allerdings als *Der unglaubliche Springfrosch* oder irgendwie anders, ähnlich, aber nicht ganz korrekt wiedergab. Es machte keinen Unterschied. Er hörte mir nicht genau zu. Er kämpfte immer noch mit sich.

»Na ja, ich war jedenfalls hier drüben«, sagte er. »Und da habe ich mich einfach gefragt, wie Sie nachts schlafen. Ich dachte, heftiger Beruf, den Sie da ausüben. Eine besondere Art, sein Geld zu verdienen.«

Er betrachtete meine Visitenkarte, als ob das bedruckte Papier für mein Einkommen verantwortlich wäre.

»Es muss sich um ein Missverständnis handeln«, sagte ich.

»Sie sind einer der Anwälte. Ein Winkeladvokat. Ich weiß, wer Sie sind.«

Ich dachte, er würde mir gleich einen Schlag verpassen. Seine Hände zitterten heftig.

In der Brusttasche seiner Jacke steckte eine gefaltete Zeitung.

Er zog sie heraus und wollte sie dem Mann zeigen, der neben ihm stand, einem anderen Händler in Tweed, einem älteren Herrn, der den Kopf schüttelte und seinen Blick weiter im Raum schweifen ließ. Er wollte nichts mit dem zu tun haben, was zwischen uns ablief. Mir ging es ähnlich. Hätte es sich doch nur um ein Geständnis oder eine Verwechslung gehandelt, es hätte alles einfacher gemacht. An jedem beliebigen Tag konnte es etwa hundert gute Gründe dafür geben, dass irgendein Fremder mit dem Finger vor deinem Gesicht herumfuchtelte, doch die meisten konnten schnell und ohne weitere Verwirrung entschärft werden. Wie man dieses Herumfuchteln abstellen konnte, war etwas, das sie einem vom ersten Tag des Jurastudiums an beizubringen versuchten. Es funktionierte nur nie besonders gut, aber nach jahrelanger Übung hatte man vielleicht den Dreh raus.

»Nur zu«, sagte er. »Lesen Sie selbst.«

Er gab sie mir. Es war ein billig gemachtes Großformat, das sich *Der Antiquar* nannte, eine Art Zeitung, die so gestaltet war, dass sie erhabener wirkte, als sie es tatsächlich war, mit vielen altmodischen Schriftarten und einer Reihe Fotos grimmiger Männer, die neben ihren Büchern posierten. Man musste sich fragen, woher das Geld für eine derartige Unternehmung kam. War es möglich, dass die Anzeigen alles finanzierten? Kleinanzeigen? Vielleicht hatten sie einen großen und treuen, aus Rentnern bestehenden Abonnentenstamm oder einen Gönner. Überall in der Stadt gab es genug Geld und Leute, die verrückte Wege fanden, es auszugeben.

Die Zeitschrift war auf der Seite »Neuigkeiten und Ankündigungen« aufgeschlagen, die eine Rubrik für gemeldete Diebstähle hatte. Unter der Überschrift stand Newton Reddicks Name. Darin hieß es, er stehe im Verdacht, fünf Bücher gestohlen zu haben, Prozessschriften. Es waren jene fünf Bücher, die ich in der eidesstattlichen Erklärung aufgelistet und Anna Reddicks Scheidungsanwältin hatte zukommen lassen. Die Titel waren fett und unterstrichen abgedruckt. Eine Verwechslung war unmöglich, und darunter, zur Verdeutlichung hervorgehoben, befanden sich meine Telefonnummer und mein Name. Es hieß, man solle mich bei zweckdienlichen Hinweisen kontaktieren.

»Es tut mir leid«, sagte ich. »Aber das ist die Wahrheit.«

»Zum Teufel ist es das. Newton ist kein Dieb. Sie werden ihn ruinieren. Verstehen Sie den Ernst der Lage überhaupt?«

Ich tat es nicht, aber ich wusste auch nicht, was ihn das anging.

»Er hat sich selbst ruiniert«, sagte ich. »Passiert immer wieder.«

»Wie können Sie so etwas glauben?«

»Unehrlichkeit entsteht nicht von heute auf morgen. Es ist eine zunehmende Flut.«

»Wovon reden Sie überhaupt? Ein Rechtsverdreher wie Sie. Sie wollten doch von der Werbung profitieren.«

Daran hatte ich nicht gedacht, aber er hatte recht. Ich brauchte sie. Gratiswerbung noch dazu. So etwas konnte ich nicht ablehnen. Genauso, wie ich ursprünglich auch den Fall nicht hatte ablehnen können. Wie denn auch, im Winter summierten sich die Ausgaben immer.

Ich klappte die Sportjacke des Mannes auf und steckte ihm die Zeitung wieder in die Brusttasche. Ich war mir sicher, hätte er gewusst, wie man einen Mann schlägt, dann hätte er es in diesem Augenblick getan. Er tat mir ein wenig leid. Eine Auseinandersetzung bei Sotheby's muss für ihn ein großer Moment gewesen sein. Er würde die ganze Sache in den darauffolgenden Wochen immer wieder und wieder durchspielen und sich dabei vorwerfen, mir keine besseren Ausdrücke als Winkeladvokat und Rechtsverdreher entgegengeschleudert zu haben.

»Fahren Sie zur Hölle«, sagte er, aber ich hatte ihm bereits den Rücken zugewandt.

Auf dem Heimweg spielte ich die Situation selbst ein-, zweimal gedanklich durch, allerdings kam ich bald auf andere Themen. Ich konnte nicht aufhören, über das Buch von Mark Twain nachzudenken, *Der berühmte Springfrosch*, und was die Frau darüber erzählt hatte, darüber, wie wenige Autoren zu Lebzeiten mit Samthandschuhen angefasst werden. Nicht zu dieser Zeit und Melville ohnehin nicht. An der Ecke Fifty-Fifth und Third Avenue kam ich an meiner alten Kanzlei vorbei, bei der ich gekündigt hatte. In diesem Teil von Midtown gab es eine lange Reihe von im Spalier angeordneten Kanzleien und es schien, als ob alle Mitarbeiter vor diesen Kanzleien rauchten und sich laut darüber unterhielten, was sie tun würden, nachdem sie ihre Kredite abbezahlt hätten. Hätte ich näher hingesehen, hätte ich bestimmt ein paar Gesichter erkannt, doch stattdessen hastete ich gegen die Windrichtung weiter. Vor der Grand Central bimmelten sie mit Silberglocken für die Heilsarmee. Ich ließ einen Zehner in den Eimer gleiten und sprach einen Wunsch für Newton Reddick aus, dass er bekam, was er verdiente, Glück oder exotische Bücher oder eine rasche, schmerzlose Scheidung, serviert auf einem Silbertablett.

4

Es ist eine seltsame Genugtuung, einen Job zu kündigen, den man eigentlich benötigt. Eine vergängliche Zufriedenheit, denn wenn die Rechnungen fällig werden, ist sie nicht mehr vorhanden, ganz im Gegenteil. Aber eine kurze Zeit lang ist man ein Aristokrat, ein Mann, der den ganzen Tag nichts anderes zu tun hat, als in Schaufenster zu glotzen, oder man fühlt sich wie eine der unbedeutenderen Gottheiten bei Thomas Bulfinch. Jedenfalls hatte ich es so empfunden. Ich war gerade mal drei Jahre lang selbstständig. Die Firma, bei der ich gekündigt hatte, hieß Beauvois & Plimpton. Plimpton war der Vater des Schriftstellers, der noch am Leben war, als ich damals der Kanzlei beitrat, vermutlich Renten kassierte oder von irgendeinem Treuhandfond lebte. Er starb ein paar Jahre später und die Gedenkfeier fand in einem der dortigen Konferenzräume statt. Ich besaß sein Buch über das Boxen sowie auch das Football-Buch und stellte mir vor, dass das zum Reiz der Firma beitrug. An der Columbia hatte ich einen Preis für rechtswissenschaftliches Schreiben gewonnen, und als ich einstieg, sollte ich von einem Partner zum anderen weitergereicht werden, damit ich die Schriftsätze überarbeitete, die von anderen Partnern geschrieben wurden, die man aus unterschiedlichsten Gründen eingestellt hatte, aufgrund ihrer hartnäckigen Arbeitsmoral oder ihren Verwandten in der Geschäftswelt. Menschen, denen es egal war, ob sie verständlich schreiben konnten oder wie hart sie arbeiteten, solange sie Generation für Generation dieselben Schulen besuchten und den Sommer in Maine verbrachten. In New York gab es Golf- und Tenniskanzleien, und Beauvois war eine Tenniskanzlei. Irgendjemand hatte mir das einmal gesagt, doch ich verstand nie, was es bedeutete oder implizierte, aber es schien nur allzu wahr zu sein. Die Überarbeitung von Schriftsätzen war eine feine Arbeit. Ich hatte nichts dagegen, im Gegenteil. Was mir zuwider war, wenn man das Wort überhaupt verwenden konnte, war, dass ich in einer Zeit, in der ich gut bezahlt wurde – besser als alle anderen, die ich kannte, selbst die jüngeren Banker –, überzeugt sein musste, auf der richtigen Seite zu stehen, egal wen wir vertraten. Bei Unternehmensgerichtsverfahren geriet man immer an diesen Punkt, an dem man den Führungskräften und Rechtsberatern des Mandanten an einem langen, lackierten Tisch gegenübersaß, um ihnen zu sagen, was sie hören wollten, nämlich dass man der Meinung war, dass sie gewinnen sollten, dass sie die ganze Zeit recht gehabt hätten. Es war ein absurder, infantiler Wunsch, doch das war es, wofür sie bezahlten, und im Großen und Ganzen bekamen sie genau das. Ein ganzes Stockwerk des Wolkenkratzers war den Konferenzräumen gewidmet, einer nach dem anderen, wie Bahren, die die Flure eines riesigen Krankenhauses säumen, in denen man sich sammelte. In jedem dieser Räume servierten sie den Mandanten aufgewärmte Mahlzeiten auf Silbertabletts und erzählten ihnen den ganzen Tag lang, wie sehr sie doch im Recht waren. Die Anwälte verloren fast nie einen Fall. Dafür waren ihre Instinkte zu scharf. Sie wussten, wann der Punkt für eine vorzeitige Einigung gekommen war, damit jeder weiterhin recht behalten konnte.

Ich war vier Jahre bei Beauvois angestellt, bevor ich kündigte. Man teilte mich der Abteilung für geistiges Eigentum zu, die der Firma damals viel Geld einbrachte. Sie ließen mich die Handelsmarken unserer Mandanten überprüfen, was nur dazu diente, die abrechenbaren Stunden in die Höhe zu treiben, und bedeutete, dass ich einen Teil des Tages damit verbrachte, Zeitschriften und Ordner mit Anzeigenausschnitten durchzublättern. Den anderen Teil verbrachte ich damit, Gutachten zu erstellen. Die Berichte sollten eigentlich von externen Experten auf diesem Gebiet verfasst werden – abgehalfterten Markenkommissaren, Professoren und Richtern im Ruhestand –, doch da sie nur bezahlte Handlanger waren und alles unterschrieben, was man ihnen vorlegte, schrieb ich die Berichte und bog sie für unsere Zwecke zurecht. Das nahm viel Zeit in Anspruch. In dem Gebäude waren alle sehr beschäftigt oder versuchten, es zu sein. Es wurde erwartet, dass man etwa zweitausendfünfhundert Stunden pro Jahr abrechnete, was leichter zu schaffen war, wenn man eine Reihe kleinerer Aufgaben erledigte, denen man sich im Laufe des Tages abwechselnd zuwenden konnte. Wenn man Zeitschriften zum Durchblättern hatte oder Experten verkörpern konnte. Die Frau im Büro neben mir hatte nur einen einzigen Mandanten, eine ölreiche, autonome Region irgendwo auf der Welt, die darauf aus war, ihre Unabhängigkeit zu erklären. Man hat mir nie gesagt, wo sich diese Region befand – das unterlag sogar innerhalb der Rechtsabteilung der Geheimhaltung –, aber ich konnte sie spät am Abend hören, am Telefon, sie sprach immer in kurzen Schüben, sodass der Übersetzer die Dinge klar rüberbringen konnte, und dann sah ich sie um Mitternacht unten mit den Typen von der Versandabteilung plaudern, während sie ihr Abendessen aß, das sie immer aus einem persischen Restaurant namens Ravagh Grill holte. Die Kanzlei vertrat auch einen Haufen Hedgefonds und diverse gemeinnützige Stiftungen, nur die Gruppe für internationale Rechtsstreitigkeiten verströmte für mich immer eine seltsame Art von Melancholie. Schon allein, weil sie sich in den verschiedenen Zeitzonen zurechtfinden mussten, was auch ihre Schlafgewohnheiten beeinträchtigte.

Mein letzter Fall betraf eine Kreditkartenfirma. Ihr Ziel war es, die Farbe Schwarz als Markenzeichen eintragen zu lassen, eine bescheuerte Idee, aber wir wollten es für sie tun, und am Ende waren wir sogar erfolgreich. Als Dank arrangierten sie ein privates Abendessen im Et Vir, einem Restaurant, in dem damals alle Leute essen wollten. Die privaten Speiseräume hatten dunkle Tapeten an den Wänden und befanden sich im ersten Stock des Lokals. Die Tapeten wirkten schwarz oder mitternachtsblau, doch wenn man näher herantrat, konnte man Drachen in Goldprägung ausmachen. Mit den leitenden Angestellten des Unternehmens und unserem armseligen Haufen von Prozessanwälten muss das Abendessen ungefähr so viel gekostet haben, wie eine Anwaltsgehilfin in einem Jahr verdiente, wobei die Anwaltsgehilfen nicht eingeladen waren, sondern nur die Anwälte. Es war ein Degustationsmenü mit mindestens neun oder zehn Gängen – ich verlor irgendwann den Überblick. Austern mit Perlen zum Auftakt, dann foie gras und ein Streifenbarsch, der gemeinsam mit einer gebratenen Ente serviert wurde, die wie ein Lammkotelett aussah. Gerichte, die entweder gut oder besser schmeckten, aber das Produkt einer überbordenden Fantasie und eines Chefs waren, der erkannt hatte, wie er die Leute dazu bewegen konnte, so viel Geld auszugeben. Zwischen dem fünften und dem sechsten Gang hielt der Justiziar des Unternehmens einen Trinkspruch und überreichte uns Geschenke. Es war bestimmt eine gute Rede, auch wenn ich mich nicht mehr daran erinnern kann. Mit großer Wahrscheinlichkeit ging es um den Fall, die Arbeit, die wir erledigt hatten, die langen Nächte. Es war ein Coup gewesen, ausgerechnet eine Farbe als Markenzeichen zu schützen. Die Partner hatten ihre Geschenke bereits erhalten, hauptsächlich in exorbitant hohen Gagen, und da ich der leitende Mitarbeiter in dieser Angelegenheit war, wollten sie mir etwas ganz Besonderes überreichen und hatten sich für einen Baseballschläger entschieden. Einen Louisville-Schläger aus Ebenholz, schwarz wie die Farbe, die wir für sie geschützt hatten. Ich gehe davon aus, dass sie uns beweisen wollten, alles mit dieser Farbe machen zu können, was sie wollten, sogar einen Baseballschläger. Dem Geschenk beigelegt war eine Karte: »Danke, dass Sie den Home-Run geschlagen haben.« Auf dem dicksten Teil des Schlägers, dem Sweet Spot, hatten sie das Aktenzeichen des gewonnenen Prozesses und meinen Namen, oder das, was sie für meinen Namen hielten, in das Holz gravieren lassen. Dwight Murphy. Sie hatten sich nur um ein paar Buchstaben geirrt. Ich bedankte mich bei ihnen für das Abendessen und den Schläger und teilte einem der Partner in meiner Kanzlei – ein Mann namens Solloway, den ich eigentlich mochte – mit, dass ich genug hätte und aufgeben würde.

»In Ordnung«, sagte er, »klar, verstanden.«

Vielleicht dachte er, ich meinte das Abendessen, das Degustationsmenü, das ich einfach nicht fortsetzen konnte. Mir war gleichgültig, was er dachte. Ich nahm den Schläger und ging hinunter an die Bar. Das Lokal war viel zu teuer, um hier zu trinken, aber ich konnte den Whiskey auf die Rechnung von oben setzen lassen, damit die Firma es bezahlen würde, also tat ich es. Die Barkeeperin war eine warmherzige Frau, die ein wenig mit mir flirtete. Ich hielt den Schläger, hatte ihn auf meiner Schulter liegen, so wie man es von den alten Fotos der Schlagmänner kennt, den Männern an der Second Base und den rechten Feldspielern mit ihren langen, schmalen Schlägern, die sie nie aus der Hand gaben, außer wenn sie gerade als Feldspieler im Einsatz waren. Als ich der Barkeeperin erzählte, dass ich soeben gekündigt hatte, glaubte sie mir nicht. Sie meinte, niemand würde in einem gottverdammten Restaurant während eines Degustationsmenüs kündigen. Sie musste es ja wissen, aber ich hatte das Gefühl, dass ich es dennoch getan hatte. Der nächste Tag war ein Donnerstag und ich sagte ihr, dass ich nicht ins Büro gehen würde, dass ich keine Anrufe entgegennehmen würde, dass ich damit fertig sei. Sie dachte nicht, dass ich es durchziehen würde. Sie glaubte, dass ich übers Wochenende verreisen, meine Wunden lecken und am Montag im Büro erscheinen würde, wo sie mir zwar eine Standpauke verpassen, aber auch mehr Geld anbieten würden. Ich sagte, ich würde es nicht tun. Ich sei fertig, fest entschlossen. Ich dachte, dass sie nur nett zu mir war, weil ich so erbärmlich aussah, mit dem Schläger in der Hand, und weil es so ein teures Lokal war, aber dann sagte sie, sie würde mit mir nach Hause gehen. Sie lebte in Greenpoint, nicht weit von meinem Apartment entfernt, und ihre Schicht war beinahe vorüber. Draußen stand ein Town Car, vom Mandanten oder den Partnern bezahlt – es war mir längst egal, nicht mehr meine Sorge, wie sie die Rechnungen untereinander aufteilten. Auf der Fahrt nach Hause erzählte sie mir, dass Kellner und Hilfskräfte weder Trinkgelder noch Überstunden erhielten, wenn sie Degustationsmenüs servierten. Das ging mir nicht mehr aus dem Kopf. Es war das Teuerste, das der Kunde bestellen konnte. Wie konnte man die Kellner nur so über den Tisch ziehen? Es ergab keinen Sinn.

»Nichts in der Gastronomie ergibt Sinn«, sagte sie. »Es ist besser, nicht darüber nachzudenken.«

Wir knutschten ein paar Minuten, und als wir Brooklyn erreichten, sagte sie, dass sie morgen eine Frühschicht habe und daher besser nach Hause solle, sie brauche dringend Schlaf. Eine Frühschicht erschien mir recht eigenartig für eine

Barkeeperin, aber vermutlich hatte sie noch andere Jobs – gleich zwei oder drei davon – und freute sich über Mitfahrgelegenheiten, wenn sich welche auftaten, noch dazu, wenn sie in netter Gesellschaft daherkamen. Ich fühlte mich beschwingt und frei und hing noch immer an meinem Schläger. Mir kam die Idee, eines Tages eine Sammelklage im Namen der Kellner und Angestellten in der gehobenen Gastronomie anzustrengen, um den entgangenen Lohn für sie zu erkämpfen. Ich kannte mich weder im Arbeitsrecht noch in der Gastronomie oder mit Sammelklagen aus, aber ich konnte mich damit beschäftigen, die Zeit hatte ich ja nun. Die Barkeeperin sah ich nie wieder. Ich reichte die Sammelklage auch nie ein, obwohl ich sie im Hinterkopf behielt und hin und wieder, wenn ich einem am Kaffeestand vor dem Bundesgerichtshof herumlungernden Arbeitsrechtler begegnete, darüber nachdachte, ihm oder ihr vorzuschlagen, dass wir uns für diese Sache zusammenschließen könnten. Es war immer sinnvoll, Perspektiven für eine ungewisse Zukunft im Auge zu behalten.

Meistens nahm ich Gelegenheitsjobs und Kleinkram an. Nachbarschaftsstreitigkeiten, Bagatelldelikte und Auftragsarbeiten zur gelegentlichen Überprüfung von Dokumenten, wenn ich kurzerhand eine Rechnung zu bezahlen hatte. Man konnte sich immer für die Überprüfung von Dokumenten hergeben, die Arbeitszeiten waren gar nicht übel und man konnte dabei sogar Radio hören. Diese Arbeit erledigten zumeist Teams in Indien, aber sie brauchten jemanden mit amerikanischer Anwaltskammerzulassung, um geschütztes Material einsehen zu können. Neben dieser Evaluierungsarbeit hatte ich immer wieder kleinere Fälle. Mein Vermieter, zugelassener Klempner und Kreuzfahrtschiffsänger, der in dem Gebäude aufgewachsen war, wollte eine der anderen

Kreuzfahrtgesellschaften verklagen, weil sie seine Gesangseinlage abgekupfert hatte. Ich sah mir die Sache an, verfasste ein paar Briefe und erwirkte, dass er zwanzig Dollar Lizenzgebühr für jeden Liveauftritt auf offener See erhielt. Schließlich ergatterte ich ein paar Kriminalfälle. Eine Zeit lang hoffte ich sogar, dass mir ein Mordfall über den Weg lief. Ich wollte etwas, worin ich mich verbeißen, eine üppige Rechnung stellen und am Ende mit einem Plädoyer abschließen konnte. Nur die Leute, die ich kannte, schienen nie jemanden umbringen zu wollen. Künstler und Poeten, sie hatten nicht die Nerven dazu. Hin und wieder stieß einer von ihnen auf einen Gönner oder tätigte einen Verkauf, dann mussten Verträge aufgesetzt werden. Mit ein wenig Glück konnte ich sie dazu überreden, ihre Namen schützen zu lassen. Das war eine angenehme, sichere Arbeit, die ich gerne erledigte. Es machte mir auch nichts aus, bei einer Anklage wegen Drogenbesitzes kurz vorstellig zu werden oder nach Schlupflöchern in einem Treuhandfonds zu suchen oder den Papierkram für ein O-1-Visum zu erledigen, das angeblich Künstlern mit außergewöhnlicher Begabung vorbehalten war, damals in Wirklichkeit aber so gut wie jedem erteilt wurde. »Außergewöhnliche Begabung« war ein Euphemismus und niemand wollte dem, was es bedeuten mochte, auf den Grund gehen.

Jeden zweiten Montag im Monat arbeitete ich in einer Beratungsstelle, die in eine Schulcafeteria in der Bushwick Avenue ausgelagert war. Dort arbeitete ich gemeinsam mit zwei oder drei anderen Anwälten. Die Beratungen waren kostenlos und dauerten fünfzehn Minuten. Schachuhren auf den Tischen gewährleisteten, dass alles zügig voranging. Derartige Tricks lernte man, wenn man sein eigener Herr war. Sie unterschieden sich nur geringfügig von den Tricks, die von den großen

Kanzleien angewandt wurden, nur ging das wenige Geld, das hier zu holen war, immerhin in die eigene Tasche und nicht in die eines anderen. Jedenfalls sollte es das, wenn die Beratung etwas halbwegs Abrechenbares zur Folge hätte. Auch wenn auf diese Beratungen kaum Geschäfte folgten, war es ausreichend gemeinnützige Arbeit, soweit es die Anwaltskammer betraf, und gelegentlich lernte ich interessante Leute kennen. Die meisten hatte Ulises an die Beratungsstelle verwiesen und ihnen nahegelegt, unbedingt nach mir und niemand anderem zu fragen, als wäre das, was wir dort taten, ein Geheimnis. Ich wusste immer sofort, wenn Klienten auf Ulises' Empfehlung kamen, weil sie meinen Namen nie richtig notiert hatten. Dwight, Don, Darren, Wyatt und ein ganzer Haufen anderer Namen. Er fand das besonders lustig.

Bei einer dieser Beratungen lernte ich Xiomara kennen. Ulises hatte ihr gesagt, sie solle sich an mich wenden, damit ich ihr bei der Steuererklärung helfe, die seit elf Monaten fällig war. Sie verdiente als freischaffende Grafikdesignerin zu viel, um die Beratung in der Bushwick Avenue zu benötigen, was ich ihr auch gerade sagen wollte, als sie mir mitteilte, dass sie beim Jobben die Sozialversicherungsnummer ihrer Cousine verwendete. Sie klang dabei allerdings nicht allzu beunruhigt. Ulises hatte ihr höchstwahrscheinlich erklärt, dass ich vertrauenswürdig sei, wobei er normalerweise kaum etwas erklärte. Er schickte die Leute einfach zu mir und überließ alles andere dem Schicksal.

»Ich will Sie in keine unangenehme Situation bringen«, sagte sie. »Wenn Sie mir nicht helfen wollen, weil Sie wissen, dass es ein Betrug an der Regierung ist, ist das schon in Ordnung, ich finde einen anderen Anwalt, auch wenn es mir im Großen und Ganzen wie ein eher unbedeutendes Verbrechen erscheint. Ich versuche nur, meine verfluchten Steuern wie eine brave Arbeitsbiene zu zahlen.«

Sie hatte einen kaum hörbaren Akzent. Sie kam aus Mexico City und hatte eine internationale Schule besucht. Ihr Englisch hatte sie mithilfe unzähliger amerikanischer Sitcoms verfeinert, ebenso wie ihren Sinn für komödiantisches Timing. All das erfuhr ich erst später, häppchenweise, so wie man diese Dinge in einer Beziehung erfährt. Es würde mir nichts ausmachen, sagte ich ihr, und dass ich ihr so gut wie möglich helfen würde. Ich sagte auch, dass ich selbst täglich Bagatelldelikte begehen würde, weil genau das einen Anwalt ausmache. Sie hatte den gesamten Papierkram dabei, alles, was sie brauchte, schön farblich gekennzeichnet und ablagebereit. Die Sozialversicherungskarte ihrer Cousine sah aus, als wäre sie in der Waschmaschine gelandet.

Sie willigte ein zu warten, bis die Beratungsstelle schloss. Ich lud sie zu einem Drink ein. Sie lehnte ab, sie würde nicht trinken, sich aber über einen gemeinsamen Spaziergang freuen. Wir liefen auf dem Broadway westwärts in Richtung Fluss. Ich war wohl von Anfang an verloren, denn ich war derjenige, der die Momente der Stille ausfüllte und jedes Mal erschrak, wenn der J-Zug über uns hinwegratterte. Wenn man zu dieser Nachmittagsstunde unter den Gleisen hindurchging, gab es diese zerklüfteten Sonnensplitter. Einen Moment lang wurde man von ihnen geblendet, im nächsten war man im Schatten. Ich erzählte ihr, es sei die Straße, in der die berühmte Szene in *Brennpunkt Brooklyn* gedreht wurde, in der Popeye Doyle einen Mann aus Marseille jagt und ihm dann vom unteren Ende der U-Bahn-Treppe in den Rücken schießt.

»Das war nicht am Broadway«, sagte sie. »Es war auf der Stillwell Avenue, und Popeye Doyle war ein Rassist und ein

Feigling.« Sie musterte mich mit einem Blick, der so etwas wie echte Besorgnis auszudrücken schien. Ich hatte diese Szene, diese banale Kleinigkeit, im Laufe der Jahre wahrscheinlich zwanzig oder dreißig oder vierzig Leuten gegenüber erwähnt. In all der Zeit hatte mich nie jemand korrigiert.

Als sie einen Monat später bei mir einzog, hatten wir eine Art Vereinbarung getroffen. Sie war bereits für die Ausstellung in Paris, die »Young Voices of Latin America« im Centre Pompidou, angenommen worden. Sie wollte Anfang November dorthin ziehen, um die Installation im Auge zu behalten. Es war etwas, wovon sie lange geträumt und wofür sie jahrelang hart gearbeitet hatte. Ihr Debüt. Unser Arrangement, unsere Beziehung, war temporär. Das war in Ordnung. Das sagte ich ihr immer wieder und bemühte mich, es auch so zu sehen. Im Pläneschmieden und sie auch durchzuziehen war sie besonders gut. Sie verspätete sich nie, nicht einmal um fünf Minuten. In New York war jeder spät dran und schob es immer auf die U-Bahnen oder den Stadtverkehr, nur Xiomara nicht. An einem kalten Oktobernachmittag, an dem kaum jemand unterwegs war und kaum Attraktionen geöffnet hatten, verabredeten wir uns auf Coney Island. Wir hatten ausgemacht, uns um sechs Uhr vor dem Bahnhof zu treffen. Ich war mir sicher, dass sie sich verspäten oder vielleicht zu früh erscheinen würde. Sie kam den ganzen Weg von Manhattan, die ganze F-Linie, während ich davor ein Treffen gleich um die Ecke an der Brighton Beach hatte. Gerade als meine Uhr die Stunde überschritt, war sie da, in drei verschiedene Schals gegen die Kälte gehüllt, die vom Wasser herüberwehte. Sie hatte Lust auf zwei Hotdogs und knusprige Pommes von Nathan's. Ich hatte eine Flasche Vodka, die mir die Russen geschenkt hatten, die ich an der Beaumont Street getroffen hatte, aber wir tranken sie nicht, nicht einmal, um gegen die Kälte anzukämpfen. Nach dem Abendessen sahen wir uns nach Attraktionen um, aber alle hatten bereits geschlossen. Nicht einmal die Achterbahnen waren in Betrieb, also liefen wir den Strand entlang. Man musste auf die Glassplitter im Sand achtgeben, aber es war ohnehin zu kalt, um die Schuhe auszuziehen, und von der Kälte war der Sand neben der Uferpromenade hart genug. Die Stadt kam uns sehr weit weg vor. Wir sprachen darüber, in einen Außenbezirk zu übersiedeln, vielleicht nach Rockaway, in ein kleines Strandhaus mit lausiger Isolierung und Sand auf den Dielen, dem man nicht Herr werden könnte. Es war seltsam, darüber zu reden. Sie war kurz davor, abzureisen. Sie zog nicht nach Coney Island oder in die Rockaways oder irgendeinen anderen Teil New Yorks. Wir sprachen dennoch immer wieder davon, und das, woran ich mich festhielt, war, wie sie pünktlich und auf die Minute genau am Hotdog-Stand erschienen war, bereit zu bestellen, weil sie längst wusste, was sie essen wollte. Ungefähr einen Monat bevor sie nach Paris abreiste, hatte ich die Dokumente zur Gründung einer Handelsgesellschaft namens Xiomara Fuentes Inc. mit Sitz in Panama vorbereitet. Ich hatte mir überlegt, dass sie ihr nützlich sein würde, sobald sie im Ausland war und ihre Kunstwerke verkaufen und wieder unter ihrem eigenen Namen und nicht mehr unter dem ihrer Cousine, die mit der Sozialversicherungsnummer, arbeiten würde. Es war ein Abschiedsgeschenk – eine Geste. Sie mochte Gesten, und wenn sie ein wenig übertrieben oder sentimental waren, umso besser. Auf der Gründungsurkunde befand sich ein Siegel, es sah alles sehr offiziell und seriös aus. Im Gegenzug wollte sie mir auch etwas schenken und entschied sich schließlich für ein Türschild, das aus Kupfer gefertigt und auf Hochglanz poliert war. Die Gravur hatte sie selbst gemacht.

Auf der Plakette war mein Name eingraviert, mit einem LLP nachgestellt. Sie befestigte es an der Tür und ich sagte ihr, dass es keine LLP gab, keine Partner, keine beschränkte Haftung, dass es ausschließlich mich gab, aber sie lachte nur darüber und sagte, die Leute müssten wissen, mit wem sie es zu tun haben. Es war so ziemlich das Letzte, das sie erledigte, bevor sie sich ins Taxi zum Flughafen setzte.

Der Reddick-Fall war der erste Fall, den ich unter den neuen Vorzeichen, einer Partnerschaft mit beschränkter Haftung, bearbeitete. Der Staat New York stimmte zu, ohne allzu viele Fragen zu stellen oder mich lange warten zu lassen, nachdem ich die Unterlagen eingereicht und einige Gebühren entrichtet hatte, die nicht sehr hoch waren. Es war ein guter Fall, um zu beginnen. Ich überlegte sogar, Xiomara anzurufen und ihr davon zu erzählen. Ich dachte, dass sie gerne von der Poquelin-Gesellschaft und all den alten Männern, die im Bankettsaal herumlungerten, erfahren hätte.

5

Es war ein Montagnachmittag, der Tag nach Weihnachten, und ich war auf dem Heimweg, nachdem ich mit Ulises im Kino einen Film gesehen hatte. Sie zeigten gerade *Im Zeichen des Bösen* im Sunshine auf der Houston Street und wir waren über die Brücke nach Hause gelaufen. Unterwegs hatten wir einen Joint geraucht und uns über den Film unterhalten, der zwar nicht zu meinen Lieblingsfilmen zählte, aber auf den Ulises große Stücke hielt: Die Art und Weise, wie nichts passierte, wirkte natürlich, und dazu schienen alle Figuren zu wissen, dass sie sich in einem Film befanden, nur dass sie nichts dagegen tun konnten. Ein weiteres, seltsames Merkmal war, dass

Charlton Heston als Mexikaner mitwirkte. Es war ein passender Film für einen stürmischen Montag und er brachte mich zu der Überlegung, was in meinem Leben als Nächstes passieren würde. Ich lebte von Anna Reddicks Honorar und konnte noch eine Weile durchhalten, falls notwendig sogar einige Monate, aber ich spürte mein Alter und die eisige Winterkälte. Ich war einunddreißig Jahre alt und stand an der Pforte zur Blüte dessen, was manche Leute Karriere nennen würden. Sieben Jahre Anwaltstätigkeit, und was hatte ich vorzuweisen? Immerhin hatte ich meinen Studienkredit abbezahlt.

Ulises und ich schlenderten also nach Hause, sprachen über unsere Pläne, so wie sie eben waren, beide aber dennoch auf der Hut, gewisse Dinge – wie beispielsweise Paris und Xiomara – nicht zu erwähnen. Sie rief ihn etwa einmal die Woche aus Bars oder von öffentlichen Telefonen aus an. Keine Ahnung, wer die Rechnungen bezahlt hatte, vielleicht keiner von beiden. Vielleicht hatten die Pariser Barkeeper für sie gesammelt. Ich hatte nicht mehr mit ihr gesprochen, seit sie die Stadt verlassen hatte. Ihrem Wunsch gemäß hatten wir vereinbart, dass es der beste, praktikabelste Weg sei. Einmal versuchte ich, sie in ihrem Apartment zu erreichen, aber eine andere Frau nahm den Anruf entgegen – vielleicht eine Mitbewohnerin. Sie sprach nur stockendes Englisch und wollte mir von einer Begebenheit erzählen, die sich an diesem Tag zugetragen hatte. Sie sei durch den Park spaziert – sie führte nicht aus, um welchen Park es sich handelte, aber ich hatte den Eindruck, dass es einer der großen Parks, Luxembourg oder die Tuilerien, sein musste – und da sei ein Student zusammengebrochen. Als sie vorbeikam und sah, was passiert war, lag er bereits auf dem Boden, inmitten der Blumenbeete, hielt sich die Brust und schnappte nach Luft. Sie drehte ihn auf die Seite und rief die Rettung. Sie begleitete ihn ins Krankenhaus und am Ende war alles in Ordnung. Sie hatten ihm den Magen ausgepumpt. Nur konnte sie sich jetzt nicht mehr an seinen Namen erinnern. Bei all der Aufregung war er ihr entfallen. Sie hatte gedacht, ich sei vielleicht er, der Student, der versucht hatte, sich umzubringen, und hätte mir viel Mühe gemacht, ihren Namen in Erfahrung zu bringen, oder Xiomaras, einfach nur um mich bei ihr zu bedanken. Sie klang sehr betrübt, als sie erkannte, wer ich war. Es war ein seltsames, lange andauerndes Gespräch, mindestens zwanzig Minuten, beinahe die gesamte Zeit, die ich auf der Telefonwertkarte zur Verfügung hatte. Wenn nur noch dreißig Sekunden übrig waren, ertönte eine Stimme, die einem mitteilte, dass die Zeit aufgebraucht war. Das war jedenfalls, was ich dachte, das sie sagte. Die Stimme sprach arabisch. Ulises verwendete dieselben Telefonwertkarten und hatte mir einmal erzählt, dass er einen Freund gebeten habe, diese Ansage für ihn zu übersetzen, und dass dieser ihm gesagt habe, dass es ein Gebet sei. Angeblich hatte es mit Reisenden und der Schönheit von Erfindungen zu tun.

Als wir über die Brücke gingen, drang der Wind unter meine Jacke und in meine Knochen. Es war diese kalte, unruhige Zeit im Jahr, in der man das Gefühl hat, dass alles Mögliche passieren könnte, und man sich wünscht, dass es auch so kommt. Es war nicht ungewöhnlich, dass eine fremde Frau vor meinem Haus wartete. Sie saß auf dem Treppenaufgang und beobachtete den Spielplatz auf der anderen Straßenseite, der wenig Beeindruckendes zu bieten hatte. Ein Klettergerüst, ein Maschendrahtzaun und eine Rasenfläche, auf der die russischen und ukrainischen Männer nachts auf Kartons schliefen und über die alte Heimat sprachen. Die Männer waren noch nicht aufgetaucht und auf dem Klettergerüst noch keine Kinder, dafür war es zu kalt. Die Frau auf meiner Treppe starrte aufmerksam hinüber. Es sah aus, als könnte sie diesen leeren Spielplatz ewig beobachten. Ich fragte mich, ob sie eine neue Nachbarin war. Es war ein ständiges Kommen und Gehen. Der Hausbesitzer – der Kreuzfahrtschiffsänger – mochte junge Leute, und ein- oder zweimal im Jahr, wenn er auf Landurlaub war, trat er mit seinem Schnulzensängerprogramm im Festsaal hinter Carmines Pizzeria auf und hinterlegte für alle seine Mieter Freikarten. Wir gingen immer hin und teilten uns einen Tisch. Die Eintrittskarten kosteten vierzig Dollar und er zog genug Leute an, um den Raum, der bis zu hundert Leute fassen konnte, zu füllen. Mit jeder Eintrittskarte erhielt man eine Flasche Chianti zur Show. Beim Anblick der Frau dachte ich, sie sei vielleicht neu im Haus und habe sich ausgesperrt oder warte auf die Möbelpacker, aber dann sah Ulises genauer hin und sagte, dass er sie erkannt habe. Es sei A. M. Byrne. Als ich nicht sofort reagierte, wiederholte er ihren Namen mit betonter Gewichtung.

»Sie ist die verdammt beste Autorin Amerikas unter fünfzig«, sagte er.

Ich wusste, wer A. M. Byrne war. Ihrer Reputation nach jedenfalls. Kannte den Namen. Ich wusste nur nicht, was sie auf meiner Treppe zu suchen hatte.

»Du bist der Bücheranwalt«, sagte er. »Du solltest sie fragen.«

Sie hatte uns noch nicht registriert, oder vielleicht hatte sie es doch; sie war jedenfalls noch immer im Bann des leeren Parks.

Ulises trat an sie heran, begrüßte sie und fragte sie, wie es ihr gehe und was sich so bei ihr tue, wie es mit der Arbeit laufe. Sie schien ihn zu kennen, wenn auch nur flüchtig, und es war vor allem ihre Belustigung, die das Gespräch in Gang hielt. Wenn Ulises es darauf anlegte, konnte er äußerst unterhaltsam sein, gut aussehend war er obendrein, ein wenig ungepflegt zwar, aber er sah so aus, wie man sich einen venezolanischen Dichter vorstellt, stark behaart und ziemlich groß, mit Absatz ganze eins neunzig.

Mir fiel auf, dass sie nichts von ihrer Arbeit erzählte. Er fragte sie zweimal beiläufig und beide Male wich sie der Frage elegant aus. Aber es sah so aus, als wäre sie bereit, über praktisch alles andere zu sprechen. Sie erzählte ihm, dass sie daran denke, einen Kurs zu belegen, einen Fortbildungskurs, wie er für Erwachsene angeboten wird. Sie wolle eine praktische Fähigkeit erlernen, etwas, das sie mit ihren Händen machen könne. Vielleicht würde sie eines Tages ein Haus bauen oder sich mit Wasserwirtschaft beschäftigen. Sie sei begeistert von der Idee, die Bewegung des Wassers, dessen Lauf und dessen Tendenzen zu erforschen.

Das war genau die Art von Satz, den ich von Ulisses erwartet hätte, aber sie war ihm zuvorgekommen.

Schließlich fragte er sie, was sie hier auf der Treppe mache, ob sie womöglich den Anwalt sprechen wolle.

»Ganz genau«, sagte sie. »Kennst du ihn?«

Ich zog eine Visitenkarte aus der Gesäßtasche meiner Jeans.

»Wir sollten besser nach oben gehen«, sagte sie, nachdem sie die Karte begutachtet hatte

Sie vermittelte eine bedeutsame Entschiedenheit, ein Gefühl der Bestimmtheit.

Ich erklärte mich damit einverstanden und wandte mich Ulises zu, um mich von ihm zu verabschieden, doch er war nicht mehr da. So war es damals. Man traf ständig Leute und dann war jemand verschwunden, vielleicht nur um die Ecke, um Zigaretten oder Saft aus dem Getränkeladen zu holen, oder sie kamen gar nicht mehr zurück. Jede Minute verließen

Busse und Züge die Stadt. Es war schwierig, seine Freunde im Blick zu behalten, aber leicht, neue Mandanten zu gewinnen.

Wahrscheinlich war ich leicht bekifft. Wir hatten auf der Brücke doch diesen Joint geraucht.

Auf dem Weg nach oben fühlte ich mich wohl, war optimistisch und neugierig. Am Beginn eines neuen Falles war es immer so. A. M. Byrne war, wie Ulises gesagt hatte, eine der bekanntesten Romancières im Land, eine Autorin, deren Bücher Teil des universitären Lehrplans waren, obwohl sie offensichtlich erst in ihren frühen Dreißigern war, höchstens fünfunddreißig. Sie war auf jeden Fall viel jünger, als sie auf den Autorenfotos auf den Umschlägen ihrer Bücher aussah, die mir das eine oder andere Mal im Dockside Bookstore auf der Fulton Street untergekommen waren, von denen ich aber noch keines gekauft oder gelesen hatte, nicht wissend, dass sie eines Tages auf meiner Treppe auf mich warten würde. Das Licht im Treppenhaus war aus und ich brauchte ein paar Anläufe, um den Schlüssel ins Schloss zu bekommen. Die Tür klemmte, gab dann aber nach. Nach einer Regennacht waren die Türpfosten immer feucht und leicht aufgequollen.

Das Apartment war nichts Besonderes, doch manchmal war ich in Bezug darauf doch ein wenig eitel. Es grenzt beinahe an Kunst, in einem Schlauch zu leben, in einer Wohnung, in der es keine Türen gibt und jeder Raum in den nächsten übergeht. Es erfordert eine besondere Disziplin und man muss darauf achten, das Bett hinter irgendetwas zu verstecken, um unangenehme Situationen zu vermeiden. Meines war hinter einem Bücherregal. Es gab hier überhaupt viele Bücherregale. Ein ehemaliger Mandant, der vor dem Loco-Burrito-Shop in eine Schlägerei geraten und dabei versehentlich rückwärts in eine Glasscheibe gefallen war, hatte sie für mich gebaut und aufgestellt. Er war Maler und Tischler und ein ziemlich sensibler Kerl, der sich wegen der Sache mit dem Fenster miserabel fühlte. Letztendlich hatte der Richter die Schadenersatzklage abgewiesen, weil er für den Burrito-Laden eine neue Theke gebaut und dabei geholfen hatte, den gebrochenen Fensterrahmen zu reparieren. Die Bücherregale, die er für mich gebaut hatte, waren zu überwältigend für die etwa siebzig Quadratmeter große Wohnung, aber das machte mir nichts aus, von irgendetwas musste sie ja überwältigt sein. Die meisten Möbelstücke waren auf diese Weise ins Haus gekommen – im Tausch gegen meine Dienste. Zumindest hatte ich die Wohnung für mich allein, ich hatte keine Mitbewohner. Und ich bewohnte sie bereits seit einigen Jahren.

»Sie mögen Conrad«, sagte sie, als sie dabei war, es sich gemütlich zu machen. Sie hatte ihren Mantel ausgezogen und an den Türknauf gehängt, sich ein Glas vom Abtropfgestell neben dem Spülbecken genommen und es mit Leitungswasser gefüllt. Von der Küche bis zum nächstgelegenen Bücherregal waren es etwa drei Meter, aber sie stand da und las die Namen der Autoren auf den abgenutzten Buchrücken. Conrad und andere. Ihre Augen waren grün, von dem gleichen dunklen Ton wie ihre waldgrüne Jacke.

»Eitelkeit spielt unserem Gedächtnis gespenstische Streiche«, sagte sie, Conrads Marlow zitierend.

»Sagen Sie schon«, sagte ich. »Wie kann ich helfen?«

»Helfen?« Sie sah verblüfft aus, als hätte sie noch nie Hilfe benötigt oder darum bitten müssen.

»Sie besuchen mich privat?«

»Nicht wirklich«, sagte sie. »Ich bin gekommen, um mich beraten zu lassen.«

»Rechtsberatung?«

»Genau.«

»Ich werde Ihnen gerne helfen.«

»Beraten«, sagte sie. »Ich bin und werde sehr vorsichtig mit Worten sein, wenn es Ihnen nichts ausmacht. Berufsrisiko.«

Ich schenkte mir ein Glas Wasser ein und trank langsam, während sie mich dabei beobachtete. »Also, Sie sind Autorin«, sagte ich.

Sie schüttelte den Kopf. »Ich hasse das Wort.«

»Welches bevorzugen Sie?«

»Lassen Sie uns einfach reden.«

Ich schwieg und ließ sie überlegen, worüber sie sprechen wollte.

»Ich habe mal Jura studiert«, sagte sie.

»Hat es Ihnen gefallen?«

»Diese ganzen harten Diskussionen, Jungs in Chino-Hosen und Professoren, die mit ihren kalten Händen über dein Bein wandern.«

»Das nennen sie die Sokratische Methode.«

»Ich habe jedenfalls nur zwei Wochen durchgehalten. Dafür war ich nicht geschaffen.«

»Ich bin mir nicht sicher, ob ich es war.«

»Und doch sind wir hier und ich schwafle herum. Ich bin ein wenig nervös.«

Sie machte auf mich nicht den Eindruck, als wäre sie nervös oder als würde sie schwafeln. Im Gegenteil. Sie schien sich prächtig zu amüsieren. Ich war erfreut. Verwirrt, aber erfreut. Immerhin war sie mein Gast und womöglich kurz davor, meine Mandantin zu werden. Das war es, was ich an der selbstständigen Tätigkeit mochte. Man wusste nie, wo der nächste Fall herkommen würde. Solange man die Schulden abbezahlt und die Miete im Griff hatte, war es eine angenehme

Art zu leben, zumindest kam es mir so vor, als A. M. Byrne, die beste amerikanische Schriftstellerin unter fünfzig Jahren, mein Wasser trank und meine Regale mit ihren grünen Augen durchstöberte, die die Titel vom anderen Ende des Raumes aus erkennen konnten. Sie stellte mir eine Frage zu Puschkin, die ich nicht beantworten konnte, irgendetwas über den Aberglauben und die Russen, und dann sagte sie, es sei jetzt an der Zeit, zur Sache zu kommen.

»Es geht um Verleumdung«, sagte sie. »Ist das etwas, womit Sie sich auskennen?«

»Auskannte«, sagte ich. »Früher. Jetzt bin ich allgemeiner Anwalt.«

»Ist es Rufschädigung«, fragte sie, »und nicht Beleidigung, ich meine, wenn es verschriftlicht ist?«

»Verleumdung, wenn Sie es etwas allgemeiner ausdrücken möchten.«

»Also gut. Was sind die Voraussetzungen für eine Verleumdungsklage in New York?«

»Veröffentlichung einer verleumderischen Äußerung, die nicht durch das Persönlichkeitsrecht geschützt ist, sowie tatsächlich entstandener Schaden.«

»Oh Gott, haben die Sie gezwungen, das alles auswendig zu lernen?«

Sie betrachtete mich so, wie man ein altkluges Kind betrachten würde, das soeben die Hauptstädte aller Bundesstaaten aufgesagt hat, oder vielleicht kam es mir mit meinem Wasserglas und den lausigen Puschkin-Ausgaben auch nur so vor. Ich hätte einen Kaffee vertragen können, aber es war keiner mehr da, zumindest konnte ich keinen finden.

»Miss Byrne«, sagte ich, »es wäre besser, wenn wir über die Details sprechen würden.«

»Zu denen komme ich gleich.«

»Wenn Sie daran denken, Klage zu erheben, dann lassen Sie es lieber.«

»Warum denn nur? Sind Sie nicht Prozessanwalt? Sie sollten bereit für einen Schlagabtausch sein.«

»Eine Verleumdungsklage macht auf die Sache aufmerksam, von der Sie wünschen, dass sie nicht geschrieben worden wäre.«

»Vielleicht ist mir das aber egal?«

»Am Ende verlieren Sie den Fall womöglich und vielleicht verdonnert man Sie noch dazu, die Rechtsanwaltskosten des Kritikers zu übernehmen.«

»Wie kommen Sie darauf, dass es sich um einen Kritiker handelt?«

»Ich ziehe Schlüsse. Aus Ihrer beruflichen Tätigkeit.«

»Sie meinen, meine Kratzbürstigkeit? Meine Überempfindlichkeit?«

»Vielleicht auch das. So gut kenne ich Sie nicht.«

Sie zuckte mit den Schultern und zog ein anderes Buch aus dem Regal, diesmal eines von Edith Wharton. Es war eine Taschenbuchausgabe von *Zeit der Unschuld* und sie sagte nichts, nahm sich aber die Zeit, im Buch zu blättern, als suchte sie etwas Bestimmtes. Als sie es fand, las sie leise vor sich hin, ohne dabei aufzublicken oder sich zu entschuldigen und ohne ihr Gewicht von einem Fuß auf den anderen zu verlagern oder ihr Gesicht zu berühren, wie es fast jeder andere in dieser Situation getan hätte. Sie hatte eine bemerkenswerte Unbeschwertheit, als befände sie sich in ihrem eigenen Wohnzimmer, in ihrem Zuhause.

Nachdem sie damit fertig war, erzählte sie mir, dass sie sich in ihrer Freizeit mit dem Verleumdungsrecht beschäftigt habe, und fragte, ob ich etwas über die Doktrin der substanziellen Wahrheit wisse, die man manchmal auch als Kernprivileg bezeichnen würde. Sie hielt das für eine sehr seltsame Doktrin. Es gab die Wahrheit und es gab die Lüge, aus welchem Grund sollte es also eine Doktrin für diejenigen geben, die sich irgendwo dazwischen bewegten? Ich sagte ihr, dass das Gewohnheitsrecht zu allen möglichen seltsamen Entscheidungen und Ergebnissen führe. Ich wollte ihr ein paar Beispiele schildern, aber in diesem Moment fielen mir einfach keine ein. Ich stand ein wenig neben mir und war obendrein immer noch auf der Suche nach Kaffeepulver.

»Eine Sache, bei der ich immer hängen bleibe, ist der Vorsatz«, sagte sie, »und ob man ihn beweisen muss.«

»Es hängt vom Angeklagten ab«, sagte ich, »und davon, ob es eine Person des öffentlichen Lebens oder eine Privatperson betrifft.«

»Über Personen des öffentlichen Lebens kann man also sagen, was man will, und es ist in Ordnung. Ist das so?«

»Mehr oder weniger.«

»Also gut, dann meine Frage: Bin ich eine Person des öffentlichen Lebens?«

»Wie bitte?«

»Bin ich eine Person des öffentlichen Lebens?«

Farbe schoss ihr in die Wangen. Es war eine unübliche Rötung, wie eine in der Sonne liegen gelassene Orange. Mich beschlich ein merkwürdiges Gefühl, das ich in diesem Moment nicht so recht zu deuten vermochte. Ich fühlte mich, als ob wir Rollen in einem Film spielten, als ob *Im Zeichen des Bösen* weitergelaufen und ich hineingeraten wäre, oder besser gesagt, als ob sie und ich gemeinsam hineingeraten wären. Es war kein besonders unangenehmes Erlebnis. Irgendwie verwirrend, aber das war der Film ja auch, vor allem die Kamerafahrt zu Beginn des Films, die zwischen Autos und Gesprächen durch all die Straßen und Gassen in Tijuana führt.

»Vermutlich«, sagte ich, »aber das ist Ihnen bestimmt bewusst.«

»Ja«, sagte sie. »Aber wie sieht es mit meiner wahren Identität aus?«

»Ihre wahre Identität?«

»A. M. Byrne ist ein Pseudonym. Wie so viele eines verwenden. George Sand war Amantine Lucile Aurore Dupin de Francueil. John le Carré ist David John Moore Cornwell. Ein reizender Mann, Sie sollten ihn irgendwann kennenlernen. Ihr Conrad war Józef Teodor Konrad Korzeniowski. Obwohl das mehr eine Abkürzung ist, oder? Sie verstehen, was ich meine, da bin ich mir sicher. Also ist mein Pseudonym die Person des öffentlichen Lebens? Oder bin ich es?«

Sie hielt einen Moment inne und wartete auf eine Antwort. Ich hatte keine.

Es war eine gute Frage, einer juristischen Abschlussprüfung würdig.

»Ich glaube, wir sind uns noch nicht begegnet«, sagte sie. »Privat, meine ich. Mein Name ist Anna Reddick.«

Ihre Hand war ausgestreckt. Unbewusst schüttelte ich sie.

»Ich hätte mich früher vorstellen sollen«, sagte sie. »Sie verstehen das bestimmt.«

Sie nahm mein Glas, füllte es an der Spüle auf, nahm zwei Eiswürfel aus dem Gefrierschrank, warf sie in das Glas und leerte es in einem Zug. Ihr noch immer volles Glas stand auf dem Tisch. Sie hatte Parfüm aufgetragen. Es duftete nach Lavendel. Ich hatte es bisher nicht wahrgenommen, aber jetzt schien der Lavendel den Raum zu durchdringen und sich in mir zu verfangen wie ein feiner Meeresdunst im Herbst, oder wie ein Nervengift. Sie nahm einen Führerschein, eine Krankenversicherungskarte und zwei Kreditkarten aus ihrer Brieftasche. Alles war auf Anna Moore Reddick ausgestellt. Und das Foto auf dem Führerschein stimmte auch überein.

»Ich habe noch Dutzende davon«, sagte sie, »wobei Sie es mir einfach auch sagen können, wenn Sie genug gesehen haben.«

»Ja«, sagte ich, doch dann realisierte ich, dass sie keine Frage gestellt hatte.

»Da wir uns noch nie getroffen, gesprochen oder über einen Bevollmächtigten kommuniziert haben«, sagte sie, »werden Sie mir sicher beipflichten, dass ich Sie nicht damit beauftragt habe, rechtliche Schritte gegen meinen Mann Newton Reddick einzuleiten. Und da Sie sich offensichtlich mit Verleumdungen auskennen und zweifelsohne in irgendeinem Winkel Ihres Gehirns noch andere Schriftsätze verlötet haben, werden Sie mir auch zustimmen, dass die Aussage, ich hätte Sie damit beauftragt, meinen Mann in verschiedenen Publikationen, darunter *Der Antiquar*, einer überaus langweiligen Zeitung, die er jedoch mit größter Leidenschaft liest, als Dieb zu bezichtigen, eine Verleumdung ist. Die einzige Frage ist, ob ich eine Privatperson oder eine Person des öffentlichen Lebens bin. Wäre ich eine Person des öffentlichen Lebens, würde ich Ihrem verblüfften Gesichtsausdruck entnehmen, dass Sie sich Ihres Vergehens vielleicht gar nicht bewusst waren, und dann könnten Sie sich der Gnade des Gerichts ausliefern und behaupten, dass Sie nie in böser Absicht gehandelt hätten. Doch sollte ich eine Privatperson sein, wird Ihre Nachlässigkeit nicht als Entschuldigung gelten. Ich kann mir jedenfalls gut vorstellen, dass die Anwaltskammer Interesse haben könnte, davon zu erfahren. Haben Sie die Adresse irgendwo herumliegen? Ich habe den ganzen Tag noch nichts geschrieben. Ein Brief würde mir guttun. Daran denke ich schon den ganzen Nachmittag.«

Sie ging zu meinem Schreibtisch und nahm einen Stift und einen Block aus der Lade. Während sie schrieb, lugte ihre Zunge aus dem Mundwinkel. Als sie fertig war, riss sie das Blatt heraus und brachte es mir zum Lesen. Die Wohnung drohte in ihrem Lavendelparfüm zu ertrinken.

Sie hatte »Fahr zur Hölle. Hochachtungsvoll, A. M. Byrne« auf das Blatt geschrieben.

»Das verschicken Sie für mich«, sagte sie.

Sie schlüpfte in ihre Jacke und verschwand.

6

In der Woche wurde ich endlich auf die Liste für die Zuweisung von mittellosen Angeklagten in der Centre Street 100 gesetzt. Es war ein ziemlicher Aufwand an Papierkram und Herumfragen notwendig gewesen, um meinen Namen auf die Liste setzen zu lassen. Ein paar Gefallen waren eingefordert und getauscht worden. Diese Rolle des nächtlichen Pflichtverteidigers am Gericht war keine besonders prestigeträchtige Beschäftigung, ganz im Gegenteil, aber es war etwas, das ich schon lange tun wollte, und die Arbeitszeiten machten mir nichts aus. Ich mochte es, lange wach zu bleiben und dabei irgendwo zu sein, etwas zu tun zu haben, auch wenn es nur ein- oder zweimal im Monat war. Mein erster Einsatz war an einem Mittwochabend, zwei Abende nach *Im Zeichen des Bösen* im Sunshine, nach dieser seltsamen Begegnung in meiner Wohnung. Ich hatte mich ein wenig auf die Arbeit vorbereitet. Strafrecht, vor allem die übliche Gefängnisvariante, war nie mein Spezialgebiet gewesen. Ich war als Unternehmensanwalt ausgebildet worden, eine eher nutzlose Spezialisierung, wenn man nicht ganz verzweifelt war. In der Woche war ich mit dem Einlesen in die Materie beschäftigt, was mich ein wenig ablenkte. Als ich im Gerichtsgebäude ankam, nickte mir der Wachmann beim Metalldetektor zu und nannte mich Chef, als würden wir uns schon lange kennen, als wären wir Kollegen. Er hatte eine Tasche auf dem Stuhl neben sich, in der sich ein kleiner Hund befand, der ihm allerdings nicht zu gehören schien. Vielleicht hatte er ihn konfisziert oder einer der Richter hatte ihn gebeten, auf ihn aufzupassen. Damals gab es an jedem Gericht irgendwelche Eigenheiten, die zusammengenommen so etwas wie eine Betriebskultur ergaben. Die einzigen Gemeinsamkeiten zwischen den verschiedenen Gerichtsgebäuden, die mir je aufgefallen waren, bildeten der antiseptische Geruch und die von Blinden betriebenen Zeitungskioske. Die Bevorzugung blinder Verkäufer war gesetzlich verankert und die Typen an der Kasse hatten ihre eigenen kleinen Tricks und Strategien, um zu erkennen, welchen Schein man ihnen gab, manche erkundigten sich aber auch einfach, in der Hoffnung, dass man ehrlich war.

Die Anklagen prasselten in der Nachtschicht regelrecht auf uns ein und kamen nicht in dem entspannten Tempo, das man von einem Gericht, das morgens um zwei Uhr in Schwung kommt, erwarten würde. Alle, die dort arbeiteten, machten einen höchst professionellen und effizienten Eindruck, niemand witzelte herum oder quasselte darüber, wo man später Frühstück holen würde oder welche Restaurants man bevorzugte. Falls es irgendwelche Liebschaften oder Intrigen gab, dann wurden sie so diskret gehandhabt, dass man nichts davon mitbekam. Ich arbeitete zwei Anklagen wegen Drogenbesitzes und einen Einbruch ab, der mit einem Freispruch, aber einer strengen Ermahnung durch den Richter endete, der meinen Mandanten belehrte, dass er die Wohnung seiner Mutter in der Avenue B nicht mehr betreten dürfe, egal ob die Wohnung leer stehe oder er den Hausmeister kenne. Seine Mutter war nicht mehr da, verstorben, und nichts würde sie ihm zurückbringen. Sentimentalität sei keine Entschuldigung. Das sagte ihm der Richter. Er war ein ziemlich guter Richter und ich fragte mich, was er sich hatte zuschulden kommen lassen, wen er beleidigt oder wer sich über ihn beschwert hatte, um an einem Mittwoch im Winter in Downtown Manhattan am Nachtgericht zu landen, oder ob er die Arbeitszeiten in der Nacht genoss und genau diese Arbeit haben wollte, so wie ich. Um neun Uhr früh waren wir fertig. Die Tagesschicht trudelte ein, gut erholt und mit arroganten Blicken, aber es schien niemanden zu stören. Ich hatte in der Nacht nicht schlecht verdient. Nicht viel, aber genug. Es war eine gute, solide Arbeit, die so weit vom Unternehmensrecht entfernt war, wie es nur möglich war, wenn man nicht gerade Magistrat in einem Nationalpark werden oder einen der anderen, noch absurderen Jobs annehmen wollte, die man nur vom Hörensagen kannte.

Den Rest des Vormittags verbrachte ich damit, den vom Staat New York in Aussicht gestellten Gagen nachzulaufen, was bedeutete, dass ich wie ein Bittsteller erscheinen und unzähligen Beamten in über die Stadt verteilten, obskuren Gebäuden schmeicheln musste, damit sie meine Lohnkarte abstempelten, nur damit ich sofort zum nächsten weiterhetzen konnte, um letztendlich einen anständigen Lohn zu erhalten. Es war einer dieser warmen Tage nach einer Woche Schneefall, wenn alle aus ihren Büros kriechen und überrascht feststellen, dass man die Bürgersteige sehen kann und die Leute in der ganzen Stadt wie Frösche von ihnen herunterspringen, um nicht in die Pfützen zu treten.

Nach dem Mittagessen ging ich ins Kino. *Ein Herz und eine Krone* im Angelika. Sie zeigten ihn immer in der Weihnachtszeit, obwohl ich nach der Drei-Uhr-Vorstellung selbst nicht sagen konnte, was er mit Weihnachten zu tun haben sollte. Trotzdem tat es mir gut, einen Film zu sehen, in dem es um Verwechslungen, geheime Identitäten und um alle möglichen Spielarten von Verrat ging, die man nicht allzu ernst nahm. Am Ende ging es für fast alle gut aus, sogar für Prinzessin Ann, die zu ihren Verpflichtungen zurückkehrte, aber mit einer neu entfachten Lebenslust oder was auch immer. Bestimmt hatte ich über Newton Reddick und Anna Reddick und den ganzen Schlamassel nachgedacht, den ich ihnen bereitet hatte. Ich war noch nie zuvor verklagt worden, nicht einmal, als ich für die Kanzlei arbeitete und es um viel Geld ging. Fahrlässigkeit kommt im Leben eines Anwalts so gut wie jeden zweiten Tag vor, aber man schlägt sich durch und hofft, dass die Versicherer einem nicht die Prämien in die Höhe schrauben.

Nach dem Film ging ich zurück zum Gericht und erledigte den Papierkram. Gegen Ende des Tages versuchte ich mein Glück in einer Dienststelle in Hell's Kitchen und beschloss, die Beamtin zu fragen, ob sie in einem anderen meiner Fälle etwas nachschlagen könne, einen neuen Fall, den ich gerade übernommen und dessen Einzelheiten ich nicht mehr im Kopf hätte. Sie schien mir nicht zu glauben, doch es war ihr gleichgültig. Gerichtsbedienstete und Anwälte saßen in einem Boot. Das war jedenfalls die Aussage, die ich ihrem wehmütigen Blick entnahm, als sie mir den Ausdruck mit Newton Reddicks Adresse übergab. Es bestand eine einstweilige Verfügung. Eine Nachwirkung der Scheidungsklage. Dieser Teil der

Geschichte, die man mir aufgetischt hatte, entsprach also der Wahrheit. Die Reddicks waren geschieden und bewegten sich auf eine gütliche Einigung zu. Die Beamtin gab mir den Akt und ließ mich ein paar Minuten darin blättern und Notizen machen.

»Ist das der Kerl?«, fragte sie.

»Genau der«, sagte ich. »Kein aufregender Fall.«

Sie zuckte mit den Schultern. Für sie waren alle Fälle gleich. Alle Verbrechen, jede Art von Scheidung.

»Besser, Sie heften sich an den Kerl ran«, sagte sie. »Sie wollen ja nicht um Ihr Honorar gebracht werden.«

Ich wollte mich entschuldigen. Manche Menschen sagen, man solle sich nie entschuldigen – es sei praktisch ein Schuldeingeständnis –, aber meiner Erfahrung nach tat es immer gut und sparte allen Beteiligten viel Zeit und Kosten, ebenso wie den unvermeidlichen Ärger eines Rechtsstreits. Ich wollte mit dem Mann, Newton Reddick, sprechen, und da ich bereits im Anzug steckte und den professionellen Reueblick aufgesetzt hatte, nahm ich den Zug nach Uptown und ging von der Seventy-Second-Street-Station, dem alten Needle Park, drei Blocks nach Norden und bog dort Richtung Osten ab. Zu dem Zeitpunkt hatte ich seit sechsunddreißig Stunden nicht geschlafen. Die Stadt und der schmelzende Schnee auf den Bürgersteigen verschafften mir ein Wohlgefühl und Zuversicht in meine Überzeugungskraft. 33 West Seventy-Fifth Street war ein klassisches vierstöckiges Brownstone-Haus und lag inmitten eines der schönsten Blocks von Manhattan, oder zumindest sah es an jenem milden Dezemberabend um halb sechs so aus. Die Luft war voll kristallklarer Feuchtigkeit und der Central Park nur einen halben Block entfernt, als würde er so mitteilen, dass er da war, falls man jemals einen Ort zum Verschwinden, Fliehen oder einfach nur zum Schlafen bräuchte. Die Aufgangstreppe ging über eineinhalb Stockwerke in beinahe suizidalem Winkel und hatte Blumen auf den beiden die Treppe säumenden Geländern. Auf dem Weg nach oben kam mir ein gut gekleidetes Paar, ein Mann und eine Frau, entgegen. Der Mann murmelte, möglicherweise an mich gerichtet, irgendetwas darüber, dass man sich in dem Haus in Acht nehmen müsse, es sei hier drin wie im Nahkampf. Die Frau ermahnte ihn, die Klappe zu halten und lieber ein Taxi zu suchen. Gerade als sie es sagte, ging bei einem am Ende des Blocks geparkten Taxi das Licht an. Die Eingangstür war offen geblieben, also klopfte ich sanft, ließ mich selbst ein und sah, dass eine Party im Gange war. Es war kein rauschendes Festgelage, aber dennoch eine Party, mit Musik und dreißig oder vierzig Leuten, die herumstanden, tranken und Variationen der gleichen Gespräche führten, die in Hunderten von über die ganze Stadt verteilten Wohnzimmern und Salons an beliebigen Abenden stattfanden, besonders in der Zeit zwischen den Feiertagen. Ich sah mich nach Newton Reddick um, konnte ihn aber nicht finden.

Das Innere des Hauses bestand zur Gänze aus poliertem Holz, mit einigen Gemälden in eleganten Rahmen und Familienporträts rund um den Kamin, aber trotz der Dekoration und der vielen Menschen wirkte es irgendwie leer und ich benötigte ein paar Minuten, um herauszufinden, woran es lag: Die Bücherregale waren leer. Im Erdgeschoss gab es Einbauregale, die bis auf ein paar Fotos und Nippes, einen Stapel alter Zeitschriften und den ein oder anderen Einzelband leer waren. Es gab überhaupt keine Bücher. Ich fragte mich, ob ich mich im Haus geirrt hatte.

Nachdem ich eine weitere Runde gedreht und mir einen

Drink eingeschenkt hatte, um etwas zu haben, an dem ich mich festhalten konnte, bemerkte ich einen Mann auf der anderen Seite des Raumes, der gezielt in meine Richtung blickte, und sah, dass es Jim Albee war, ein Mann, der einmal mit einer Bekannten von mir ausgegangen war. Er war ein gescheiterter Romanautor – das sagte er allen Leuten. Er arbeitete irgendwo als Lektor, in einem Verlagshaus, dessen Name mir immer entfiel, obwohl es vermeintlich eines der alten Verlagshäuser sein sollte, das allen Leuten bei dem Gedanken an New York in den Sinn kam. Wie so ziemlich alle anderen dachte auch ich, dass das Internet oder irgendetwas anderes die Verlagsbranche umbringen würde, doch sie war noch nicht gestorben und Albee schien immer bester Laune zu sein, vielleicht weil er in einem Beruf gescheitert war und einen anderen gefunden hatte, was ihm ein trügerisches Gefühl der Sicherheit vermittelte, indem es suggerierte, dass er es wieder tun könnte, falls es so weit käme. Die Stadt war damals voll von selbstsicheren jungen Männern wie er einer war. Die Banken und Anwaltskanzleien wurden von ihnen überrannt. Sie waren sogar in die Verlagshäuser eingedrungen. Sie trugen alle die gleichen Button-Down-Hemden, immer schön in die Hose gesteckt, und beschwerten sich nie über Maklergebühren bei Wohnungsvermietungen. Man sah sie in der U-Bahn, wie sie, an die Haltestangen gelehnt, die Netzverbindung ihrer Blackberrys prüften.

Ich mochte Albee nicht wirklich, obwohl er nicht die übelste Person war, die man auf einer Party treffen konnte, auf der man sonst niemanden kannte. Es wirkte, als hätte er bereits viel getrunken oder als wollte er es einen glauben machen. Er trank Vodka und erzählte mir, dass es nicht Newton Reddicks Party war – er hatte noch nie von Newton Reddick gehört.

Wir seien in A. M. Byrnes gottverdammtem Haus, erklärte er, was ihn in eine Art Traumzustand versetzte, in dem er davon schwafelte, was für ein enormes Talent sie sei und was es für seine eigene Karriere bedeuten würde, wenn er sie nur dazu bringen könnte, sich von ihrem Verleger abzuwenden, und wie sein Verlagschef daraufhin beginnen würde, ihn mit anderen Augen zu sehen, weil dieser dann wüsste, dass er jemand sei, den man ernst nehmen müsse.

»Sie hat in letzter Zeit nichts mehr geschrieben«, sagte ich.

»Woher weißt du das?«, fragte er. Er war entsetzt. »Scheiße«, sagte er, »es macht aber keinen Unterschied. Sie würde mir ihr Zeug sowieso nie übergeben. Eine Autorin wie sie geht nie woanders hin. Die Trägheit übermannt sie und man kann sie nicht einmal mehr mit Geld locken. Oh Gott, diese Autoren sind wirklich ein grässlicher Haufen.«

Er hatte noch viel über sie zu erzählen, doch ich hatte den Eindruck, dass er sie eigentlich gar nicht kannte. Es war die Art, wie er sich im Raum umsah, als wollte er nicht belauscht oder ertappt werden, weil er nicht sicher war, wer möglicherweise zuhörte oder wie sie aussah. Albee war der Typ, der immer irgendwohin mitging und sich dann an einen anderen Ort mitnehmen ließ, in der Hoffnung, dass er bei den Frauen dort bessere Chancen hätte. Es war gut möglich, dass er durch puren Zufall hier gelandet war. Andererseits, sie betätigten sich im selben Feld, irgendwie jedenfalls. Womöglich waren sie doch eng befreundet.

Schließlich fand ich jemanden, eine Frau in einem Pulloverkleid, die mir sagte, dass sich Anna im Obergeschoss aufhalte.

Es war eine schmale Treppe, eine von denen, die bei jedem Schritt knarzen und einzubrechen drohen, was manche Leute reizvoll finden, obwohl man dabei sein Leben riskiert. Im ersten Stock gab es noch mehr leere Bücherregale und einen schwachen Lichtstrahl, der am Ende eines langen dunklen Flurs unter einer Tür hervorschien. Aus irgendeinem Grund hatte ich den Eindruck, dass es das Kinderzimmer war. Ich klopfte und hörte eine Stimme von drinnen sagen, ich solle aufhören, mit den Füßen zu scharren und endlich reinkommen. Im Raum sah ich einen lackierten Tisch, ein paar Stühle aus Hartholz und in einer Ecke des Raums Anna Reddick, A. M. Byrne, ausgestreckt auf einem Sofa mit einem Notizblock auf dem Schoß.

»Aber, aber«, sagte sie. »Hat Sie jemand zur Party mitgeschleppt?«

Ich brauchte einen Moment, um mich daran zu erinnern, was unten los war. Es kam mir bereits sehr weit entfernt vor.

»Nein«, sagte ich. »Ich bin allein gekommen. Ich war auf der Suche nach Ihrem Gatten.«

»Sie wollten sich bei ihm entschuldigen?«

»Ich dachte, ich schulde ihm zumindest das.«

»Vergessen Sie's einfach. Er ist nicht hier und Sie schulden ihm gar nichts, zumindest soweit es mich betrifft. Tut mir leid, wenn ich Ihnen neulich einen Schrecken eingejagt habe. Das war nicht allzu nett von mir. Ich war vielleicht neurotisch. Manchmal bin ich ein wenig in meinem Kopf gefangen, dann gibt es nur einen Weg, da wieder rauszukommen, und der ist, etwas zu tun – falls das irgendeinen Sinn ergibt –, und das habe ich getan. Irgendetwas. Ich bin auch hierhergekommen, weil ich dachte, ich würde ihn hier antreffen, ihm ein paar Vorwürfe machen, nur war er nicht da. Er ist es noch immer nicht, soweit ich weiß.«

»Wo ist er?«, fragte ich, unsicher, ob wir wirklich von derselben Person sprachen.

Sie zuckte mit den Schultern. Die Stühle neben ihr waren frei, aber sie forderte mich nicht auf, mich zu setzen. Um nicht mit den Füßen zu scharren, betrachtete ich die Fotos an den Wänden. Sie zeigten Newton Reddick in Positur vor verschiedenen Schaufenstern. Die Buchhandlungen, die er im Laufe der Jahre eröffnet und wieder geschlossen hatte. Ich hatte an diesem Tag oder irgendwann in dieser Woche darüber gelesen, eine Sorgfalt, die man besser zu Beginn eines Falles an den Tag legen sollte, bevor man sich kopfüber in Ehezwistigkeiten stürzte, auch wenn es jetzt nicht mehr rückgängig zu machen war. Man darf sich wegen solcher Fehler nicht unterkriegen lassen. Auf jeden Fall hatte ich sieben Dollar für Recherchen über die Reddicks ausgegeben und dabei einiges über sie und insbesondere über seine Tätigkeit erfahren. Er hatte sein ganzes Leben im Büchergeschäft damit zugebracht, Buchläden zu eröffnen und wieder zu schließen, seinen Warenbestand abzubauen, Dinge zu versteigern, wieder zu sammeln und dann erneut ganz von vorn anzufangen. Ich hatte den Eindruck, dass es ein eher unbeständiges Geschäftsfeld war, aber so wirken die meisten, wenn man sie von außen betrachtet, und es schien, dass er in der Branche großes Ansehen genoss, was mitunter ein Ausgleich für Geld sein konnte. Sie war interessanter. Die wesentlichen Fakten hatte ich bereits gekannt, dass sie Schriftstellerin war, noch dazu eine wohlbekannte, den National Book Award gewonnen hatte und Finalistin beim Pulitzer für Literatur gewesen war. Und das mit vierundzwanzig. Seither hatte sie zwei Romane veröffentlicht. Den Rest hatte ich mir aus verschiedenen Artikeln zusammengetragen. Aus einem Porträt im *New Yorker* und einem Fünftausend-Worte-Interview im *Paris Review*. Von den halbjährlichen Erwähnungen auf *Page Six* und den nicht enden wollenden Beiträgen auf einer Website namens *Gawker*. Sie stammte aus einer der älteren New Yorker Familien. Ein holländischer Name, Van Alstyne. Ihre Mutter starb wohl an einer Überdosis, als sie ein Teenager war. Ihr Vater war im Immobiliengeschäft und Gelegenheitsphilanthrop. In keinem der Klatschartikel, Porträts oder Interviews wurde je ein Ehepartner erwähnt, was mir ein wenig Erleichterung verschaffte, da ich nun wusste, dass ich nicht der Einzige war, der über ihren Familienstand im Unklaren gewesen war. Über ihren Ehemann, Newton Reddick, den Buchhändler. Auf den gerahmten Fotos an der Wand hatte er immer dieselbe gebückte Haltung, sogar wenn er posierte.

Ich fragte sie nach dem Zimmer. »Ist das sein Büro?«

»Ich nutze es gerade«, sagte sie. »Sie haben doch nichts dagegen, oder?«

»Es ist nur … ich dachte, er lebt hier. Man hat mir diese Adresse genannt.«

»Das tut er. Das Haus ist aber in meinem Besitz. Newton ist jedenfalls ein zuverlässiger Hausmeister, egal, was man sonst so über den Mann sagt. Ich hatte gehofft, hier ein wenig zum Schreiben zu kommen. Deshalb gibt es da unten auch die Party. Ein gescheitertes Experiment. Immer wieder denke ich, es könnte nett sein, Menschen um mich zu haben … in unmittelbarer Nähe.«

»Ist es das nicht?«

»Nein, nie. Aber man muss es versuchen.«

Sie lächelte ein wenig betrübt. Sie schien mir ganz anders zu sein als die Frau, die nur ein paar Tage zuvor in meiner Wohnung erschienen war, über Klagen und Künstlernamen gesprochen und mir einen Zettel mit den Worten »Fahr zur Hölle« hinterlassen hatte. Mir war nicht klar, welche der beiden Frauen authentisch war, doch dann erkannte ich, dass das nicht die entscheidende Frage war und mich auch nichts anging. Sie war die Leidtragende, ich war der Übeltäter, und wenn sie Partys schmeißen und währenddessen nach oben gehen wollte, um Romane zu schreiben, dann war das ihre Entscheidung und nichts, das ich zu beurteilen oder zu bewerten hatte. Sie beobachtete mich mit neugieriger Miene und legte daraufhin ihr Notizheft zur Seite.

»Wie gefällt Ihnen das Haus?«, fragte sie.

Ich stotterte eine Antwort, irgendetwas über Beständigkeit und die Farbe der Ziegel.

»Ich halte es hier nicht aus«, sagte sie. »In diesem Haus bin ich aufgewachsen. Meine Mutter besaß ein Haus auf der anderen Seite des Parks, doch sie fand die West Side so bohème, dass sie auch dieses gekauft haben. Hier bin ich auch Newton begegnet. Er hatte den Auftrag, die Bücher zu begutachten, können Sie das glauben? Die Versicherung hatte ihn geschickt, oder irgendwer jedenfalls, ich habe damals nicht wirklich aufgepasst. Ich schrieb zu dieser Zeit bereits. Nicht so wie jetzt. Ich wünschte, er würde es einfach behalten, doch er meint, das wäre unangemessen. Er sagt, es gehöre meiner Familie, als wäre es unser Stammsitz oder vielleicht gleich Howards End, um Himmels willen! Die ganze Sache wäre viel einfacher, wenn er es einfach nehmen würde.«

»Sie könnten es verkaufen«, sagte ich. »Das Geld nimmt er vielleicht an.«

»Das ist eine gute Idee«, sagte sie und schien es ernsthaft in Betracht zu ziehen. Ich schwieg und ließ meinen Blick wieder über die Fotos schweifen. Sie sahen alt aus, auch die, die es gar nicht waren. Es hatte bestimmt mit der Belichtung zu tun, aber vielleicht lag es auch einfach nur an den Motiven.

»Welcher Rechtsanwalt liest Conrad?«, fragte Anna. »Das waren doch nicht Sie, oder? Lord Jim.«

»Es war meine Wohnung. Ist es das, was Sie meinen?«

»Newton hätte das gemocht. Er liebte es, irgendwohin zu gehen und zu schauen, was in den Bücherregalen stand. Er wurde sogar einmal von einer Party geschmissen, weil er die Gastgeber wegen der farblichen Anordnung ihrer Bücher zurechtgewiesen hatte. Sie hatten alle Bücher so arrangiert, alle nach Farbe der Schutzumschläge und Buchrücken sortiert. Es war ihnen egal, worum es in den Büchern ging oder wer sie geschrieben hatte, solange das Bücherregal wie ein Regenbogen aussah. Für Newton war es das Verrückteste, das er je gesehen hatte. Er war betrunken, was in der Situation natürlich nicht hilfreich war. Immerhin konnte er ganz schön wütend werden, wenn es um Bücher ging. Nicht schlecht.«

»Was ist mit den Büchern hier passiert?«, fragte ich. »Es gibt hier keine.«

Sie warf mir einen kurzen, scharfen Blick zu und ich bereute es sofort, gefragt zu haben.

»Ich ließ sie einpacken und wegschicken«, sagte sie. »Vor Jahren. Verdammt fies von mir. Ich bezweifle, dass er mir das je verziehen hat. Ich habe die Möbelpacker an einem schönen Sommermorgen mit dem Schlüssel hierhergeschickt und zum Abendessen waren sie fertig. Es waren irgendwelche Typen aus der Gegend, die ich damit beauftragt habe. Dass sie keine Bücherprofis waren, hat Newton am meisten verletzt. Das hatte ich vorhergesehen.«

Im Raum war es wieder still und man konnte die Musik von unten hören. Sie wummerte in den Wänden. Von außen sahen diese Brownstones aus, als ob nichts auf der Welt sie zum Wackeln bringen könnte. Drinnen fühlte man sich beengt und konnte spüren, wie alt sie waren, für eine andere Zeit gebaut, anfällig für Wasserschäden und Zugluft, während die Mäuse im Winter den Weg ins Haus fanden, um an den warmen Kabeln in den Wänden zu nagen. Trotzdem hätten sie es für eine Menge Geld verkaufen können, wenn sie es gewollt hätten. Genug für fünf oder sechs Scheidungen.

»Würden Sie mir einen Gefallen tun?«, fragte sie.

»Welchen?«

»Könnten Sie die Leute unten loswerden. Oh Gott, es war eine so blöde Idee. Ich weiß nicht, warum ich sie eingeladen habe. Ein Experiment, wie gesagt. Und wirklich, machen Sie sich keine Sorgen um Newton. Er hat eine dicke Haut und kann viel trinken. Wenn Sie ihn finden wollen, versuchen Sie es in der Bar an der Ecke oder schauen Sie sich im Park um. Er trägt seine Sorgen mit sich herum, führt sie in der ganzen Stadt aus, um zu sehen, ob nicht jemand Interesse hätte zu kaufen.«

»Natürlich«, sagte ich. »Danke für Ihre Zeit, Ms. Byrne.«

»Anna«, sagte sie. »Anna wäre einfacher, nach allem.«

Als ich auf dem Weg nach unten war, kam sie aus dem Zimmer und lehnte sich über die Brüstung.

»Ich arbeite an etwas Neuem«, sagte sie. »Ich denke jedenfalls darüber nach.«

Ihr Haar hing lose herab und legte sich wie ein Schleier um ihr Gesicht. Vom Hinaufsehen wurde mir schwindelig und ich musste mich am Geländer festhalten, um die Balance nicht zu verlieren.

»Ein Rechtsanwalt könnte darin vorkommen«, sagte sie. »In dem Roman, an dem ich schreibe. Könnte ich Sie irgendwann mal anrufen?«

»Mich anrufen?«

»Juristische Fragen. Fragen darüber, was ein Anwalt machen würde. Falls ich welche haben werde.«

»Natürlich.«

»Sie könnten mir eine Rechnung stellen.«

»Würde ich nicht.«

»In Ordnung. Wenn ich Fragen habe, rufe ich Sie an.«

Unten war die Party noch in vollem Gange, aber es dauerte nur ein paar Minuten, bis alle draußen waren. Es reichte aus, das Licht fünf oder sechsmal flackern zu lassen und anzukündigen, dass draußen Taxis warteten. Ich leerte die Eiswürfel in die Spüle, stellte einige Gläser in den Geschirrspüler und schaltete die Lichter am Weihnachtsbaum aus, der mir zuvor nicht aufgefallen war, aber im straßenseitigen Wohnzimmerfenster stand. Er war mit Lichterketten und Lametta geschmückt und sah aus, als wäre er schon lange nicht mehr gegossen worden. Nachdem ich abgeschlossen hatte, ging ich in die Bar an der Ecke und fragte nach Newton Reddick, aber der Barkeeper sagte, er habe ihn in letzter Zeit nicht gesehen. Ich wünschte ihm frohe Festtage.

7

Sie rief nicht an, nicht in dieser Woche, nicht in den Wochen danach, und irgendwann begann ich, die Reddicks zu vergessen – ihre Scheidung und ihren Weihnachtsbaum und die Gedanken darüber, weshalb sie überhaupt erst geheiratet hatten, eine weitere Sache, die mich beschäftigte, bis ich beschloss, diese Gedanken nicht mehr zuzulassen. Wie kommt es, dass eine Person wie sie – eine Künstlerin, eine unabhängige Frau, die im Nebenzimmer Partys schmeißt, während sie sich auf dem Sofa niederlässt, um Romane zu schreiben – einen sechzig

Jahre alten Knacker heiratet? Gewiss, als sie ihn geheiratet hatte, war Reddick noch in den Fünfzigern, aber sie musste gewusst haben, was auf sie zukommen würde. Ich wünschte, ich hätte sie gefragt, als ich die Möglichkeit dazu hatte. Ich dachte also nicht mehr viel über die beiden nach und es war eine gute, produktive Phase, von einem Monat zum nächsten in dieser dunklen, klaren Zeit des Winters. Ich nahm mehrere neue Fälle an, von denen einige gut bezahlt waren und die anderen mich beschäftigt hielten. Keiner davon betraf Ehen oder Scheidungen, nicht direkt jedenfalls. Es gab Firmengründungen, einen Markenrechtsfall und einen Nachbarn in der Umgebung, der zwangsgeräumt werden sollte. Ich hätte ihm helfen können, die Anordnung abzuwenden, sodass er in seiner Wohnung hätte bleiben können, aber was er wollte, war ein Vergleich, und den bekam er letztendlich auch. Zweitausend Dollar, um auszuziehen. Seine Tochter auf Long Island hatte eine Kellerwohnung und war bereit, ihn aufzunehmen. Da draußen sei es nett, sagte er. Es gebe Strände und gut geförderte Schulen. Immer wieder erzählte er mir von den Schulen, als dächte er, ich hätte Kinder oder die Absicht, welche zu bekommen. Xiomara hatte diesen Nachbarn immer gemocht. Beinahe nackt und sich auf der Treppe räkelnd, trank er oft ganze Nachmittage lang Eistee und ließ sich die Sonne auf den Bauch scheinen. Das tat er neun Monate im Jahr, bis es so kalt wurde, dass er seine Gesundheit riskiert hätte. Er arbeite nachts, hatte er ihr einmal erzählt, und brauche das Sonnenlicht, literweise, da er bei dem Job sonst durchdrehen würde. Er war Nachtwächter im Frick. Er sagte ihr, dass man Nacht für Nacht so allein mit den Gemälden schon zurechtkomme, nur könne man so kein Sonnenlicht abbekommen, nicht das echte Zeug jedenfalls. Es gefiel ihr, dass er es das echte Zeug nannte. Daran erinnerte ich mich auch immer und behielt ihn in liebevoller Erinnerung. Ich freute mich, dass er seine Tochter auf Long Island hatte und dass es dort gute Schulen gab.

In jenem Winter trat ich alle paar Wochen meinen Dienst am Nachtgericht in der Centre Street 100 an, arbeitete meine Stunden ab und hetzte den ganzen darauffolgenden Tag durch die Stadt, um mein Geld zu bekommen. Man konnte viel dabei lernen und traf interessante Menschen und andere, die weniger interessant, aber trotzdem irgendwie aufregend waren. Und dann hielt man irgendwann inne, am Ende eines Tages, wenn man im Bett lag oder in der U-Bahn saß und man vergessen hatte, etwas zum Lesen mitzunehmen, und überlegte, wie lange man das noch durchdrücken wollte. Oder ob es das war, was man im Sinn gehabt hatte, als man Jura studiert und diese Schulden auf sich genommen und jahrelang in einem lausigen, grausamen Job gearbeitet hatte, um sie abzubezahlen, und dann auf eigene Faust losgezogen war und wie wild darum gekämpft hatte, um auf ein paar Listen in den Gerichtshöfen aufzuscheinen. Man dachte auch über die Leute nach, die man in dieser Zeit kennengelernt hatte, diejenigen, die noch da waren, und diejenigen, die sich in Luft aufgelöst hatten. Sie verschwanden, als wäre es etwas Alltägliches oder als ob sie mit etwas davonkommen würden. Vielleicht würde man sich nach Jahren wiederbegegnen und keiner würde den anderen erkennen: Später erst würde es einem dämmern, einen wie ein Echo erreichen, und man würde darüber nachdenken, was sich in der Zwischenzeit alles verändert hatte und was nicht. Es war nie einfach, den Winter in der Stadt zu überstehen, nicht wenn die Sonne gegen vier Uhr nachmittags hinter den Gebäuden verschwand und sich alle Portiere auf der anderen Seite der Scheiben im Warmen befanden und misstrauisch hinausblickten. Beschäftigt zu sein, war die einzige Möglichkeit, es zu schaffen, oder zumindest die, die mir geläufig war.

Bald darauf hielt der Frühling Einzug. Davon gibt es in New York nicht viel, aber das Wenige nimmt die Stadt sehr ernst. Die Kirschblüte, die den Eastern Parkway erröten ließ, und große Mengen salzigen Regens, der vom Ozean herüberfegte, erinnerten einen daran, dass New York eine Hafenstadt ist. Ich begann zu laufen, joggte quer durch Brooklyn und gelegentlich auch über die Brücken nach Manhattan. Sport, vor allem das Laufen, war etwas, das mir in Zeiten des Umbruchs, wenn nicht sogar der Krise, immer gutgetan hatte. In jenem Frühling lernte ich die besten Routen kennen und entwickelte eine ausgesprochene Vorliebe für verschiedene Ecken der Stadt, wie den sanften Hang, der von Williamsburg zur Flushing Avenue hinabführte, direkt durch das chassidische Herz Brooklyns, oder die Friedhöfe im Grenzgebiet zwischen Brooklyn und Queens, auf denen immer eine Brise wehte und die sich wie die grünsten Orte der Welt anfühlten, wenn die Grabsteine mit Pollen bedeckt waren. Wenn man so viele Kilometer in unbekannten Vierteln lief, sah man die Stadt aus einem neuen Blickwinkel. Man bekam einen neuen Blick auf sich selbst und darauf, wie man in das Ganze hineinpasste.

Die Zeit war gekommen, mir ein Spezialgebiet zu suchen. Das war die Antwort auf die Frage, die mich den ganzen Winter über in den langen, dunklen Nächten beschäftigt hatte: Was kommt als Nächstes? Zumindest schien es mir die Antwort zu sein, als ich auf der Williamsburg Bridge stand und auf die Skyline der Innenstadt, die alte Marinewerft und die Wohnprojekte neben dem Highway und den Helikopterlandeplätzen in den East Thirties entlang dem Wasser blickte.

Ich hatte meine Zwanziger hinter mir. Es war an der Zeit, an einer Sache dranzubleiben und sie bis zum Ende durchzuziehen. Ein Spezialgebiet war genau das Richtige. Kunstrecht war mein erster Gedanke, aber dann überlegte ich, auch etwas Zeit in das Erlernen des Treuhandrechts und möglicherweise des Erbschaftsrechts zu investieren. Kunst kam und ging, aber Menschen würden immer sterben – daran führte kein Weg vorbei. Solche Gedanken wälzte ich, während ich lief, so auch an jenem Tag gegen Ende Mai – nicht unbedingt eine nachdenkliche Zeit im Jahr. Wobei bestimmte Gedanken eine subtile Art hatten, einem hinterherzulaufen und einen genau dann zu überholen, wenn man nicht auf der Hut war – wenn man eine lange Brücke überquerte oder eine Mahlzeit zu sich nahm oder sich neue Bücher aus der Bibliothek auslieh und gerade dabei war, die Säumnisgebühren zu bezahlen.

Da ich kein bestimmtes Ziel hatte und mich bereits auf den Weg nach Manhattan eingestellt hatte, ließ ich mich vom Momentum über die Delancey Street und dann nach Norden durch SoHo und Chelsea tragen. Ich wollte einige Galerien aufsuchen. Deren Mitarbeiter an den Türen und Telefonen waren immer für ein kleines Gespräch zu haben. Sie waren andauernd gelangweilt, denn Langeweile war Teil ihrer Arbeit, ein integraler Bestandteil der Heuchelei, die die Galerien weiterhin bestehen ließ und sie gelegentlich aber auch in Schwierigkeiten brachte, da sie in Wahrheit keine Ahnung von der Materie hatten. Die Preise waren aus der Luft gegriffen – sie hatten keinen Bezug zur Realität. Es war eine Branche, die auf Illusionen und Unwissenheit aufgebaut war, und gelegentlich kam ich auf diese Weise zu Arbeit, oder ich traf jemanden, den ich kannte, oder jemanden, den Ulises kannte und der juristische Probleme hatte. Nur ein paar Wochen zuvor hatte ich der Besitzerin einer Galerie in der Nineteenth Street geholfen, die vom FBI Art Crime Team, einer Strafverfolgungseinheit, von der ich bis zu diesem Frühjahr noch nie etwas gehört hatte, schikaniert wurde. Sie erwies sich als echt und war kein ausgeklügelter russischer oder nigerianischer Scam, wie ich vermutet hatte, als mich die Galeristin anrief und mir davon erzählte. Die Truppe konzentrierte sich hauptsächlich auf die Restitution der von den Nazis gestohlenen Gemälden, die sie über geheime Kanäle – wie die bewährten Klosterrouten, auf denen sie mithilfe der Kirche nach New York und Südamerika gekommen waren – in die ganze Welt geschickt hatten. Es war eine hervorragende Truppe, dieses Art Crime Team, nur hatten sie in diesem Fall die falsche Frau im Visier, die falsche Nina Schulberg. Es dauerte drei oder vier Tage, in denen wir Papiere einreichten und Auskunftsersuchen beantworteten, um sie davon zu überzeugen, aber am Ende gelang es uns und sie trugen es mit Fassung. Eine der Agentinnen kam sogar zu einer Eröffnungsparty in der Schulberg Galerie und erzählte ein paar charmante Geschichten über ihre Tätigkeit beim FBI – wie anders alles war, als man sich erwartet hätte, also vollkommen anders, und wie das Leben in der Ausbildungsakademie in den Wäldern Virginias gewesen war, mit all den Hindernisparcours und Schießständen und den gelegentlichen Seminaren über die Naziraube, und wie man die Frauen zwang, während der Übungseinheiten Strumpfhosen zu tragen. Sie trank viel Weißwein und ließ sich auch über ihren Arbeitgeber, das Amt, aus. Ich mochte es also, in Galerien zu gehen und mit den Leuten zu reden, aber es gab keine Arbeit in Aussicht, nicht an dem Morgen im Mai. Da ich bereits in Manhattan war und spürte, wie sich neue Blasen an meinen Füßen bildeten, beschloss ich, in einem Café auf der West Sixteenth, dem Golden Hound, etwas zu essen. Das war ein weiterer Ort, den ich gerne aufsuchte.

Es war noch früh am Tag und Marcel Gonscalves saß an einem der Ecktische und hatte fünf oder sechs verschiedene Zeitungen vor sich ausgebreitet, eine davon, *The Wall Street Journal,* auf Englisch und die anderen auf Griechisch, Türkisch und Portugiesisch. Als ich mit meiner Solo-Praxis anfing, erhielt ich von einem Strafverteidiger einen guten Ratschlag, an den ich mich seither eisern hielt. Er sagte, ich solle immer freundlich zu den Hehlern sein, denn irgendwann würden sie die Erde in Besitz nehmen und sie dann mit einem fünfzigprozentigen Aufpreis verticken. Ich wusste nicht genau, was das bedeuten sollte, aber wie viele sinnlose Sprüche hatte dieser den Anschein eines guten Ratschlags. Marcel war der einzige Hehler, den ich gut kannte, und ich bemühte mich, diese Weisheit im Hinterkopf zu behalten, wenn ich mit ihm zu tun hatte. Wir hatten uns an der Columbia beim Jurastudium kennengelernt. Er brach es ab, bevor die Rechnung für das erste Semester fällig wurde und ging stattdessen zu JPMorgan, um mit Währungen zu handeln. Nach ein paar Jahren ließ er auch das sein und machte sich auf Umwegen selbstständig, um auf den Flohmärkten von Chelsea Antiquitäten zu verkaufen, ein Bargeldgeschäft, das seine anderen Aktivitäten verbarg, zumindest nach Ansicht der Steuerbehörde. Er hatte in jenen Jahren im Trading etwas Startkapital zusammengetragen und ich half ihm bei der Gründung seiner ersten Mantelgesellschaft. Die Sache mit der Hehlerei war ein gutes Geschäft, vielleicht war er aber auch einfach ein Mensch, der sich in allem, was er anpackte, auszeichnete. Schließlich beschloss er, Briefkastenfirmen in Offshore-Steuerparadiesen zu registrieren. Er war zypriotischer Abstammung und Zypern war ein ausgezeichneter Ort für Offshore-Konten, aber er wollte sein erstes Unternehmen unbedingt in der Karibik ansiedeln, also gründeten wir es auf Grand Cayman. Jetzt verbrachte er die Vormittage im Golden Hound in Chelsea, einem Café zwei Stufen unter Straßenniveau, dessen Stammgäste im Sommer in einer Softballmannschaft spielten. Als er mich sah, zog er einen Stuhl hervor und bat einen der Abräumer, mir einen Kaffee zu bringen. Im Golden Hound gab es keine Kellner, aber die Abräumer kümmerten sich gerne um Marcel. Er war galant, das muss man schon sagen. Poliert wie die Anrichten und Kommoden, die er auf den Flohmärkten verkaufte.

»Du hast diesen Blick«, sagte er. »Den eines Hundes mit einem Knochen, der denkt, jemand könnte ihm den abspenstig machen.«

»Das klingt nicht allzu friedlich.«

»Zufrieden«, sagte er. »Aber besorgt, wie das alles enden wird.«

Er hatte schon immer einen scharfen Blick. Den brauchte man in seiner Branche. Ich erzählte ihm, was mich derzeit so beschäftigte, davon, was ich auf der Williamsburg Bridge beschlossen hatte, dass ich ein Spezialgebiet brauchte und an Kunstrecht oder vielleicht an Treuhand- und Nachlassrecht dachte, etwas, bei dem die Arbeitsabläufe beständig und geregelt waren und ich meine Zeit effizient abrechnen und ab und zu einen Anzug vor Gericht tragen durfte, solange es nicht allzu oft sein musste. Ich dachte, er habe vielleicht ein paar Ideen. Marcel kannte eine Menge Leute in der Stadt, interessante Menschen, die Geld hatten und immer in irgendwelchen Schwierigkeiten steckten. Er war auch ein guter Zuhörer, und irgendwie kam ich auf andere Themen zu sprechen, auf andere Dinge, die in mir rumorten, und so erzählte ich ihm, was im November passiert war, wie ich angeheuert worden war, um einen mir unbekannten alten Mann mit dem Diebstahl einiger seltener Bücher, die seiner Frau gehörten, in Zusammenhang zu bringen, wie alles ein Scherz gewesen war, ein abgekartetes Spiel, und wie ich als Narr oder Schlimmeres hingestellt worden war. Während ich weitersprach, nickte Marcel ein paarmal auf diese wissende, unendlich tolerante Art, die es Hehlern erlaubt, ihren Beruf auszuüben, ohne dass jemand übermäßig ängstlich oder sentimental wird.

»Du hättest zu mir kommen sollen«, sagte er. »Ich hätte dich vor diesem Geschäft gewarnt.« Er sprach die Worte immer sehr sorgfältig aus. Sein Akzent war schwach, nur ein Hauch.

»Ich wusste nicht, dass es eine Falle war«, sagte ich. »Auch nicht, dass es kein wirklicher Diebstahl war.«

»Nein«, sagte er, »war es nicht. Eine simple Änderung des Familienstands. Das ist doch etwas anderes.«

»Eine rechtliche Angelegenheit.«

»Nichtsdestotrotz, ich hätte dich vor dieser Art der juristischen Arbeit gewarnt.«

Er lächelte und hatte die Hände gefaltet auf den Tisch gelegt. Er war die Ruhe selbst. So wirkte er immer auf mich, wie eine Wüstenstraße.

»Bücher sind zu speziell, um sie zu bewegen«, sagte er. »Diebstähle sind außerordentlich rar. Sammler sind zu vertraut mit dieser Welt, um zu stehlen. Sie studieren die Kataloge und kennen die Bibliotheken der anderen in- und auswendig. Jeder, der den Wert eines Buches kennt, weiß um seine Herkunft. Das macht es sehr schwer, das Produkt zu vermarkten. Da gibt es keinen Raum für Unfug.«

An den Backsteinwänden um uns herum hingen Gemälde.

The Golden Hound vertrieb sie für lokale Künstler, und Marcel war ihr bester Kunde. Er mochte es, viele Gemälde in seinen Lagerräumen zu haben, damit niemand etwas davon mitbekam, wenn sich wirklich wertvolle Dinge daruntermischten. Er verfügte über ein gutes Netzwerk für bewegliche Kunst. Eine Gemeinschaft, wie er es nannte. Er hatte verschiedenste Gemeinschaften, für Gemälde, Skizzen, Skulpturen, Steine, Metalle, Elektronik. Manchmal beneidete ich ihn um diese ganzen Gemeinschaften, obwohl man wusste, wie schwierig es war, sie zu pflegen und aufrechtzuerhalten.

»Bei Gemälden«, sagte er, »gibt es mehr Subjektivität und weniger Fachwissen. Unfug, verstehst du?«

»Ja«, sagte ich, obwohl ich nicht wirklich sicher war, dass ich es tat.

»Jeder Mensch kann sich ein Gemälde ins Wohnzimmer hängen«, sagte er. »Er kann es seinen Freunden zeigen, ihnen erzählen, wie viel er dafür bezahlt habe, wie viel er dafür in Genf oder London verlangen könne. Sie schauen sich seine Gemälde an und stimmen zu, dass sie interessant sind. Mit einem Buch hast du deine Freude im Privaten. Private Freuden sind heutzutage nicht mehr en vogue. Was nützt es, privat reich zu sein?«

Ich dachte eine Weile darüber nach.

Einer der Abräumer kam, um nach uns zu sehen. Er war jung, vielleicht Anfang zwanzig.

»Alles in Ordnung«, sagte Marcel. »Wunderbar. Zwei Blueberry Muffins wären jetzt himmlisch.«

Wenige Augenblicke später kamen die ofenwarmen Muffins. Marcel nahm die Krone seines Muffins ganz langsam und präzise ab und strich Butter darunter. Die zerstörten Blaubeeren fielen auf den Teller und er hob jede einzelne mit der Spitze seines Messers auf und setzte sie wieder an ihren Platz. Ich hatte den Eindruck, dass er etwas auf dem Herzen hatte.

»Ist es so offensichtlich?«, fragte er. »Ich habe jemanden kennengelernt. Es ist ziemlich ernst, so wie es aussieht.«

»Das sind ja gute Neuigkeiten.«

»Es ist nicht so einfach. Weißt du, er ist älter. Ein richtiger Madison-Avenue-Rentner. Werbebranche eben.«

»Und er weiß nichts von deiner Arbeit?«

»Oh nein, das ist es nicht. Er weiß alles. Wir sind uns hier begegnet, im Café.«

Er sah sich im Raum um, als erwartete er, den Mann, seinen Freund, hier zu sehen.

Zwei Abräumer eilten mit Kaffeekannen herbei und wetteiferten darum, unsere Tassen aufzufüllen. Marcel bedankte sich bei beiden namentlich, wandte sich zu mir und erzählte mir den Rest der Geschichte. James kam ein- oder zweimal pro Woche morgens in das Café, um die Zeitung zu lesen. Marcel hatte gespürt, dass James ihn von der anderen Seite des Raumes aus beobachtete, hatte aber nicht gedacht, dass er Polizist sein könnte. Polizisten kamen nie ins Golden Hound – es hätte einen Vermerk in ihren Personalakten zur Folge gehabt. Das NYPD war damals noch sehr homophob. James hatte Marcel jedenfalls nicht wie ein Polizist beobachtet und war irgendwann herübergekommen, um zu reden. Wie er es getan hatte, war nicht besonders charmant, und das war es, was Marcel an ihm mochte. Für einen pensionierten Manager, einen ehemaligen Marketingprofi, war er erstaunlich wenig raffiniert, geradezu einfältig. Vielleicht konnte er in anderen Bereichen seines Lebens aber durchaus elegant sein, anders als bei seinem Auftritt an diesem Tag im Golden Hound. Er sagte, Marcel sehe jemandem ähnlich, den er gekannt habe, frappierend ähnlich.

»So begann es«, sagte Marcel.

»Eine Ähnlichkeit?«

»Es war mehr als das. Eine Seelenverwandtschaft, ein Wiedererkennen, verstehst du?«

Ich glaubte, es zu verstehen. Wir beschäftigten uns beide eine Weile mit der Idee. Der einer Ähnlichkeit.

»Dann«, sagte Marcel, »vergehen ein paar Wochen. Es geht alles ganz rasch. Ich verbringe viel Zeit hier. Er hat diese fantastische Bude auf der Twenty-Second Street. Ein altes Kutscherhaus, sehr geschmackvoll und kostspielig renoviert. Handgefertigte Möbel und Teppiche vom Türken auf der Thirty-Third Street. Irgendjemand hat es ihm gegen Bezahlung eingerichtet, aber er zieht es vor, den Namen desjenigen nicht zu nennen, wenn ich danach frage. Ich vermute, dass es der Ex ist, der, an den ich ihn erinnere. Dann kauft er mir ein paar Sachen. Nichts Extravagantes, nur ein paar Klamotten. Ich bin nicht irgendein Junge, den man verwöhnen muss, weißt du. Ich kümmere mich um andere Leute. So bin ich. Aber diese Geschenke, sie sind eigenartig.«

»Das klingt fürchterlich«, sagte ich.

»Nun ja, sie sind nicht ich. Die Klamotten. Die Geschenke. Ich vermute, dass sie von jemand anderem sind.«

»Dem Ex?«

»Ich meine nicht, dass sie ihm gehören, verstehst du?«

»Für ihn bestimmt.«

»Genau. Es ist mir ein wenig unbehaglich dabei, die Haut eines anderen Mannes überzuziehen.«

»Nun, so funktionieren Beziehungen. Man verwandelt sich, Stück für Stück.«

Marcel nickte. Er horchte seiner Geschichte nach, bemühte sich, seine berufsbedingte Toleranz mit ihr in Einklang zu bringen. Ein beinahe unmögliches Unterfangen, dennoch bemühte er sich sehr.

»Was ist passiert?«, fragte ich. »Du scheinst Zweifel zu haben.«

»Ja«, sagte er. »Das ist richtig. Siehst du, er möchte, dass ich in den Norden ziehe. Das ist der Teil, den ich bisher nicht erwähnt habe. Furchtbar, nicht wahr? Immer wieder spricht er davon. Er hat ein Haus in der Hudson Valley. In Beacon. Er redet ständig davon. Er erwähnt andauernd die vielen Antiquitätengeschäfte in diesem Tal, die Wochenendmärkte. Er behauptet, dass die Polizei keinen Verdacht schöpfen wird und dass ich so die städtischen Behörden nicht mehr im Nacken hätte. Ich könne, wann immer ich wolle, zurückkommen, den Zug oder das Auto nehmen. Natürlich hat er ein Auto. Aber dieses Haus hat er erst neulich erwähnt. Wir waren da bereits ganze sechs Wochen zusammen. Davor kein Wort über das Haus, dann spricht er plötzlich davon, als wäre es die natürlichste Sache der Welt, dieses Haus am Land zu besitzen. Ich vermute, dass dieses Haus dem anderen Mann gehört hat. Ein seltsamer Gedanke, nicht wahr? Was sollte mich das kümmern? Vielleicht hat es immer schon James gehört und er vermietet es in der Nebensaison und vergisst manchmal, dass er es besitzt, denkt nur nicht daran, es dem Mann zu erzählen, mit dem er gerade eine Beziehung eingeht.«

Er schob die Blaubeerhäute auf dem Teller hin und her und lachte, als ob alles ein Witz wäre. Er hatte Schweiß an den Schläfen. In zehn Jahren hatte ich ihn nie so gesehen.

»Lass uns einen Spaziergang machen«, sagte er. »Möchtest du ein wenig gehen?«

Draußen lag Regen in der Luft, aber es war nicht kühl. Auf der Eighth Avenue gab es eine Baustelle und wir überquerten die Ninth und gingen durch Chelsea in Richtung Norden. Dort gab es auch Baustellen, aber die waren nicht so störend. Die Arbeiter füllten nur Schlaglöcher aus. Die warme, feuchte Luft schien Marcel gutzutun, aber irgendwo auf Höhe der Nineteenth Street trat bei ihm eine Veränderung ein. Die Hände in den Taschen, der Blick über die Schulter, all die klassischen verstohlenen Gebärden, derer er sich vor langer Zeit entledigt hatte, als er zum ersten Mal gestohlene Waren beförderte und lernen musste, wie man das macht, ohne dabei schuldig auszusehen, die aber in letzter Zeit oder gerade jetzt offensichtlich wiederkehrten. Ich erwähnte sein Verhalten nicht, fühlte mich aber unwohl, neben ihm zu gehen. An jeder Ecke verspürte ich den Wunsch, die andere Richtung einzuschlagen und davonzulaufen. Vermutlich fühlte Marcel genauso.

»Da gibt es etwas«, sagte Marcel. »Es kommt mir immer wieder in den Sinn. Ein Gedanke. Eine Absurdität. Was, wenn er diesen Mann umgebracht hat? Diesen Freund. Seinen Ex, wer auch immer er war. Verrückt, ich weiß. Aber was, wenn doch? Menschen bringen einander um, das geschieht immer wieder – Verbrechen aus Leidenschaft, Rache, Zwietracht. Am Ende tun sie es.«

»Marcel, es ist nur ein Wochenendhaus.«

»Es ist nicht nur das. Ich weiß nicht, was es ist ... vergiss es einfach, bitte tu mir den Gefallen.«

Zwischen Twentieth und Twenty-First, auf der westlichen Seite der Ninth, hielten wir an einem der Kartentische. In dieser Gegend gab es immer Kartentische. Dieser hier war voll mit Büchern, alten Taschenbüchern. Die typischen Philosophen, über die man in den Gemeinschaftsräumen der

Studentenwohnheime diskutierte, Nietzsche, Kierkegaard, Foucault. Hinter dem Tisch saß der Verkäufer, ein Mann mit gebeugtem Rücken und einem breiten Lächeln, das weder freundlich noch bedrohlich wirkte. Es war einfach nur ein Lächeln.

Marcel entschied sich für einen Foucault-Band und sagte, ich solle auch etwas kaufen, also tat ich es. Ich wählte ein Buch von Gramsci mit unendlich vielen Eselsohren, das mit vier Dollar veranschlagt war. Ich dachte, dass wir gleich irgendetwas von dem Verkäufer erfahren würden, dem gebeugten Mann, der Bücher von einem Kartentisch auf der Ninth Avenue verkaufte, dass er ein Freund oder Komplize Marcels sei, jemand, der sich mit gestohlenen Büchern oder kriminellen Liebhabern auskannte. Ich dachte, dass der Kauf eines Dollar-Taschenbuches die Maut war, die man zahlen musste, um ihm Fragen stellen zu dürfen. Aber Marcel bedankte sich nur und betrachtete das Buch, für das ich mich letzten Endes entschieden hatte, Gramscis Gefängnishefte.

»Du bist kein Kommunist«, sagte er. »Zumindest glaube ich das, irgendwie habe ich dich nie gefragt.«

»Um meine Visitenkarte?«

Er schüttelte den Kopf. »Deine politischen Ansichten. Ist das nicht seltsam? All die Jahre.«

Wir gingen ein wenig weiter, bogen in die Twenty-Sixth Street und bewegten uns im Kreis zurück nach Chelsea durch eine kommunale Wohnanlage. Die Sonne drohte jeden Moment zum Vorschein zu kommen.

»Letzte Woche«, sagte Marcel. »Da habe ich etwas Merkwürdiges getan. Etwas für mich ganz Untypisches. Ich saß an meinem Tisch, mit einem Kaffee, genau dort, wo wir beide vorhin saßen, und betrachtete gerade ein Gemälde, etwas Geschmackloses, das Bild eines Hundes. Ich erinnere mich nicht, wie es dazu kam, aber plötzlich war ich in der Grand Central. Ich muss gelaufen sein. Es ist ja nicht allzu weit entfernt, nur so, na ja, dreißig Blocks vielleicht? Und ohne weiter darüber nachzudenken, stieg ich in einen Zug. Die Hudson-Linie. Ein netter Zug, den Fluss aufwärts, und kaum bist du aus der Stadt draußen, grünt alles und du fährst in den Palisades neben dem Fluss einher. Der Zug hält irgendwo und ich steige aus. Ich bin in Beacon. Plötzlich, da bin ich. Eine Kleinstadt. Eine öde Stadt mit seiner Main Street. Irgendwo kehre ich zum Mittagessen ein. Das mache ich alles unbewusst, verstehst du? Nach dem Mittagessen gönne ich mir ein Eis. Ich mag eigentlich kein Eis – nicht so eines, wie man es hier in Amerika bekommt, da ist viel zu viel Zucker drin. Aber es ist ein warmer Tag, beinahe zu warm für diese Jahreszeit, und ich bestelle das Ding, diese Absurdität, Minze-Schoko-Chip.«

Wir standen auf der Twenty-Second Street. Marcel hatte unter einem Baum gehalten und blickte die Straße hinunter in Richtung einiger Häuser. Zu diesem Zeitpunkt war ich mir sicher, dass eines der Häuser seines war. Das seines Freundes, meine ich. Es war ein attraktiver Block, stilvoll wie die ganze Gegend, irgendwie wie in *Zeit der Unschuld*, ein Haus, in das die Gräfin Olenska nach ihrer gesellschaftlichen Ächtung eingezogen wäre. Ich dachte noch immer an Bücher. Du konntest ihnen in den meisten Gegenden nicht entkommen, schon gar nicht in New York.

»Klingt, als hättest du einen netten Tag auf dem Land verbracht«, sagte ich.

Er zuckte mit den Schultern. Er horchte noch immer seiner Geschichte nach, eine unmögliche Aufgabe.

Kein guter Ersatz für ein Handtuch, aber er muss ausreichen. Dann kleide ich mich wieder an und nehme den nächsten Zug nach Hause. Ich bekomme eine Erkältung.«

Er betrachtete weiterhin das Kutscherhaus mit seinen breiten Türen.

Er wollte irgendetwas von mir. Ich wusste nicht was, sonst hätte ich es ihm gegeben.

»Ich finde heraus, wer gestohlene Bücher im Umlauf hat«, sagte er. »Ich werde mich umhören.«

»Vergiss es«, sagte ich. »Es spielt wirklich keine Rolle. Ich denke nicht, dass es noch etwas bringt.«

»Es ist ein Leichtes, das herauszufinden«, sagte er. »Ich möchte dich im Gegenzug um einen Gefallen bitten.«

»Welchen?«

»Du könntest doch James ordentlich durchleuchten, nicht wahr?«

»Das willst du nicht. Niemand will das wirklich. Alle glauben nur, dass sie es wollen.«

»Du hattest derartige Anfragen bereits?«

»Genauso unverblümt. Es ist unnatürlich, diese Informationen am Beginn einer Beziehung zu haben.«

»Würdest du es lieber später erfahren, wenn es zu spät ist?«

»Das glaubst du nicht wirklich? Dass es dann zu spät ist?«

Er dachte angestrengt nach, bevor er antwortete. »Nein«, sagte er, »das glaube ich nicht.«

Wir gingen weiter in Richtung Golden Hound. Endlich schien die Sonne.

Als wir die Tür erreichten, hielt er inne und wollte sich eine Zigarette anstecken, überlegte es sich aber anders. Die Abräumer waren auf der anderen Seite der Glasfront und beobachteten uns. Sie wirkten eifersüchtig, vielleicht waren sie aber nur neugierig. Es war ein weiterer entspannter Vormittag im Café.

»Danke«, sagte Marcel. »Ich weiß nicht, was ich mir dabei gedacht habe. Vergiss meine Bitte.«

»In Ordnung«, sagte ich.

»Ich sehe mir das mit deinen Bücherdiebstählen an. Es kann nicht viele geben, die damit handeln.«

»Das musst du wirklich nicht. Es hätte keinen Sinn mehr. Ich habe nur viel über die Sache nachgedacht.«

Er nickte bedächtig, als gäbe es ein tiefgehendes Einvernehmen zwischen uns, und ging.

8

An einem anderen Nachmittag, nicht allzu lange danach, war ich mit Ulises im Chivito's, einem Lokal in der Metropolitan Avenue, an dessen Standort bis zur Eröffnung der Taquería eine Autowerkstatt gewesen war. Auf dem Bürgersteig waren unter den Sonnenschirmen Tische aufgestellt. Die Metropolitan Avenue war so ziemlich der letzte Ort, an dem man auf irgendeiner Art von Terrasse sitzen wollte, aber es war ein sonniger Tag und ich hatte die Angewohnheit, mich nach dem Laufen dort mit Ulises zu treffen. Die Kellner kannten ihn und mittlerweile auch mich, also spendierten sie uns immer einen Schuss venezolanischen Rum, egal was wir sonst bestellten.

In der Ferne sah man die Skyline von Midtown, geisterhaft wie eine Bergkette. An den Telefonmasten neben den Tischen hingen Flugblätter, die vor dem Verschwinden dieser geisterhaften Aussichten warnten. Ich fragte mich, wer hinter diesen Flyern steckte. Eine Bürgerinitiative? Sie hatten keine E-Mail-Adresse oder Telefonnummer auf die Flyer gedruckt – nur die Warnung. Die Stadt hatte das Hafengebiet von Nord-Brooklyn zwischen Williamsburg und Greenpoint neu aufgeteilt. In New York wurden Stadtteile immer wieder neu aufgeteilt. Es wurden laufend neue Gebäude gebaut. Junge Menschen stiegen am Port Authority und in Chinatown aus den Bussen und brauchten eine Bleibe. Die Leute verdienten ihr Geld in der Stadt mit dem Geld anderer Leute, auch sie brauchten Wohnungen und einige von ihnen wollten in der Stadt bleiben und waren bereit, für die damit einhergehende Aussicht zu zahlen. Es war ihnen gleichgültig, dass sie anderen die Sicht oder das Sonnenlicht nahmen, und höchstwahrscheinlich würde es auch keinen von ihnen jemals interessieren. Es gab viele Dinge, um die sie sich hätten scheren müssen, es aber nicht taten, und dieses Thema stand nicht einmal ganz oben auf der Liste. Es war natürlich komplizierter als das, aber ich hatte keine Lust, es durchzukauen, nicht an jenem Tag. Ulises und ich hatten andere Dinge zu besprechen, zusätzlich zu den Themen, die wir vermieden, und beides verlangte nach Aufmerksamkeit. Vermutlich war Xiomara ein paar Tage in der Stadt gewesen und hatte auf Ulises' Sofa übernachtet. Die Show in Paris war vorbei. Sie hatte dort den erhofften und verdienten Erfolg feiern können. Mir war zu Ohren gekommen, dass sie nach Buenos Aires ziehen wollte.

Ulises und ich hatten schon lange nicht mehr miteinander gesprochen, weder über Anna und Newton Reddick noch über den Fall, den ich vermasselt hatte. Er war schließlich derjenige, der die Frau zu mir geschickt hatte, sie hatte mir seinen Namen zumindest wie ein Schibboleth genannt, bevor sie mir die zehntausend Dollar in bar ausgehändigt und die Einzelheiten eines Auftrags geschildert hatte, der mich dazu hätte veranlassen sollen, eine Reihe gezielter Fragen zu stellen, was ich aber nicht getan hatte. Ulises konnte sich nicht mehr an ihr Gesicht erinnern, obwohl er einen Teil der Schuld auf sich nahm, geradezu danach lechzte – er war gerne involviert –, und helfen wollte, es wiedergutzumachen. Wir hatten bereits ein paarmal darüber gesprochen. Er dachte, er habe sie auf einer Party kennengelernt, konnte sich aber nicht erinnern auf welcher. Er ging auf unzählige Partys, so wie man es von einem venezolanischen Dichter erwartete. Eine Nacht mündete in die nächste, und da gab es so gut wie keine Möglichkeit, sich an Namen oder Gesichter zu erinnern, vor allem, wenn sie laut seiner Theorie eine Schauspielerin war. Dennoch hatte er ein schlechtes Gewissen wegen der Rolle, die er dabei gespielt hatte, mich in diesen Schlamassel zu bringen, zwar nur eine kleine Rolle, aber dennoch die eines Anstifters. Soweit ich wusste, hatte er einige Erkundigungen eingeholt und seine Fühler in allen Dichter- und Künstlerkreisen der Stadt ausgestreckt, um die Leute wissen zu lassen, dass sie nach einer jungen Frau Ausschau halten sollten, die sich manchmal als berühmte Autorin ausgab und rechtlichen Beistand suchte. Es kam nicht viel dabei heraus. Ich sagte ihm, dass es in Ordnung sei, dass es keinen Unterschied mehr mache. Ich sei Anwalt. Anwälte seien Mittler und Stellvertreter, und wenn ich ein Problem damit gehabt hätte, ab und zu übers Ohr gehauen zu werden, hätte ich einen anderen Beruf ergriffen. Ulises schien nie besonders überzeugt von dieser Erklärung zu sein, aber er gab vor, zu verstehen. Trotzdem fühlte er sich schlecht wegen des Abends, an dem wir im Peter Luger's Steaks bestellt hatten, an dem wir über Borges und Gauchos und Scheidungen gesprochen hatten.

An diesem Tag im Chivito's, einem der ersten wirklich warmen Tage des Jahres, war Ulises derjenige, der nach der

Zeitung griff und begann, daraus vorzulesen. Es war die *Times*, nicht die *Daily News* oder der *Post* oder eines der Schundblätter, die einem in der U-Bahn aufgedrängt wurden oder man immer wieder an den seltsamsten Orten der Stadt fand, wo sie im Wind flatterten oder an irgendwelchen Schuhsohlen klebten. Er las laut aus dem Reiseteil vor und berichtete von den Orten, die den Leuten ans Herz gelegt wurden, von Bangkok und Medellín und der kanadischen Arktis. Er meinte, es würde mir guttun, ein wenig Urlaub zu machen. Gedankenverloren stimmte ich ihm zu, obwohl wir ein derartiges Gespräch schon einmal geführt hatten und er dabei versucht hatte, mich dazu zu überreden, im Sommer nach Cape Cod zu fahren. Er schwor mir, dass er mir einen Job als Lehrer am Kunstzentrum in Provincetown vermitteln könne, wo er selbst einen hatte. Er hielt dort im August Poetik-Vorlesungen ab. Ich könne ja allen Künstlern etwas über Urheberrechte und Meinungsfreiheit beibringen und darüber, nicht mit der Polizei zu sprechen, wie er meinte.

Ich sagte ihm, ich wolle nirgendwo hingehen. Ich mochte New York im Sommer. Ich mochte es, wenn sich die Stadt leerte, und die Touristen störten mich nicht: Sie meinten es gut genug und hielten sich nie dort auf, wo ich unterwegs war. Und außerdem, wenn ich jedem in Provincetown beibrächte, wie man sein geistiges Eigentum und die Rechte an der eigenen Arbeit schützte, was würde dann aus meiner Praxis in New York werden?

Es war ein sonniger Tag. Der Wind trug die ersten Zeichen des Sommers. Wir schlugen nur die Zeit tot.

Er schob die Zeitung über den Tisch. »War das nicht der Typ?«

Er deutete auf einen kleinen Artikel unterhalb des Falzes,

kein Bild, eine vielleicht sieben bis zehn Zentimeter lange Spalte, etwa hundert Wörter. Meine Sehkraft reichte nicht aus, um es deutlich zu lesen, und ich dachte, wir befänden uns immer noch im Reiseteil. Vielleicht waren wir es auch. Womöglich verfrachtete die *Times* derartige Meldungen damals dorthin, vielleicht ein Scherz, den sich irgendein miserabler Redakteur erlaubte.

»Die Nachrufe«, sagte Ulises und bemerkte, dass ich mich nicht auskannte. »Da, die stille Göttin.«

Er deutete auf die Todesanzeigen unter den Nachrufen.

»Das ist unser Newton Reddick«, sagte er. »Er ist gestorben.«

So wie er das sagte, war es beinahe rührend. Unser Newton Reddick.

»Geliebter Ehegatte und Büchermensch«, so beschrieb ihn die Nachricht. »Geliebter Ehegatte und Büchermensch, Newton Reddick, 63.« Man erfuhr nicht, wie oder wann er verstorben war, sondern nur, dass er nicht mehr lebte und dass er zuvor Bücher gesammelt und erfolgreich verkauft hatte und mit einer Frau namens Anna verheiratet gewesen war. Dass es keine Gedenkfeier geben würde. Es gab keine Adresse, an die man Blumen schicken konnte.

Es war bereits eine Weile her und ich hatte gute Arbeit geleistet, ihn aus meinen Gedanken zu verdrängen und das ungute Gefühl loszuwerden, das mich jedes Mal durchströmte, wenn ich mich fragte, was genau ich ihm, Newton Reddick, angetan hatte, einem traurigen alten Buchhändler, der zehn Jahre lang eine gute Ehe geführt und offensichtlich Feinde gehabt hatte, der mir aber nie etwas angetan hatte, obwohl ich ihm übel mitspielte.

Ich legte die Zeitung zur Seite und bat den Kellner um ein weiteres Bier und einen Shot.

»Jetzt bist du aus dem Schneider«, sagte Ulises. »Dieser Fall hat dich ordentlich beschäftigt, nicht wahr?«

»Ich dachte, er würde mich verklagen.«

»Könnte er das noch immer?«

»Nicht so, wie ich dachte.«

»Dann bist du aus dem Schneider. Genau dafür wurde der Ausdruck erfunden, glaub es mir.«

Ulises lächelte ein wenig verlegen, aber nicht allzu pietätlos. Er wusste sich zu benehmen. Einmal, als wir an einem Tisch im Freien saßen, nicht im Chivito's, aber in einem anderen Lokal, hatte eine vorbeigehende Frau einen Anfall und er war der Einzige gewesen, der loslief und sie auffing, bevor sie zu Boden ging, und dann hielt er sie fest, während sie krampfte. Er fuhr sogar im Krankenwagen mit und letzten Endes ging es ihr wieder gut. Er hatte eine naive Gelassenheit an sich, vielleicht war es aber auch nur Klasse.

»So einfach ist es nicht«, erklärte ich ihm.

»Das Leben ist kompliziert«, sagte er. »Der Tod ist einfach.«

Nachdem der Kellner das Bier und den Shot gebracht hatte, las ich den Artikel noch einmal. Mehr fand ich nicht heraus.

»Er war alt«, sagte Ulises. »Für sie, meine ich. Nicht um zu sterben. Dafür war er zu jung.«

Ich ließ ihn laut über die Moral und die Unvereinbarkeit des Paares reflektieren, wobei er sich in Bezug auf Letzteres ziemlich sicher war und von Ersterem grundsätzlich nicht viel hielt – das war ihre Sache, sie waren beide erwachsen und er kein Puritaner, ganz im Gegenteil, wenn es um Liebe ging, egal ob romantisch, erotisch oder sonst wie.

»Weißt du, ich habe immer gedacht, dass ich Nachrufe schreiben könnte«, sagte er. »Sie sollten Poeten dafür anheuern. Wozu zum Teufel sind wir sonst gut? Ich würde regelmäßige

Einkünfte auch nicht ablehnen. Es wäre wie ein Dienst an der Öffentlichkeit, nicht wahr? Scheiße, Kumpel, das wäre meine Berufung. Ich wollte immer schon eine haben.«

Ich erwiderte nichts. Die Idee musste zuerst einmal eine Zeit lang in seinem Kopf herumgeistern.

»Ernsthaft«, sagte er, »du könntest einen Urlaub gut vertragen. Verschwinde aus der Stadt. Fahr ans Meer.«

»Ich will aber nirgendwo hinfahren«, sagte ich. »Ich mag New York.«

»Im Sommer?«

»Natürlich, wieso nicht?«

»Verflucht, Junge Junge, wenn du das noch immer nicht weißt, dann wirst du es nie wissen.«

Ich bezahlte die Drinks und teilte ihm mit, dass ich losmusste. Wir würden uns bald wiedersehen. Vielleicht.

9

Ich ging nach Hause und suchte meine Akten heraus. Penibel genau geführte Aufzeichnungen waren nicht meine Stärke, auch wenn die Anwaltskammer des Staates New York das gern gesehen hätte. Ich hatte zu viele Jahre damit verbracht, die Unterlagen anderer Leute zu sichten, um zu denken, dass es von besonderem Nutzen wäre, eine Menge Beweise herumliegen zu haben. Das Einzige, was ich zum Fall Reddick aufbewahrte, war die nachträglich erstellte Rechnung für die Zahlungen der Frau, die sich als Anna Reddick ausgegeben hatte, sowie ein Schreiben der Anwaltsprüfungsstelle der Anwaltskammer, die ich möglichst unauffällig kontaktiert und befragt hatte, nur um zu erfahren, dass Rebholz und Kahn, die Anwaltskanzlei, mit der mich die falsche Anna Reddick in Kontakt gebracht hatte, ebenfalls ein Schwindel war. Zumindest war die Kanzlei nicht im Staat New York registriert und zugelassen. Es ergab eigentlich keinen Sinn, den kaum vorhandenen Papierkram durchzusehen, den ich in der untersten Schreibtischlade aufbewahrte, doch die Erkenntnis, wie schwach die Spur war und dass ich, würde man mich verklagen, die Dokumente dazu bereits hätte erhalten müssen, beruhigte mich. Man hätte sie mir längst zugestellt und ich hätte sie ebenfalls im Schreibtisch aufbewahrt.

Ich öffnete das Fenster und kletterte über die Brüstung auf die Feuerleiter. Der Abstand zwischen der untersten Sprosse und der darunterliegenden Betonterrasse betrug an die fünf oder sechs Meter, und die Leiter war längst verschwunden. Sollte jemals ein Feuer ausbrechen, konnte man nur das Beste hoffen. Üblicherweise war es ein guter Ort zum Nachdenken, aber genau in diesem Moment waren mir zu viele Tauben dort. Dreißig bis vierzig von ihnen flogen in der Straße herum und machten einen Mordslärm. In der Luft ging es heftig zur Sache. Einige hockten auf den Leitungen. Willie, unser Hausmeister, war auf dem Dach und versuchte, sie rasch nach Hause in den Taubenschlag zu treiben, wo er sich um sie kümmerte und sie umsorgte wie geliebte Kinder, auf die er aber situationsbedingt auch gereizt reagieren und sogar wütend sein konnte. Er brüllte und pfiff da oben. Er sah mich auf der Feuerleiter sitzen und fragte mich, ob ich den Falken gesehen hätte.

»Nein«, erwiderte ich. »Nicht heute. Ich denke nicht.«

In jenem Monat war ein Falke über Williamsburg zu sehen gewesen. Er war neu in der Gegend, vielleicht hatte er sein Jagdgebiet erweitert oder war aus anderen Gründen migriert. Ich wusste nichts über Falken. Willie sagte, der Falke sei unterwegs und verdammt hungrig, dass wir alle besser aufpassen sollten, weil er ein Mörder sei – daran bestand kein Zweifel, das war jedem klar.

Willie kümmerte sich um fünf oder sechs andere Gebäude in der Umgebung und hielt Tauben auf unserem sowie auf einem anderen Dach in der Jackson Street. Ich schirmte meine Augen ab und suchte den Himmel ab, der von diesem schönen, klaren Blau war, das ein paar Wochen lang im Frühling nach dem Regen zu sehen ist. Ein paar Minuten später entdeckte ich ihn.

»Dort«, sagte ich. »Er ist über der Ainslie.«

»Coño«, sagte Willie. »Das bedeutet, der jagt dort.«

»Woher weißt du das?«

Er wusste es einfach. Es war nichts, das man erklären konnte, nicht leicht jedenfalls, nicht einem Anfänger.

Der Falke war ziemlich bald über uns, aber er stürzte sich nicht auf die Tauben, zumindest nicht sofort. Er zog eine Schleife von etwa einer Meile Umfang, zwischen Grand Street und McCarren Park. Die Schleife wurde immer kleiner, als würde sich der Kreis schließen. Vielleicht spürte ich aber auch nur Willies Unbehagen. Er hatte große Angst um seine Tauben. Einige Nachzügler waren noch unterwegs und der Falke war auf dem Weg zurück in unsere Richtung. Es war ein wunderschöner Vogel und Willie hatte recht, er sah wie ein Mörder aus, mit seiner tödlichen Ruhe, die er ausstrahlte. Sein Untergefieder war gesprenkelt und man konnte den reinen Weizenschimmer seines Schädels und seines Schnabels sehen.

Willie hatte seit Jahren keinen Falken in diesem Teil Brooklyns gesehen. Nicht seit dem letzten Stromausfall, der beinahe drei Jahre zurücklag. Es klang, als wäre es für Willie eine lange Zeit des Friedens gewesen. Ich erinnerte mich, wie er mit einem Baseballschläger zwischen den Häusern unserer Straße herumlief, um sich zu vergewissern, dass alles in Ordnung war. Er hatte den Stromausfall 1976 miterlebt und wusste, dass es übel ausgehen konnte, obwohl es in jenem Sommer 2003 gar nicht so schlimm kam. Die meisten Menschen amüsierten sich einfach ein paar Stunden lang und trafen sich mit Freunden. Wenn die Hitze in den Apartments unerträglich wurde, fanden sie Orte zum Ausweichen oder sie flüchteten sich auf die Hausdächer. Ein paar wenige Leute schleppten sogar Feldbetten auf die Bürgersteige und versuchten, dort zu schlafen. Der Strom fiel zwar nicht lange aus, aber für ältere und gebrechliche Menschen war es trotzdem hart. Der August in der Stadt ist nie einfach, egal ob mit oder ohne Strom.

»Coño«, sagte Wille erneut. »Ich kann gegen das Sonnenlicht nichts sehen.«

Ich zählte zwölf Tauben, die noch da draußen waren, die noch verwundbar waren. Sie hockten auf den Ästen der Bäume, auf Telefonleitungen und auf den Dächern der gegenüberliegenden Gebäude, die zu dieser Jahreszeit immer etwas Nachmittagssonne abbekamen. Willis Aufregung wuchs. Er bemühte sich, ihre Aufmerksamkeit zu erregen, indem er mit seinen bereits wunden Lippen die Pfeifen betätigte, die für die verschiedenen Vögel bestimmt waren. Ein grauenhafter Ausgang zeichnete sich ab und es gab nichts, was wir dagegen hätten tun können. Letztendlich würde der Falke selbst entscheiden.

»Ich kann das nicht mehr«, sagte Willie. Seine Stimme versagte.

»Was kannst du nicht mehr?«, fragte ich, bevor ich erkannte, dass es nicht an mich gerichtet war. Er sprach mit seinen Tauben. Er hatte weder Frau noch Kinder. Seine Mutter wohnte in der Leonard Street und er hatte die Vögel.

So verging eine halbe Stunde und der Falke hatte noch immer nicht zugeschlagen, aber er war da oben.

In der Nacht drehte ich mir einen Joint, ließ mir ein Bad ein und stellte den Lokalsender so laut ein, dass ich im Badezimmer hören konnte, was lief. *Das Fenster zum Hof*, einer meiner Lieblingsfilme. Es war noch der Beginn, als Jimmy Stewart mit seinem Zeitungsredakteur spricht und sie die ganzen wilden Stories Revue passieren lassen, über die er, ungeachtet seines äußeren Anscheins, bereits berichtet hat. Ich wollte gerade ins heiße Wasser steigen, als es an meiner Tür klopfte. Ich hielt in der Dunkelheit inne und gab demjenigen, der da klopfte, etwa eine Minute Zeit, die Hoffnung aufzugeben. Es hätte sonst jemand sein können. Ein Mandant, mein Vermieter, irgendwelche Nachbarn. Letzten Endes trocknete ich mich ab und öffnete die Tür.

Es war Anna Reddick, die wahre Anna Reddick, A. M. Byrne. Die Schriftstellerin. Die Witwe.

»Ich konnte Ihre Nummer nicht mehr finden«, sagte sie. »Aber ich erinnerte mich daran, wo Sie wohnen.«

Vielleicht wäre ein anderer Anwalt professioneller mit der Situation umgegangen. Ich bat sie herein. Sie trug zerrissene Jeans und hatte ihr Haar hochgesteckt. Sie sah jünger aus, als ich sie in Erinnerung hatte. Es war merkwürdig, sie wiederzusehen, nicht nur weil ich an dem Nachmittag erst vom Ableben ihres Gatten in der *Times* gelesen und mich gefragt hatte, wieso sie oder sie beide sich dagegen entschieden hatten, mich zu verklagen, sondern auch, weil ich, als das erstmals im Raum stand, ihre Bücher in der Bibliothek ausgeliehen hatte und mehrere Nächte damit verbracht hatte, ihren ersten und bekanntesten Roman *Nach dem Abendessen ausziehen* zu lesen. Es waren keine schlaflosen Nächte gewesen, aber auch keine besonders ruhigen.

Das Buch hatte einen äußerst starken Eindruck auf mich gemacht. Es ging darin um eine junge Frau, eine Ehefrau, die ihren Mann ohne ersichtlichen Grund verlässt und auf Reisen geht. Wahrscheinlich hat sie ihre Gründe. Vermutlich blieb ich deshalb so fixiert, weil ich herausfinden wollte, ob es einen gab. Aber falls es einen gab, dann war er gut verborgen. Ich bewunderte das Buch. Es war der Roman, der ihr den National Book Award eingebracht und ihr zur Berühmtheit in ihren Zwanzigern verholfen hatte, und möglicherweise zu einigen weiteren Dingen, von denen ich nichts wusste und nie etwas erfahren würde. Danach las ich ihre anderen Romane. Es waren seltsame Bücher, die sich jedem Versuch einer kohärenten Erinnerung oder Zusammenfassung entzogen. Seltsame, stakkatoartige Bücher voller Menschen mit widersprüchlichen Motiven und zerstörerischen Anliegen.

»Es tut mir leid, dass ich hier so reinplatze«, sagte sie.

»Es gibt nichts, wofür Sie sich entschuldigen müssten.«

»Natürlich gibt es das. Es ist spät. Oh Gott, ich weiß nicht einmal, wie spät es ist. Zehn? Elf?«

Es war beinahe Mitternacht. Ich sagte es ihr aber nicht. An meinen Wänden gab es keine Uhren.

Ich nahm ihr den Mantel ab und brachte ihr etwas zu trinken. Sie wollte einen Whiskey. Sie hatte mir etwas zu sagen und augenscheinlich benötigte sie dazu einen Whiskey. Sie trank das erste Glas ruhig, ohne sich hinzusetzen und ohne zu reden, sie blickte nur aus dem Küchenfenster, von dem aus der Spielpatz zu sehen war, derselbe, den sie angestarrt hatte, als sie an dem Tag im Winter darauf gewartet hatte, mich zu überrumpeln. Eine Jahreszeit, die sich anfühlte, als würde sie lange Zeit zurückliegen – Jahre oder Jahrzehnte.

Ich muss den Fernseher wohl ausgeschaltet oder die

Lautstärke heruntergedreht haben. Man hörte ihn nicht mehr. Das Letzte, was ich gehört hatte, war, dass die Krankenschwester kam, um nach Jimmy Stewart zu sehen und ihm Ratschläge zu erteilen, diese Art von guten, hausbackenen Ratschlägen, von denen man immer denkt, dass man sie hören will, obwohl man es nicht will.

Anna war noch immer in der Nähe des Fensters. Direkt neben meinen Bücherregalen. Sie strich mit dem Finger über die Buchrücken, zog diesmal aber keines heraus und äußerte sich auch nicht zu einem der Autoren.

»Sie wissen das von meinem Mann?«, fragte sie.

»Ich habe es in der Zeitung gelesen. Es tut mir leid.«

»Mir auch«, sagte sie. »Kaum jemand glaubt es, aber es tut mir verdammt noch mal leid.«

Danach galt es, den Mund zu halten. Die Stille war gerade noch erträglich und dann begann sie, diese zu füllen, sprach langsam und setzte dabei nie ihr Glas ab, das zu dem Zeitpunkt bereits leer war.

»Newton hat das Haus kurz vor Weihnachten verlassen«, sagte sie. »Ich habe da nicht mehr mit ihm zusammengelebt. Ich habe ja mein eigenes Apartment. Er war im Brownstone, wo ich Sie gesehen habe. Ich bin da eines Tages hingefahren und alle seine Sachen waren weg, danach sah ich ihn nie wieder. Ich hatte versucht, ihm klarzumachen, dass mich die verdammten Bücher nicht interessierten, dieses verdammte Durcheinander mit den juristischen Schriften. Er hätte meine Bibliothek zweimal verkaufen können und ich hätte ihn bei der beschissenen Zeitung nicht angepatzt. Ich hätte keinen anderen Anwalt angeheuert. Ich wollte auch die nicht, die ich hatte. Ich wollte nur den verdammten Papierkram durchkriegen. Aber ich konnte ihn nicht erreichen, wochenlang. Er hatte auch keine Nachricht hinterlassen, wohin er gezogen war, er war einfach gegangen. Er war manchmal so. Einfach weg, auf der Jagd nach irgendeinem Buch. Er saß dann einen Monat lang in einem Kirchenkeller in Newport und hatte vom Staub eine schwarze Lunge wie ein Bergarbeiter. Oder befand sich auf einer Sauftour hier in der Stadt. Er lief dann herum, trank viel zu viel und erzählte allen, wie leid es ihm tat. Niemand wusste, was ihm leidtat. Ich auch nicht. Irgendjemand musste es aber verstanden haben, die Barkeeper oder seine Freunde in der Poquelin-Gesellschaft. Wenn ich ehrlich bin, kannte ich den Mann kaum. Ich dachte, er würde irgendwann mit eingezogenem Schwanz oder einer Reisetasche voller Bücher nach Hause kommen und wir würden uns entschuldigen und mit der Scheidung weitermachen. Vor ein paar Wochen kam dann ein Anruf von der Gerichtsmedizin. Oh Gott, das ist ein Anruf, auf den man nicht vorbereitet ist. Wenn einem der Gerichtsmediziner sagt, wo er ist. Und dann dieses Päckchen. Es kam mit der Post, beschissen schlimm war das. Ich hatte so lange nichts von ihm gehört, und dann dieses Päckchen.«

Sie zeichnete eine Form vor sich in die Luft. Es war weder ein Quadrat noch ein Päckchen, aber irgendetwas anderes.

»Was war drin?«, fragte ich. Ich war mir nicht sicher, ob ich der Geschichte folgte, nicht sicher, ob ich es wissen wollte.

»Bücher«, sagte sie. »Was sonst? Bücher, Notizen, noch mehr Bücher. Das ist alles, was er am Ende war.«

Offensichtlich war es ein Suizid. Sie benutzte weder dieses Wort noch einen der anderen üblichen Euphemismen, aber an dem, was jemand nicht sagt, kann man erkennen, ob es sich um einen Selbstmord handelt. Ich schenkte ihr einen weiteren Drink ein und mir einen doppelten, um aufzuholen. Sie wirkte abgelenkt. Immer wieder blickte sie aus dem Küchenfenster, so oft, dass ich schließlich selbst hinüberging, um nachzusehen. Da draußen war nichts, nur die Ukrainer und Russen am Rande des Spielplatzes, die tranken, sprachen oder schliefen. Zu dieser Jahreszeit mussten sie kein Feuer mehr machen. Ich erinnerte mich an das erste Mal, als ich sie gesehen hatte, auf meiner Treppe sitzend, ins Nichts starrend. New York ist voll von Leuten, die auf Treppen und Bänken sitzen, und man weiß nie, was ihnen zustoßen wird, oder einem selbst.

»Ich würde Sie gerne anheuern«, sagte sie.

»So schlimm kann es doch nicht sein.«

»Ich starre dieses alberne Päckchen seit Wochen an. Ich kann mir keinen Reim darauf machen.«

»Was lässt Sie denken, dass ich es kann?«

»Vielleicht können Sie es auch nicht. Er war auf der Suche nach etwas Bestimmtem. Diese ganzen Wochen, Monate, er hielt sich in versifften Hotels und Bars auf, wo er sein letztes Geld ausgab. Er hatte nichts mehr, als er starb. Aber es hat irgendetwas mit diesen Büchern zu tun, ich kann mir nur nicht erklären was. Was auch immer es ist, es könnte dasselbe sein, worin Sie indirekt verwickelt waren. Irgendjemand hat ihm und Ihnen eine Falle gestellt. Er hat sich nie davon erholt, denke ich.«

»Sie brauchen einen Privatdetektiv«, sagte ich ihr, bemüht, vernünftig zu klingen.

»Wir heuern keine Detektive an«, sagte sie. »Wir engagieren Anwälte.«

Ich wollte sie fragen, wen sie mit »wir« meinte, doch es war mir klar. Die Wohlhabenden hielten immer schon viel vom Anwaltsgeheimnis. Diskretion kann zu einer Art Religion werden, wenn man ihr zu viel Macht verleiht. Sie beobachtete mich aufmerksam, so wie man auf einen Zug warten würde.

»Nehmen Sie den Job an?«, fragte sie. »Ich wäre Ihnen sehr verbunden, wenn Sie es täten. Ich bin verdammt müde von alledem.« Sie zückte ihr Scheckbuch. »Wie viel haben die Ihnen gezahlt?«

»Wer?«

»Die Frau, die vorgegeben hat, ich zu sein. Die Leute, die Sie angeheuert haben.«

Wenn es mir möglich gewesen wäre, wäre ich rot geworden.

»Fünfzehntausend Dollar«, sagte ich. »In zwei Tranchen.«

Sie schrieb die doppelte Summe auf den Scheck und riss ihn aus dem Scheckheft.

»Ich kann seit Monaten nichts auch nur annähernd Sinnvolles zu Papier bringen. Nichts, an dem ich weiterarbeiten könnte«, sagte sie. »Das hält mich auf. Ich bin nicht ich, wenn ich nicht schreibe. Ich weiß nicht, wer ich dann bin, aber ich bin nicht ich. Das ist verdammt unheimlich.«

»Vielleicht sollten Sie eine Reise machen«, sagte ich. »Aus der Stadt verschwinden.«

Sie sah verwirrt aus, als hätte ich vorgeschlagen, sie solle eine Rakete zum Mond nehmen.

»Wo sollte ich denn hin?«

»Irgendwohin. Sie könnten in die kanadische Arktis reisen. Oder nach Paris. Alle schreiben in Paris.«

»Das ist absurd«, sagte sie. »Alles in Paris ist genauso, wie es hier ist.«

Sie trank ihren Whiskey mit einem Schluck aus und griff nach ihrem Mantel. Es war ein knielanger Mantel aus Wolle, zu schwer für das warme Wetter, das endlich Einzug gehalten hatte.

»Ich bin sehr froh, dass Sie mir helfen werden«, sagte sie. »Sie sind gar nicht so übel, wie ich dachte.«

Nachdem sie weg war, stellte ich den Fernseher wieder an. *Das Fenster zum Hof* lief noch immer, vielleicht war es aber bereits eine Wiederholung – an manchen Sommerabenden lief derselbe Film zweimal hintereinander. Das Wasser in der Badewanne war kalt und ich konnte mich nicht dazu aufraffen, es neu einzulassen, also ließ ich es ab und ging ins Wohnzimmer, um mir den Rest des Filmes anzusehen, der auf dem Paramount-Gelände in Hollywood gedreht worden war. Diese Version von New York, von Greenwich Village, sah ungefähr so echt aus wie eine High-School-Produktion von *Oklahoma!*, aber es machte keinen Unterschied: Der Innenhof, der von Jimmy Stewarts Fenster aus zu sehen war, hatte durchaus etwas Authentisches an sich. Es ist unnatürlich, dass all diese Menschen so dicht beieinanderwohnen. Da überrascht es nicht, wenn ihre Welten aufeinanderprallen. Daran dachte ich andauernd, als ich den Film zu Ende sah und den Scheck, den Anna Reddick ausgestellt hatte, in Händen hielt.

Zweiter Teil
Leben auf dem Mississippi

10

Am Dienstag kam ein Bote mit einer Archivbox aus Newton Reddicks Besitz, die nach dessen Tod der Witwe übergeben worden war. Ich hatte Annas Scheck noch nicht eingelöst. Er lag auf dem Schreibtisch in meinem Wohnzimmer und schleuderte mir eine Menge Beleidigungen entgegen, während ich herumlief und versuchte, ihn zu vergessen. Es wäre ehrenhaft gewesen, ihr unentgeltlich zu helfen. Sie war mit den Nerven am Ende und ich trug meinen Anteil daran, dass es so weit gekommen war. Das einzig Richtige wäre gewesen, den Scheck zu zerreißen und mich aus der Sache rauszuhalten. Aber dafür war es wahrscheinlich zu spät. Meine Neugierde war geweckt. Meine Neugierde verselbstständigte sich immer wieder und ließ sich gerne wecken. Das brachte mich regelmäßig in die Bredouille, professioneller und anderer Natur. Ich öffnete die Archivbox und begutachtete, was sich darin befand: zwei Notizblöcke, ein paar Bücher, ein paar Flugblätter, ein stornierter Scheck und einige Jetons, die entweder für die Trockenreinigung oder Männerwohnheime bestimmt waren, in denen er gegen Ende übernachtet hatte. Ein bis auf die Grundmauern entkerntes Leben. Ich konnte mich nicht entscheiden, ob es eine beeindruckende Demonstration von Askese war oder so ziemlich das Traurigste, was ich je gesehen hatte.

Ich hatte es noch nie mit einem Selbstmord zu tun gehabt, jedenfalls nicht beruflich. Damals, als ich noch bei der Firma war, hatte sich einer der Partner, den ich gekannt hatte, an seinem Schreibtisch erschossen. Sein Büro befand sich im vierundvierzigsten Stockwerk und man konnte den Schuss bis ins sechsunddreißigste hören. Das war in einem der Türme an der Third Avenue, die Schatten auf die East Side werfen und nachmittags wie Grabsteine aussehen. Der Mann hieß Palmer. Er hatte ein mit unzähligen Erzeugnissen der Unternehmen, die er vertrat, dekoriertes Eck-Büro. Während sich der Gerichtsmediziner um seine Leiche kümmerte, wurde ich gebeten, seine Unterlagen zu ordnen. Ich tat es, ohne mich darüber zu beklagen, ging so ziemlich jeden Akt durch, auf dem weder Blut noch Hirnmasse klebte, aber auch ein paar, die etwas abbekommen hatten. Was mir im Gedächtnis geblieben ist, ist, wie ordentlich er seinen Schreibtisch aufgeräumt hatte, bevor er zur Waffe griff. Er hatte eine Nachricht hinterlassen, in der er erklärte, wo das Testament zu finden war und weshalb er es im Büro tat – wegen der Versicherung, seine Kinder sollten etwas Geld bekommen.

Ich nahm an, ein Selbstmord wäre wie jeder andere Fall. Man musste ihn nur lange genug betrachten, dann würden einem die Erklärungen schon einfallen, woraufhin sich die Papiere praktisch von selbst schrieben. Man musste in jenen Jahren noch alles in übergroße blaue Papierkuverts stecken, bevor man sich damit auf den Weg ins Büro des Beamten machte. Vielleicht hatten die Kuverts in anderen Bundesstaaten eine andere Farbe, aber in New York waren sie blau und man bekam sie nur bei einer bestimmten Papiermanufaktur. Ich hatte in der untersten Lade meines Schreibtisches noch genug davon. Es hatte nichts zu bedeuten, es handelte sich nur um Papiervorrat, aber vermittelte einem immer das Gefühl, dass man schon fast am Ziel war.

Zum Mittagessen hatte ich kaltes Huhn. Es war ein Aberglaube, eine offen gesagt lächerliche Prozedur, die ich zu Beginn eines jeden Falles vollzog, weil ich während des Jurastudiums ein Seminar bei einem Professor besucht hatte, der als junger Mann bei den Nürnberger Prozessen als Ankläger beteiligt gewesen war. Er hatte erwähnt, dass Richter Jackson während der Prozesse die Angewohnheit hatte, am Tag vor der Vernehmung eines neuen Zeugen Hähnchen zu braten und die übrig gebliebenen, kalten Stücke für seine Rechtsbeistände mitzubringen. Diese Aussage, die so seltsam und sonderbar und wahrscheinlich auch zweifelhaft war, hatte einen starken Eindruck bei mir hinterlassen, einen Eindruck, der zu einer Art Tradition meinerseits geführt hatte. Ich hatte kein Hähnchen zu Hause, also ging ich in ein Lokal, in dem peruanisch mariniertes Huhn angeboten wurde, das sie heiß oder kalt, mit Reis oder auf Weißbrot und mit Kochbananen als Beilage um vier Dollar verkauften. Ich kannte es bereits, als ich nach New York kam, und das Angebot veränderte sich nie, ebenso wie der Preis, wobei man manchmal nur eine Kochbanane, dann aber auch mal fünf, sechs oder mehr bekam.

Nach dem Mittagessen rief ich im Büro des Gerichtsmediziners an und erhielt eine Kopie von Newton Reddicks Untersuchungsergebnissen. In New York zu sterben, ist eine mühsame Angelegenheit. Es gibt viele kleine Behörden und der Fachjargon ist kompliziert, für Außenstehende nahezu unverständlich. Zu dieser Gruppe zählte ich auch mich: ein Anfänger mit ein paar Telefonnummern und einer Stimme, die immerhin vertrauenswürdig genug klang, um als zugelassener Anwalt durchzugehen, was allerdings nicht viel bedeutet. Die

Gerichtsmedizin war darauf aus, zu beruhigen, da sie Reddicks Leiche bereits kremiert hatten. Wenn eine Leiche innerhalb von zwei Wochen nicht beansprucht und abgeholt wird, sind sie dazu befugt, sich ihrer zu entledigen. In Zusammenarbeit mit einem Bestattungsunternehmen hätte man ihn im Massengrab auf der Insel Hart beerdigen können, eine Einäscherung war hingegen nicht erlaubt. Dafür gab es Gesetze. So viel wusste ich, und das ließ ich den Gerichtsmediziner auch wissen. Er versprach, mir alles zu mailen, was er dazu hatte. Es war nicht viel, nur der Totenschein und ein paar Aufzeichnungen zu persönlichen Gegenständen. Als Todesursache war zerebrale Hypoxie angegeben, ganz typisch bei Erhängen. Zum Todeszeitpunkt hatte er genug Promille, um daran zu sterben, nur war er nicht daran gestorben, nicht direkt jedenfalls. Ich fragte den Gerichtsmediziner, wo ich den Polizeibericht finden könne. Er erklärte, dass es keinen gebe, weil niemand die Polizei gerufen habe.

»Wieso nicht?«, fragte ich.

»Hotelregeln«, erwiderte er. »Charmant, nicht wahr?«

Ich überlegte, wie Newton Reddick an einem Ort landen konnte, der sich selbst als Hotel bezeichnete und Hausregeln für gewaltfreies Hängen hatte. Es lag verdammt weit draußen in der Atlantic Avenue, nach den Friedhöfen, nach der Abzweigung zum Flughafen. Fünfzig Zimmer, jeweils mit zwei Einzelbetten, Duschen am Gang. Ein weiter Weg von der Upper West Side, aber er hätte es schlimmer treffen können. Er hätte auch im Freien sterben können, und die Gerichtsmedizin hatte immerhin einen Namen an die Leiche geheftet, wobei mir niemand erklären konnte, wie er identifiziert werden konnte.

»Vielleicht aufgrund eines Zahnvergleiches«, sagte der Gerichtsmediziner. Man konnte hören, dass er sich nicht sicher war und es auch nie sein würde – er wollte nur das Telefonat beenden und den restlichen Tag mit den Leichen verbringen, die sie noch nicht voreilig kremiert hatten, diejenigen, die praktischerweise zu Hause ausgecheckt hatten oder einen Führerschein in der Tasche stecken hatten und keinen falschen Namen im Hotelregister angegeben hatten.

Er hatte sich unter Richard Carstone im Hotel einquartiert. Seine Unterschrift wirkte achtlos hingekritzelt, als wäre sie seine echte. Große, geschwungene Buchstaben und dann eine Sauklaue. Carstone kam mir bekannt vor, also recherchierte ich in diese Richtung. Es war der Name einer der Mündel bei Hofe in *Bleak House*. Dickens. Wieder ein Buch. Ein Streich, oder vielleicht auch nur etwas, das ihm einfach beim Einchecken eingefallen war.

Ich kramte noch einmal in der von ihm hinterlassenen Box, um zu sehen, ob ich darin irgendeinen Hinweis auf *Bleak House* fand. Ich fand ein Exemplar von Henry James' *Die Gesandten* und den zweiten von sechs Bänden der Serie *Illustrierte Poeten Amerikas*, erschienen 1885, aber keinen Dickens. Beim restlichen Inhalt handelte es sich, genau genommen, nicht um Bücher. Es waren Prozessschriften, die jenen ähnelten, die ich ihm an dem Abend in der Poquelin-Gesellschaft abkaufen wollte. Das Papier war brüchig und ich blätterte darin mit größter Sorgfalt, weil ich befürchtete, dass mir die Seiten zwischen den Fingern zerfallen würden. Sie waren unterschiedlich alt, wobei die jüngste weit über ein Jahrhundert zählte und in Ohio gedruckt worden war. Dieses Exemplar hatte den Titel *Der Arrest, der Prozess, die Verurteilung und das furchtbare Ende des Josiah Ewing, berüchtigter Pferdedieb und Mörder*. Wenn der Verleger damals nicht vor dem furchtbaren Ende in Druck gegangen war, fehlten Teile davon. Ewings Verurteilung war vorhanden, aber nichts von seinem Strafmaß oder einer Exekution. Die anderen Prozessschriften waren ähnlich. Alt und makaber. Ich las sie von vorne bis hinten, auf der Suche nach irgendeinem Hinweis oder einer Nachricht oder vielleicht einem Symbol oder einer Anmerkung, die Anna Reddick übersehen hatte. Ich wusste nicht, wonach ich eigentlich suchte.

Ein Abschiedsbrief wäre hilfreich gewesen. Ich schüttelte ein paar Seiten aus, doch es fiel nichts heraus.

Insgesamt sieben Prozessschriften. Keine davon in gutem Zustand, aber sie boten eine anregende Lektüre. Ich konnte verstehen, wie sie einen ein wenig in den Wahnsinn treiben konnten. Auch wenn Selbstmord natürlich eine ganz andere Sache war, konnte doch jeder ein wenig wahnsinnig werden. Beim Lesen dieser Prozessberichte, das frühe Amerika in seiner ganzen Pracht, bekam man den Eindruck, dass das Töten Alltag war, etwas, das Freunde und Nachbarn taten, um sich die Zeit zu vertreiben. Das ganze Land war auf beiläufiger Gewalt und wunderlichen Strafmilderungen aufgebaut, auf Beanspruchungen von Unzurechnungsfähigkeit, bevor man den Begriff zur Verteidigung anerkannte, auf Verweise auf Bluttemperatur und auf seltsame Provokationen, die mit Nutztieren und nicht reparierten Zäunen zu tun hatten. Es war von Anfang an ein verrücktes Land. Das war es, was einem die Prozessschriften vermittelten.

Reddick war ein Experte auf diesem Gebiet, oder zumindest jemand, der als Experte galt. Alles war vage und schien auf alten Beziehungen, unausgesprochenen Vereinbarungen und zumeist esoterischem Wissen zu beruhen: Es war wie ein Spiel, das sie spielten, und niemand außer ein paar Wenigen von ihnen kannte die Regeln, die im Handumdrehen geändert werden konnten. Ich verbrachte ein paar Stunden damit, die Mitglieder

der Poquelin-Gesellschaft durchzutelefonieren. Der Name des Clubs stammte von Molière, dem französischen Dramatiker, dessen eigentlicher Name Jean-Baptiste Poquelin war. Ein weiteres Pseudonym. Molière war offensichtlich ein Sammler von Büchern gewesen. Man sagte mir, dass private Bibliotheken in New York früher weitverbreitet waren. Es existiert kaum noch eine, dafür gab es die Poquelin auf der Forty-Seventh Street. Man sammelte alle verirrten und verstaubten Bestände der anderen Clubs zusammen und deponierte sie in dem siebenstöckigen Bunker am Rande des Diamond Districts. Abends trafen sich die Mitglieder gelegentlich zu einer literarischen Diskussionsrunde. An anderen Abenden spielten sie einfach Poker. Die alten Männer, mit denen ich sprach, waren verschlossen. Manche gaben vor, nicht zu wissen, wer Reddick war oder dass er tot war – aber später, nachdem wir eine Weile geredet hatten und sie mir von ihren eigenen Sammlungen erzählt hatten, sagten sie, dass sie seine Bücher kaufen wollten und unterbreiteten mir präzise Angebote. Seine Kollektion von Prozessschriften oder das, was man als noch vorhanden vermutete, war wohlbekannt. Als er jünger war, hatte er Gerichtsgebäude, Bibliotheken und Kirchenkeller aufgesucht, um eine Bibliografie früher amerikanischer Prozessschriften zusammenzustellen. Ein weiterer Sammler, ein FBI-Agent im Ruhestand, kam ihm zuvor und veröffentlichte die Abhandlung zuerst, aber Reddicks Arbeit kursierte jahrelang und half ihm, sich in der Branche zu etablieren. Seine Kunden genossen hohes Ansehen. Es waren Familien, die Hausbibliotheken besaßen und nach denen Straßen in Downtown benannt wurden. Kein Mitglied der Poquelin, mit dem ich sprach, schien irgendetwas über seine Frau oder seine Ehe zu wissen. Es war, als hätten sie nie daran gedacht zu fragen, oder als hätten sie das als nicht wesentlichen Teil seines Lebens betrachtet. Wenn man es nicht drucken, binden und als limitierte Ausgabe sammeln konnte, dann existierte es einfach nicht. Dieses Gefühl stellte sich während der Gespräche – die sich die ganze Nacht im Kreis hätten drehen können, wenn ich es nur zugelassen hätte – mit diesen alten Männern bei mir ein. Nichts als ausweichende Antworten und immer wieder die Frage, ob ich in der Lage sei, Reddicks Bücher zu verkaufen, ob ich wisse, was er habe und was ich dafür wolle.

Es war kein übler Fall. Nicht so übel, wie ich befürchtet hatte, als ich mich bereit erklärte, ihn anzunehmen. Es musste an dem Abend gewesen sein, als Anna mich aufsuchte, wenngleich ich mich nicht daran erinnerte, gesagt zu haben, dass ich es tun würde, jedenfalls nicht dezidiert. Es fühlte sich aber gut an, wieder beschäftigt zu sein. Zu Beginn eines Falles gilt es, viele Dinge in Erfahrung zu bringen, zu recherchieren, herumzutelefonieren. Ich rief bei der New-York Historical Society an, wo Reddick einige Jahre zuvor als Berater tätig gewesen war. Die Referenzbibliothekarin, mit der man mich verband, wusste nichts über ihn – sie hatte seinen Namen noch nie gehört –, aber als ich die Prozessschriften erwähnte, war sie mit einem Mal hellwach und erzählte mir eine Geschichte. Eine lange Geschichte, die nur recht lose zusammenhing. Es handelte sich um die Autobiografie eines alten Haudegens, der eine halbe Ewigkeit von ein und demselben Marshall gejagt und schließlich auch verhaftet worden war. Während er im Gefängnis auf seine Hinrichtung wartete, verfasste er ein Geständnis und arrangierte die posthume Druckausgabe. Sein letzter Wille enthielt die Anweisung, aus seiner Haut Leder zu machen und das Buch darin zu binden. Die Bibliothekarin erklärte mir, dass so etwas damals möglich war. Es gab Lederer, die mit jeglichen Materialien arbeiteten, und Buchbinder, die nicht anders waren als die Lederer. Also wurde das Buch in seiner Haut gebunden und dem Marshall, der ihn gejagt und gefasst hatte, überreicht. Die Story hatte noch viel mehr zu bieten, aber ich erinnerte mich nicht mehr an alle Einzelheiten. Manche davon waren mit Sicherheit von der Bibliothekarin erfundene Ausschmückungen, kleine Schnörkel, aus Leidenschaft oder Langeweile oder Inspiration während unseres Telefongesprächs erdacht, nachdem ich ihr meine Fragen über Newton Reddick gestellt hatte. Sie sagte, ich solle doch mal in der Bibliothek vorbeikommen. Sie wären eine unterschätzte, unzureichend genutzte Ressource: die Leute an den Auskunftsschaltern. Referenzbibliothekare wüssten eine ganze Menge nützlicher Dinge. Daran zweifelte ich keine Sekunde und ich sagte ihr, ich würde kommen und sie besuchen.

»Seien Sie vorsichtig«, sagte sie gegen Ende unseres Telefonats. »Diese Bücher können gefährlich sein.«

»Wie meinen Sie das?«, fragte ich.

Sie lachte und sagte, sie würde nur herumalbern. Es sei ein Witz, ein Bibliothekarinnen-Ding.

In der Nacht, nach all den Telefonaten, träumte ich von Pferdedieben und einem Trupp alter Männer, die ihnen hinterherreiten wollten. Ich war Teil des Trupps und wir mussten auf Eseln und Maultieren reiten, aber wir wollten es dennoch versuchen. Der Traum endete, als wir alle herumstanden und uns bemühten herauszufinden, wie man diese Viecher richtig sattelte.

Ich erzählte Ulises von dem Traum, der Bibliothekarin und von der Poquelin-Gesellschaft. Er fragte, ob ich die Zeit in Rechnung stellen könne, die Zeit, die ich geträumt habe, da ich ja – technisch betrachtet – gearbeitet habe. Mein Verstand habe sich dabei an den Rhythmus und die Eigenheiten des Falles angepasst, und ob Anwälte nicht ohnehin die gesamte Zeit des Nachdenkens in Rechnung stellen würden. Er hatte nicht unrecht damit. In den großen Kanzleien konnte man nicht aus dem Fenster blicken, ohne es dem Mandanten zu verrechnen, aber so war es bei mir nicht mehr. Abgesehen davon arbeitete ich sowieso für ein Pauschalhonorar.

»Verkauf dich nicht zu billig«, sagte Ulises. »Geld bedeutet ihr nichts. Bevor sie darüber nachdenken muss, wie sie es ausgeben soll, gibt sie es lieber dir. Scheiße, Mann, du tust ihr nur einen Gefallen, wenn du alles berechnest.«

Seiner Meinung nach waren alle Künstler so, besonders die erfolgreichen. Geld war eine Last auf ihren Schultern, so wie Hunderte andere Dinge auch, nur konnten sie das Geld zumindest leicht loswerden. Indem sie es verschenkten, für Drogen, Häuser, Frauen, Männer, Reisen, extravagante Füllfedern, Rechtsbeistand und weiß Gott was noch ausgaben. Er genoss es, über den Fall und Anna zu sprechen. Er schätzte sie sehr. Das konnte man an seiner Stimme hören. Sonst hätte er nicht so über sie gescherzt. Er hätte das Thema gewechselt oder über ihre Arbeit gesprochen, nur wäre die Arbeit, die er beschrieben hätte, etwas Imaginäres gewesen, nicht wirklich ihre, sondern etwas aus der Luft Gegriffenes, und er hätte bereits eine kritische Theorie in petto gehabt, um sie zu analysieren. Damit konnte er Stunden verbringen und man erkannte erst viel später, dass er nur Schwachsinn gelabert hatte. Er war davon überzeugt, dass ich alle Ausgaben notieren und sie ihr später in Rechnung stellen sollte.

»Du wirst nicht viele Kriminalfälle bekommen«, sagte er. »Deshalb solltest du diesen in die Länge ziehen, wenn es irgendwie geht.«

11

Am Samstagabend heirateten Bekannte von mir im Cloisters. Beide von ihnen Anwälte. Es war keine besonders extravagante oder opulente Hochzeit, aber ein Raum voller tanzender Anwälte hat etwas einzigartig Verheißungsvolles an sich, und danach beschloss ich, nach Hause zu laufen oder zumindest zu versuchen, so weit wie möglich zu kommen, bevor meine Schuhe den Geist aufgaben oder die Wirkung des Weins nachließ. Abgesehen davon war es eine schöne, warme Nacht. Auf der Tanzfläche war es ebenfalls warm. Sie war gesteckt voll mit all den feuchten Anwälten, die umherwirbelten und sich gegenseitig mit Schweiß benetzten, wobei alle über die gehaltenen Trinksprüche sinnierten und darüber, wie sie selbst diese hätten besser abliefern können, wenn man sie nur dazu aufgefordert hätte, und über die Leute, die sie versuchen würden abzuschleppen. Die Hochzeitsfeier endete bereits früh: um neun Uhr. Das Parks Department war in Bezug auf Veranstaltungsort und Veranstaltungszeiten sehr streng.

Die ersten paar Stunden verbrachte ich in Gesellschaft von Robert Hariri, einem Mann, mit dem ich zusammengearbeitet hatte und der später Staatsanwalt geworden war. Er war in der Abteilung für Bandenkriminalität der US-Staatsanwaltschaft für den südlichen Bezirk tätig, eine Gruppe, mit der ich nicht allzu oft in Kontakt kam, sodass unsere Beziehung zueinander recht unbefleckt war. Ich brauchte nichts von ihm und auch er dachte bestimmt kaum an mich, jedenfalls nicht, seit ich mich vom Richter und der Firma und der ganzen Mischpoche verabschiedet hatte. Er beklagte sich über die Richtlinien für die Strafzumessung, die zur Folge hatten, dass er immer dafür sorgen musste, dass Straßenkinder harte Strafen erhielten, die diese Lektion seiner Meinung nach nicht nötig hatten, da ihnen die Welt noch nie wohlgesinnt gewesen war. In einem Gemischtwarenladen kauften wir drei Sandwiches, alle für Robert. Er war gut gelaunt und bekifft, hatte eine vage Erinnerung daran, dass es eine Afterparty in einer Bar in der Upper West Side geben sollte. Also liefen wir in diese Richtung, quer durch Inwood und am Rande von Harlem und der Columbia vorbei. Nachdem er die Bar nicht fand und niemanden telefonisch erreichte, der ihm sagen konnte, wo die Party genau stattfand, nahm er sich irgendwo auf Höhe der Ninety-Sixth Street ein Taxi. Ich sagte ihm, ich würde weiter zu Fuß gehen. Ich würde ins Museum gehen und mir die Dioramen ansehen. Das war die Art von Erklärung, die er von mir erwartete. Seiner Einschätzung nach war ich ein Exzentriker. Das war die Rolle, die ich den ganzen Abend gespielt hatte, die des exzentrischen Aussteigers, auf den die anderen Anwälte mit Neid oder Mitleid blicken konnten, je nachdem, wie sie es gerade brauchten und ob sie aufgrund der Richtlinien für die Strafzumessung unangenehme Entscheidungen treffen mussten. Ich hatte jedenfalls viel getanzt und die Musik noch meinen Kopf okkupiert: die zuckersüße Musik der Achtziger, die Anwälte und andere Leute so gerne auf Hochzeiten hörten. Ich war froh, Robert und seine Probleme los zu sein, und sah dem Rest meines Spaziergangs freudig entgegen. New York war gewaltig und widerspenstig, aber man konnte die ganze Stadt durchqueren, wenn man nur die Zeit dazu hatte.

Zu diesem Zeitpunkt checkte ich mein Telefon. Es war ein kleines Klapptelefon, auf das ich oft tagelang vergaß. Immer wieder unterbrach es Anrufe. Ich hatte es am Hintereingang eines Gemischtwarenladens an der Ecke Graham und Conselyea zusammen mit einem Stapel Telefonkarten erworben, mit denen man nur eine bescheidene Sprechzeit zur Verfügung hatte, wenn man nicht gerade im Jemen anrief. Ich hatte vier neue Nachrichten bekommen, alle von mir unbekannten Nummern. Ich setzte mich auf die Aufgangstreppe eines Brownstones, um sie abzuhören. Es war nicht der Brownstone der Reddicks, aber er hätte es genauso gut sein können. Sie waren alle aus demselben Gestein aus denselben Steinbrüchen in Pennsylvania gefertigt, einem Material, das so aussah, als könnte es jede Art von Katastrophe überstehen, ob natürlichen oder menschlichen Ursprungs, rechtlicher Natur oder nicht. Das Viertel war voll von ihnen und das machte einen Teil seines Charmes aus, diese Illusion von Stabilität. Im ersten Stock eines gegenüberliegenden Gebäudes stand ein Mann im Fenster und probierte Bademäntel an. Ein Mann mittleren Alters. Er hatte bestimmt zehn verschiedene Modelle zur Auswahl, alle aus unterschiedlichen Materialien mit unterschiedlichen Mustern, und er hatte einen Spiegel in der Nähe des Fensters aufgestellt. Er war auf etwas ganz Bestimmtes aus. Einen Look, einen Stil. Aus dem Raum drang Musik, die klang, als käme sie von einem alten Grammofon. Man weiß nie, was die Leute privat so treiben, und wenn man es herausfindet, ist es oft regelrecht faszinierend.

Ich beobachtete ihn und bemühte mich, mit meinem Telefon klarzukommen, was mir letztendlich gelang. Die Nachrichten waren von Anna. In der ersten bat sie mich um einen Rückruf. Es gebe etwas zum Fall zu besprechen. In der nächsten erzählte sie, sie habe etwas von Newton gefunden. Der dritte Anruf war viel später reingekommen, gegen neun Uhr, als ich die Hochzeit verlassen hatte, zu Beginn des verrückten Fußmarsches. Es klang, als hätte die Aufnahme inmitten ihres Gedankens gestartet und als ob der Gedanke ausgerechnet mit *Lord Jim* zu tun hätte, dem Roman von Conrad. Sie sprach von dem Prozess, um den sich der Roman zu Beginn dreht, kurz bevor

Jim verurteilt wird, weil er seine Pflichten vernachlässigt hatte, indem er vom Schiff gesprungen war und so die Pilger dem Ertrinken überlassen hatte. Die Offiziere hatten ihn ermutigt, in das Rettungsboot zu steigen, ja geradezu gezwungen, aber keiner der älteren Männer war zur Verhandlung geblieben, sie waren alle vor der Gerichtsbarkeit geflohen – kein einziger von ihnen habe dieses krankhafte Ehrgefühl gehabt, das einen dazu zwang, zu bleiben und mit sich selbst abzurechnen, nur Jim hatte es getan, wieso sei das so? Was war mit ihnen passiert? Da endete die Aufnahme. In der letzten Nachricht war ihre Stimme leiser, sie klang, als würde sie sich irgendwo im Freien aufhalten. Man konnte sie kaum hören. Sie sagte, sie habe das Ding dabei, das sie gefunden habe und mir geben wolle. Irgendwelche Freunde hätten sie irgendwohin mitgezerrt, aber falls ich am Abend zufällig nichts vorhätte und in Manhattan sei, könne ich sie dort finden und es mir holen. Sie denke, ich solle es unbedingt haben.

»330 Amsterdam Avenue«, sagte sie. »Ich werde da sein bis ... oh Gott, keine Ahnung. Beeilen Sie sich.«

Ich speicherte die Nachrichten, zumindest versuchte ich es. Mit diesem Telefon wusste ich nie, was Sache war.

Die Adresse war nur zehn Blocks entfernt. Eine Bar an einem kommerziellen Abschnitt der Amsterdam. Früher am Abend hatte es geregnet, aber jetzt hatten alle Bars und Restaurants die Fenster geöffnet. Sie saß mit einigen Leuten, sechs an der Zahl, in einer Sitzecke am Fenster. Einige von ihnen tranken und ihre Gläser standen auf dem Tisch verteilt, auch die bereits geleerten Gläser. Ich konnte die Musik von drinnen hören. Es war dieselbe Art von Musik, die sie bei der Hochzeit gespielt hatten und die ich stumm nachgesungen hatte, als ich den langen Weg vom Cloisters durch die Stadt gelaufen war, mit dem Staatsanwalt an meiner Seite, der nicht aufhören konnte, von seinem Leid und den Bedenken zu erzählen, die er angeblich damit hatte, all diese armen Teenager einzusperren.

Anna sah mich und winkte. Es war immer seltsam, Mandanten in der freien Wildbahn zu begegnen, was auch immer man gerade für sie machte. Man vergaß, dass ihr Leben auch ohne einen selbst und ihre rechtlichen Belange weiterlief. Sie brauchten auch mal einen Drink, mussten loslassen, wie jeder andere auch, obwohl es sich während der Arbeit manchmal so anfühlt, als lebten sie ausschließlich in den Akten.

»Kommen Sie rein, trinken Sie etwas«, sagte sie. Ihre Hände formten einen Trichter um den Mund. Sie schrie. Sie sah anders aus als in meiner Wohnung. Sie hatte keine Schatten um die Augen. Ich wusste nicht, was ich erwartet hatte. Ihre Nachricht hatte mich zur Eile aufgefordert, aber jetzt sah ich, dass sie nur betrunken und guter Stimmung war. Wenn man sich so fühlte, dann wollte man neue Leute mit von der Partie haben und es war einem egal, ob sie Fremde oder dein Anwalt waren.

In der Bar war es wie auf der Hochzeit, nur ohne die hoffnungsvolle Stimmung, dafür aber mit einer Menge von Uptown-Leuten, die grimmig tranken und sich aneinanderpressten, um zu testen, ob da was laufen könnte, und die sich fragten, ob sie später noch ein Taxi finden würden. Anna riss sich von ihren Bekannten los und kam mir in der Nähe der Tür entgegen. Es war derart überfüllt, dass man die Leute durchlotsen musste. »Wie wäre es, wenn wir sie dort einfach sitzen lassen, ich möchte sie nicht alle vorstellen, ist das in Ordnung?«, sagte sie auf halbem Weg zurück zur Sitzecke.

Ich erwiderte, dass mir das recht sei. Es tue mir leid, zu stören. Es sei spät. Und Wochenende.

»Das sind alles Schriftsteller«, sagte sie. »Ich weiß nicht, wieso ich zugelassen habe, dass sie mich hierherschleppen. Es ist furchtbar hier.«

»Sind das nicht Ihre Freunde?«

»Ich weiß nicht. Vermutlich ja. Oh Gott, was für ein Gedanke.«

Es war zu voll, um voranzukommen, also blieben wir in der Nähe der Tür und sie winkte ihren Freunden oder den Menschen, die mit ihr hier waren. Offenbar waren sie bei ihr zu Hause aufgetaucht, weil sie gedacht hatten, sie seien zum Essen oder zu einer Party eingeladen, und ihr war es nicht gelungen, sie davon zu überzeugen, dass es sich um einen Irrtum handelte. Vielleicht hatte sie sie eingeladen. Sie könne sich nicht daran erinnern, es getan zu haben, aber es sei gut möglich. Letztendlich hatte sie sich dazu überreden lassen, mit ihnen auf einen Drink zu gehen, und sie hatten von allen Lokalen ausgerechnet dieses ausgesucht. Sie erwähnte noch einmal, dass sie nicht die Kraft dazu habe, alle vorzustellen, begann dann aber dennoch, mir von ihnen zu erzählen. Einer von ihnen schreibe Sachbücher, sagte sie, von der Sorte, die dein Onkel zu Hause auf der Toilette lesen würde, die aber Preise einheimsten. Ein anderer, ein Mann in einem T-Shirt, das aussah, als hätte er sich seit der High School nicht davon trennen können und ihm mindestens zwei Größen zu klein war, schreibe ernste und morbide Western-Romane, ein wenig wie die von Cormac McCarthy, nur seien seine schlecht. Eines seiner Bücher sei verfilmt worden, was ihn davon überzeugt habe, auf dem richtigen Weg zu sein. Jetzt besitze er eine ganze Menge Pistolen, historische Waffen, die er in seinem Haus irgendwo nördlich der Stadt lagern würde.

»Sie sollten sich ihn als potenziellen Mandanten merken«,

sagte sie. »Eines Tages wird er jemanden erschießen. Oder sich selbst. Er denkt, er sei Hemingway, wenn er nicht gerade einen auf Cowboys und McCarthy macht.«

Über die anderen in der Gruppe hatte sie weniger zu sagen. Ich überlegte, ob ich deren Bücher gelesen hatte, gab dann aber auf und fragte sie, was sie mir zeigen wolle. Was sie gefunden habe. Sie sah mich an, als wäre ich verrückt, als gäbe es nichts auf der Welt, das sie mir gerade zeigen wolle. Ich hielt ihr mein Telefon entgegen, um sie an die von ihr hinterlassenen Sprachnachrichten zu erinnern. Sie lachte nur, als wäre es Teil eines Scherzes, den mir irgendjemand gespielt hatte, irgendein gemeinsamer Bekannter, der immer wieder versuche, uns beide auf unerwartete und unangenehme Weise zusammenzubringen. Danach sprachen wir eine Zeit lang nicht. Mir dämmerte, dass sie im Brownstone gewohnt haben musste, auf der Seventy-Fifth Street. Das überraschte mich. Ein Teil von mir erwartete, dass die Fenster mit Brettern verhängt und die Möbel mit Laken bedeckt waren.

»Es ist ein Buch«, sagte sie endlich. »Es tut mir leid. Ich sollte Sie nicht necken. Ich bin unausstehlich, wenn mir langweilig ist.«

»Wie meinen Sie das?«

»Ich habe ein Buch gefunden. Noch eines von Newtons. Vielleicht ist es unwichtig. Nur ein altes Taschenbuch, das unter der Matratze versteckt war. Am Kopfende. Newton machte das manchmal mit Büchern, die er gerade las, versteckte sie wie ein Eichhörnchen. *Lord Jim.* Ich fand es nur interessant, weil ich es gefunden habe und weil ich mich daran erinnerte, dass Sie dieselbe Ausgabe in Ihrer Wohnung hatten. Ich sah es gleich am ersten Abend. Ich denke, ich habe sogar daraus zitiert. Oh Gott, was für ein aufgeblasener Arsch ich doch bin.«

Sie hatte das Buch dabei. Es war eine Taschenbuchausgabe und dort hatte sie es auch aufbewahrt – in der Gesäßtasche.

»Bitte«, sagte sie. »Für den Asservatenschrank. Es tut mir leid, ich hätte es mit einem Boten schicken sollen.«

Ich blätterte die Seiten durch. Es gab keine Notizen, keine Eselsohren, die Seiten waren nur leicht gewölbt, weil das Buch in der Gesäßtasche ihrer Jeans gesteckt hatte. Ich fühlte mich gezwungen, den ersten Absatz zu lesen. In der Bar gab es nicht viel Licht, aber irgendwie schaffte ich es.

»Sie sind betrunken«, sagte sie. »Wo zum Teufel haben Sie den ganzen Abend in diesem Anzug gesteckt?«

Ich erzählte ihr von der Hochzeit, der Musik, den Anwälten, dem Tanzen. Ich dachte, sie würde etwas erwidern, das mit ihrem Mann oder dem Fall, für den sie mich engagiert hatte, oder irgendetwas mit dem Buch, das sie gefunden hatte, *Lord Jim*, zu tun hatte. Stattdessen wollte sie wissen, welche Musik bei der Hochzeit gespielt wurde, also erzählte ich ihr Details. Ich nannte ihr praktisch die ganze Setliste.

»Ich habe sie einmal getroffen«, sagte sie. Sie lehnte sich ganz nah an mein Ohr, um nicht schreien zu müssen, damit ich sie hören konnte. Sie erzählte mir etwas, das man nicht laut schreien wollte. Mit »sie« meinte sie Whitney Houston, in der Bar hatten sie gerade einen ihrer Songs aufgelegt. Ihre Musik war auch auf der Hochzeit gespielt worden, so wie bei jeder Hochzeitsfeier im Land, vielleicht auf der ganzen Welt.

»Wie ist es dazu gekommen?«, fragte ich.

»Bei der Met Gala«, sagte sie. »Vor vier oder fünf Jahren. Wissen Sie, was die Met Gala ist?«

Ich wusste es nicht und sie sagte, das sei wunderbar und ich solle es auch dabei belassen.

»Sie trug diesen weißen Anzug«, sagte sie. »Ich weiß nicht,

wer zum Teufel ihr den gemacht hat, aber er war mit Pailletten und vielleicht auch Strasssteinen besetzt. Noch nie in meinem Leben habe ich ein so perfekt geschneidertes Kleidungsstück gesehen. Sie war wunderschön. Alles an ihr. Wir redeten über das Essen. Garnelen. Sie erzählte mir, dass sie keine Garnelen oder andere wirbellose Meerestiere essen würde. Es hatte irgendetwas mit ihrer Kehle zu tun. Oh Gott, ich erinnere mich, was ich dachte: Wenn ich nur eine Seite so schreiben könnte wie sie sang, würde ich sterben, ich würde Schluss machen.«

»Wieso das?«

Sie lachte. Sie konnte mich nicht hören. Oder hatte keine Lust zu antworten. Es war furchtbar laut in der Bar. »Lassen Sie uns dazu tanzen«, sagte sie. »Es ist zu deprimierend, um darüber nachzudenken. Ich würde den Mut verlieren. Ich würde immerfort an sie denken, nach Hause gehen, den Song auflegen und es nie wieder wagen, etwas zu schreiben.«

»Hier drinnen darf man nicht tanzen«, erklärte ich ihr. »Die haben keine Revue-Lizenz.«

»Was darf man nicht?«, fragte sie. »Eine was?«

In dem Moment schien mir das eine vernünftige Frage zu sein und ich spürte, wie sich der Fall, den sie mir eingebracht hatte – die ganzen Zusammenhänge und die Tatsache, mit wem ich hier war und wieso wir uns kannten –, wieder in den Vordergrund meiner Gedanken spielte. Ich kannte nur ein gutes Mittel, um ein solches Gefühl zu unterdrücken. Zwei gute Mittel, und ich hatte bereits genug Wein getrunken. »Sicher, lassen Sie uns tanzen, scheiß drauf«, sagte ich also zu ihr, mir war die Revue-Lizenz gleichgültig. Wo wir standen, gab es nicht genug Platz, aber dann ging jemand zur Seite. Es wurde ein weiterer Whitney-Houston-Song gespielt, einer von denen, die jeder kennt. Er begann mit diesen synthetischen

Schlagzeugbeats, die einen wissen ließen, dass jetzt irgendetwas aus den Achtzigern kam.

»Oh Gott, Allmächtiger«, sagte Anna. »Jetzt müssen wir aber wirklich, kommen Sie schon, wir sterben sonst.«

Sie war so ziemlich die mieseste Tänzerin, die ich je gesehen hatte, mieser als alle Anwälte zusammen. Ihre langen Gliedmaßen bewegten sich alle in unterschiedlichen Rhythmen, aber irgendwie hatte es etwas Kunstvolles an sich, etwas Anmutiges und Vollendetes. Zwischen uns war ungefähr ein Meter Abstand. Eine Armlänge, so wie der Raum, der in einem Museum abgesteckt wird, um zu verhindern, dass man die Gemälde berührt, weil jeder dazu geneigt ist, genau das zu tun.

»Früher habe ich es geliebt, auf Hochzeiten zu gehen«, sagte sie.

Sie kam näher und legte ihre Arme um meinen Hals, bewegte sich immer noch zu schnell für das Lied, beinahe wie ein Derwisch, sie hielt ihre Augen geschlossen und sang einige Zeilen des Liedes mit, andere dafür nicht, und wenn sie nicht sang, presste sie die Lippen zusammen. Ein Ellenbogen bohrte sich von hinten in meinen Rücken. Jemand schrie mir ins Ohr. Die Menge wollte uns loswerden, ausstoßen wie einen Fremdkörper. Es war übervoll – wir befanden uns ja auch in Uptown –, es war auch nicht die geeignete Bar und die Musik war nur für die Stimmung oder ironisch oder sonst wie gedacht, aber nicht, um zu tanzen, wild und mit geschlossenen Augen, während man die Lippen aufeinanderpresste. Ich bemerkte, dass einer der Barkeeper in unsere Richtung deutete. Er kommunizierte mit einem Mann an der Tür, einem Türsteher, teilte ihm mit, dass er seinen Job machen solle. Der Türsteher konnte nicht sehen, auf wen er zeigte. Dazu war es zu voll. Seine Sicht von der Tür aus war verstellt.

Ungefähr zu diesem Zeitpunkt begann ich ohnmächtig zu werden. Da war noch ein anderer Türsteher, einer, den ich nicht gesehen hatte. Er kam von hinten und schlang einen dicken, starken Arm um meinen Hals. Als mein Körper bereits schlaff und gefügig, ich aber noch nicht bewusstlos war, begann er, mich irgendwohin zu schleifen. Danach war ich eine Zeit lang bewusstlos und hatte den Geruch von Sägemehl in der Nase. Als ich wieder zu mir kam, brauchte ich ein paar Sekunden, um zu begreifen, wo man mich hingebracht hatte. Es war ein Lagerraum. Anna war auch da und sah ein wenig verärgert aus. Mein Schädel brummte, genau über der rechten Schläfe.

»Gütiger Gott«, sagte sie, »Sie hatten recht, die fackeln nicht lange, wenn's ums Tanzen geht.«

Der Mann, der mich ausgeknockt hatte, war auch da. »Ich habe versucht, es Ihnen zu sagen«, sagte er. »Es tut mir leid.« Er hockte auf einer Art Holzfass, das auf den Kopf gestellt worden war. Er bog und streckte seinen Ellenbogen, um eine Zerrung oder einen Krampf zu lösen.

»Ist schon in Ordnung«, sagte ich.

»Ich habe versucht, es Ihnen zu sagen, aber Sie wollten nicht hören. Sie werden mich doch nicht verklagen, oder? Verdammt, ich wusste es.«

»Nein, ich werde Sie nicht verklagen.«

»Er ist Anwalt«, sagte Anna.

Der Türsteher fuhr sich mit den Fingern durchs Haar. Er wirkte sehr beunruhigt ob der Geschehnisse. »Verfluchter Mist«, sagte er.

Ich strich mir mit dem Finger über die Stirn und fand die Beule.

»Er ist mit Ihnen wogegen gestoßen«, sagte Anna. »Sind Sie

in Ordnung? Es schaut nicht so schlimm aus, aber ich bin ja keine Anwältin.«

»Verfluchter Mist«, sagte der Türsteher noch einmal. »Sind Sie okay, Kumpel? Ich hab Sie am Türrahmen angestoßen.«

»Wie eine Braut«, sagte Anna.

Sie beugte sich vor und inspizierte die Wunde. Streifte mit dem Fingernagel sanft darüber.

»Das wird schon«, sagte sie. »Sie ist nur so leicht aufgerissen, weil Sie so trockene Haut haben. Lassen Sie uns von hier verschwinden.«

»Sind Sie sicher, dass Sie in Ordnung sind?«, fragte der Türsteher. »Oh Gott, Kumpel, es ging alles so schnell.«

Ja, erwiderte ich, ich wisse es. Ich verstand es auch. Dinge geschahen schnell.

Er ließ uns durch eine Hintertür hinaus und entschuldigte sich erneut, ich sagte ihm, es sei in Ordnung, mir gehe es gut.

Nach dem stickigen Lagerraum tat die frische Luft besonders gut. Es war bereits spät, wahrscheinlich kurz vor ein Uhr früh. Wir liefen die Amsterdam Avenue hinunter und bogen in den Broadway ein. Ich konnte den Schnitt auf meiner Stirn nicht mehr spüren und das Pochen hatte nachgelassen. Anna begann, mir etwas von ihrem Mann zu erzählen. Wir hatten so viele Dinge zu bereden. Wir kannten einander kaum und hatten bereits über Musik und ihre Freunde, die wir in der Bar zurückgelassen hatten, gesprochen. Sie erzählte, dass sie, als sie jünger war und Newton kennenlernte, gedacht habe, dass er ein Geheimnis in sich barg. Er vermittelte diesen Eindruck, als wäre er hinter irgendetwas her. Sie habe gedacht, dass alle Beziehungen so begännen: Man denkt, im anderen ist etwas verborgen, was zu entdecken sich lohne.

»Was dachten Sie, bei ihm zu entdecken?«, fragte ich.

Sie zuckte mit den Schultern. »Ich war damals noch am Anfang. Ich dachte, alle hätten Geheimnisse. Deshalb wollte ich ja schreiben. Ich wollte sie alle aufdecken. Mir gefiel, dass Newton diesen schrulligen, obskuren Beruf gewählt hatte, dem er sich widmete. In meinen Zwanzigern habe ich mich ausschließlich für schrullige Menschen interessiert.«

»Und jetzt?«

Sie dachte einen Augenblick darüber nach.

Wir befanden uns in der Nähe des Lincoln Centers. Man konnte das Wasser der Springbrunnen hören.

»Jetzt will ich niemanden mehr entlarven«, sagte sie. »Ich will überhaupt nicht mehr schreiben. Es ist nur ein Zwang. Ein Tick, den ich mit einem Haufen anderer selbstverliebter Leute teile, die eigentlich nur im Rampenlicht stehen wollen. Wenn ich morgen alles aufgeben könnte, ich würde es tun. Ich würde es lassen und irgendetwas Sinnvolles machen. Oh Gott, alles wäre besser.«

»Ist das Ihr Ernst?«

»Ich weiß nicht. Ich rede gerne. Ich wünschte, Schreiben wäre wie Reden, aber da gibt es kaum Gemeinsamkeiten. Vielleicht ist das bei anderen Menschen anders. Das ist noch so eine Sache, die ich zu vermeiden gelernt habe: für andere Leute sprechen, so zu tun, als wüsste ich jeden Mist. Schriftsteller müssen manchmal etwas vortäuschen, doch die wirklich guten, die vernünftigen Autoren, die wissen, wie sie das vermeiden können, und werfen stattdessen lieber eine ganze Menge Fragen auf.«

»Anwälte auch.«

Sie hielt inne und sah mich ernst an. »Ich wette, dass Sie recht haben.«

Da waren wir bereits am Columbus Circle. Wir waren den

ganzen Rundweg gelaufen und befanden uns wieder am Rande des Parks. Es verschaffte einem immer ein unheimliches Gefühl, sich nachts in der Nähe des Parks aufzuhalten. Tagsüber konnte man so tun, als wäre es ein zahmer und kultivierter Ort, aber nachts sah es ganz anders aus, und manchmal musste man ihn durchqueren und verirrte sich und vergaß dann, wo Norden war.

»Ich weiß nicht, ob ich das mit der Scheidung wirklich durchgezogen hätte«, sagte sie. »Darüber denke ich in letzter Zeit oft nach. Wir waren getrennt, aber das ist ja nicht dasselbe, oder? Rechtlich betrachtet ist es ein Wegbereiter, aber im Alltag fühlt es sich überhaupt nicht so an. Deshalb tun es die Leute, um die Illusion von Möglichkeiten, verschiedenen Optionen zu haben.«

»Sie waren aber knapp dran«, sagte ich.

»Sie haben die Unterlagen gelesen?«

Ich nickte. Das war mein Auftrag gewesen. Mein Job. Es fühlte sich dennoch wie ein Eindringen an.

»Nun«, sagte sie, »er ist mir zuvorgekommen. Das muss man ihm schon lassen.«

Danach schwieg sie, dachte vielleicht über die Scheidung oder sonst was nach.

Sie winkte ein in Richtung Norden fahrendes Taxi herbei und sagte mir durchs Fenster »gute Nacht«, als es bereits anfuhr. Ich versuchte es an drei verschiedenen U-Bahn-Eingängen und fand schließlich einen mit funktionierenden Drehkreuzen. Im Nahverkehr fuhren die Züge noch, und erst als ich zurück in Brooklyn war, erinnerte ich mich an den ursprünglichen Plan, den ich an dem Abend gefasst hatte: Ich hatte vorgehabt, von den Cloisters nach Hause zu laufen, zwanzig Kilometer oder mehr. Als Nachtfilm lief *Die drei Tage des Condor*. Ich hatte bereits vergessen, wie weit die Figur, die Robert Redford darstellt, herumkommt. Die erste Dreiviertelstunde treibt er sich in der Stadt herum, schlägt die Zeit tot, tätigt Anrufe aus Telefonzellen und stellt seinen Jackenkragen gegen den Wind hoch.

12

Am Montagmorgen brachte ich die Archivbox mit all den Büchern und Prozessschriften ins Mother's, die Bar, die bei mir um die Ecke lag. Im Lokal war es immer kühl und dunkel, und untertags war dort nicht viel los. Der Besitzer öffnete früh, servierte Kaffee an der Bar bis mittags und hatte nichts dagegen, wenn man Donuts selbst mitbrachte. Ich legte den Immobilienteil der *Times* auf dem Bartresen aus und verteilte die Prozessschriften darauf. Sie waren Tausende pro Stück wert, oder vielleicht auch gar nichts. Ich hatte einen Großteil des Wochenendes mit Recherche verbracht. Ich wusste wirklich nicht, was ich von ihnen halten sollte. Reddick hatte sein Konto zwischen Juni und Dezember vergangenen Jahres beinahe komplett geplündert. Was übrig geblieben war, war durch die Scheidungsvereinbarung gebunden. Ich fand keine auf seinen Namen ausgestellten Schecks und keine Quittungen für seine Ausgaben, nur Barabhebungen in unregelmäßigen Abständen, immer zweitausend, aber in rascher Folge, oder etwa ein Tausender pro Tag, eine Woche lang. Kurz vor Weihnachten war das Konto dann geleert, etwa zur gleichen Zeit, als er seinen Brownstone verließ, kurz nachdem ich ihn verleumdet hatte. Woher er das Geld danach bezog, weiß niemand so genau. Immerhin hatte er seine Bücher.

Kurz vor Mittag kam Ulises in die Bar und nahm sich die

Zeit, alles durchzusehen. Er hatte mir in der Vergangenheit schon ein- oder zweimal seine Dienste als Hilfskraft angeboten, aber ich hatte nie darauf zurückgegriffen. Hätte ich es getan, hätte er sich in Wahrheit selbst gehasst. Er stammte aus gutem Hause in Venezuela. Ärzte und Ingenieure, Anwälte und Landadel, Wochenenden auf der Finca, Geburtstagsfeiern im Country Club. Er hatte sehr hart gearbeitet, um all das hinter sich zu lassen und ein verlotterter Dichter zu werden, der in einem Loft an der Lower East Side lebte, einem Viertel, von dem er in Caracas jahrelang geträumt hatte, während er seine Gedichte las und alte Vinylplatten hörte. In seinem Loft lebten abwechselnd drei, vier oder fünf Mitbewohner, die alle auf die eine oder andere Art Künstler waren oder vorgaben, welche zu sein. Es hätte ihn zumindest ein kleines bisschen umgebracht, ein Anwalt, oder sogar dessen Gehilfe zu sein.

Manchmal fragte ich mich, ob er mir die Wahrheit über sein Leben in Venezuela erzählte. Er behauptete, niemand außer mir kenne die Wahrheit über ihn, aber das war, was Dichter einem sagten. Sie bauten Vertrauen auf und knüpften Beziehungen wie gefinkelte Vernehmungsbeamte, und im nächsten Moment saß man da und las ihre Bücher. Doch Ulises' Geschichten waren mehr oder weniger schlüssig. Man hatte ihn einmal entführt, kurz bevor er von Caracas nach New York gezogen war. Das sei die Zeit der Entführungen gewesen, sagte er. In einem Winter, vielleicht war es auch schon Frühling, als die Ölpreise im Keller waren und jeder, den man kannte, reich und arm oder auch dazwischen, ein potenzielles Opfer einer Entführung werden konnte. Er war auf dem Weg zur Universität gewesen. Wie immer staute es und er hatte gerade an einer roten Ampel gehalten, als ein Mann auf einem Motorrad neben seinem Fenster hielt und seine Uhr oder Schmuck verlangte. Er hatte keine Uhr, er trug nie eine, nicht einmal in New York und schon gar nicht damals in Caracas. Der Motorradfahrer folgte ihm zum Campus und eine Stunde später, als er wieder herauskam, warteten bereits ein zweiter Motorradfahrer und ein Auto, ein ramponierter Renault. Sie bedrohten ihn mit einer Waffe und zwangen ihn dazu, in den Kofferraum zu steigen, dann hielten sie ihn drei Tage lang fest. Er erinnerte sich nicht an viel – sie hatten ihn unter Drogen gesetzt, was ihm nicht unrecht war. Mit Meskalin, wie er vermutete, wobei er sich nicht sicher war, da er es weder davor noch danach ausprobiert hatte. Nachdem sie irgendeine Vereinbarung mit seiner Familie getroffen hatten, ließen sie ihn frei. Sie fuhren ihn zurück zum Campus und warfen ihn dort auf den Bürgersteig. Mit verschmutzter Hose, trockenem Mund und mysteriösen Schnittwunden an beiden Händen. Einige Monate lang suchte er nach dem Ort, an dem sie ihn festgehalten hatten, fuhr herum und hielt Ausschau nach Orientierungspunkten oder einem bekannten Gebäude, aber es war hoffnungslos. Alles, alle Gebäude, waren grau und einheitlich, obwohl Caracas eine grüne Stadt war und man die Leute immer von den Sittichen in den Baumkronen und den üppigen Hängen von Ávila sprechen hörte. Im darauffolgenden Sommer zog er nach New York. Ich wusste nie, wie viel von der Geschichte wahr war, aber sie schien mir plausibel genug zu sein. Er erzählte mir davon, als er einmal übermäßig betrunken war und wir uns über García Lorca unterhielten, ein Thema, das ihm sehr wichtig war. Jedenfalls konnte man seine Meinung nicht einfach abtun, erst recht nicht, wenn es sich um Verschwörungen handelte.

Und er hatte eine Meinung – eine Theorie – zu den Prozessschriften, die Newton Reddick gegen Ende seines Lebens gesammelt hatte, für deren Ankauf er möglicherweise sein Bankkonto geplündert hatte und die wir gerade studierten. Womöglich hatte er sie aber schon vor langer Zeit gekauft und es waren nur die letzten Dinge, die ihm noch etwas bedeuteten. Ulises' Theorie war, dass sie alle von ein- und demselben Autor verfasst worden waren. Keine der Schriften nannte einen Autor, nur die Fallakte oder die Namen der Mörder und Opfer, um die es sich in den Schriften handelte, manchmal aber auch den Verlag. Die Gebrüder Barclay hatten einige davon veröffentlicht. Der Rest war auf verschiedene Verlage, unterschiedliche Jahre und über das ganze Land verstreute Städte aufgeteilt.

»Was bringt dich zu dieser Annahme?«, fragte ich Ulises.

Er begann mit einer langen Erklärung, die sich auf bestimmte syntaktische Elemente und sich wiederholende Formulierungen bezog. Es waren juristische Formulierungen. Der Autor, der Reporter oder wer auch immer diese Dinger schrieb, hatte diese Formulierungen höchstwahrscheinlich bei den Prozessen gehört und sie pflichtschuldig übernommen, aber das sagte ich Ulises nicht, denn er war gut gelaunt und ich sah es gern, wenn er sich so in etwas hineinsteigerte.

Er behauptete, dass das Leben nach einem bestimmten Muster ablaufe und dass man in der Hälfte aller Fälle die Lösung in einem Buch finden könne. Wer habe schon die Zeit oder das Talent, sich originelles Material einfallen zu lassen? Die Menschen würden ständig Entwürfe und Konzepte aus Filmen und Büchern klauen, die in ihren Wohnungen herumlagen. Jeden Tag würden sich zwischen uns dieselben Handlungen abspielen, immer wieder dieselben, die wir im Film gesehen oder die wir gelesen hätten. Würden sich uns dadurch einprägen und so Teil unserer Psyche oder unserer Persönlichkeit werden.

Da traf er den Nagel auf den Kopf, erzielte den ersten Durchbruch oder das, was ich für einen Durchbruch hielt. Ich fragte ihn, in welchem Plot ich gefangen sei, und er dachte eine Weile darüber nach, während er seine Finger über den Tresen wandern ließ und eine Schliere zog. Dann sagte er, es sei *Chinatown*.

»Wie meinst du das?« Ich konnte seine Gedankengänge noch immer nicht nachvollziehen.

»Überleg mal«, sagte er. »Es ist *Chinatown*, alles davon, genau bis zu diesem Punkt jetzt, denkst du nicht?«

Er meinte, die Leute, die mich reingelegt hatten, würden *Chinatown* als Leitfaden benutzen, den Film aus dem Jahr 1974, Regie: Roman Polanski, Drehbuch: Robert Towne, mit Jack Nicholson und Faye Dunaway in den Hauptrollen, der für den Oscar für den besten Film nominiert war, eine Kategorie, die er natürlich nie gewinnen sollte, weil Francis Ford Coppola zwei Filme im Rennen hatte, einschließlich des letztendlichen Gewinners, *Der Pate, Teil II*.

Ich sagte ihm, dass ich *Chinatown* kenne, nur dass ich nicht verstand, was er damit meine, ich sei darin gefangen, also erklärte er mir die Parallelen. Eine junge Frau, eine Hochstaplerin, heuert einen Privatdetektiv an, in diesem Fall also mich, um ihren vermeintlichen Ehemann zu überführen. Nur stellt sich dann heraus, dass die ganze Sache ein Schwindel, eine Finte ist, in die sich der Privatdetektiv nur hineinziehen lässt, weil er gierig oder eitel ist, weil er Publicity braucht, weil er eine Pause braucht und weil er zu stolz oder zu faul dazu ist, seine Hausaufgaben im Vorfeld zu machen.

»Oh Gott«, sagte ich.

»Es gibt keinen Grund, es zu beschönigen«, sagte Ulises. Er klopfte mir mit der einen Hand auf die Schulter und füllte mit der anderen unsere Kaffeetassen auf, in denen der Kaffee längst abgekühlt war. Der Barkeeper ließ die Warmhalteplatte auf der Theke und den Pott auf der Warmhalteplatte stehen und forderte dazu auf, sich selbst zu bedienen. Außer uns war zu dieser Stunde niemand in der Bar. Nur wir beide und eine Box voll mit alten Büchern und Prozessschriften.

»Die haben dir richtig übel mitgespielt«, sagte Ulises.

Wir besprachen den Rest, aber er hatte recht. Sie waren genau nach Drehbuch vorgegangen, mehr oder weniger jedenfalls, und ich hatte bereitwillig mitgespielt. Ich hatte sogar auf der Sotheby's Bücherversteigerung meine Pfauenfedern aufgeplustert. Ulises meinte, ich sei zu hart zu mir selbst. Es hätte jeden treffen können. Wir alle würden jeden Tag in die Pläne anderer Menschen verwickelt, in Hunderte von Plänen, Hoffnungen und Träumen. Wenn man einen erkannt habe, seien sie bereits beim nächsten Opfer.

»Deshalb ist es gut, einen Dichter als Hilfskraft zu haben«, sagte er. »Wir kennen uns mit Syntax und Mustern aus.«

»Was soll ich jetzt machen?«, fragte ich.

Ein weiteres Achselzucken. Antworten bedeuteten ihm nicht all zu viel. Er erhielt kein Honorar für seine Antworten. Er erhielt überhaupt keines. Die ganze Sache war pro bono. Er wollte nur helfen.

»Bis man es begriffen hat«, sagte er, »steckt man schon im nächsten drin. So läuft das normalerweise. Vielleicht solltest du dich richtig ranmachen und Detektiv spielen. Du bist sowieso schon ziemlich angeschlagen.«

Er zeigte auf seine Stirn, womit er meine Beule meinte, den Cut über meinem Auge. Ich erzählte ihm, wie es passiert war. Die Bar auf der Upper East Side, das Tanzen. Er hatte es bisher nicht angesprochen, nicht als er reinkam und mich an der Bar sitzen sah. Wir hatten eine Freundschaft, in der es nicht vieler Worte bedurfte.

»Geh und rede mit den Leuten«, sagte er. »Du musst Unruhe in die Sache bringen. Das ist es, was sie den Privatermittlern immer sagen.«

Ich dachte darüber nach und schwieg. Es war eine ganze Menge, die ich zu verdauen hatte. Ulises trank weiter seinen Kaffee und blätterte dabei durch die Prozessschriften. Er war in seinem Element. Es gab keinen Ort, an dem er lieber gewesen wäre als in einer Bar mit beschissener Beleuchtung und guter Klimaanlage. Man musste es ihm lassen, er wusste immer, was er vom Leben wollte.

In dieser Nacht suchte ich die öffentliche Bibliothek von Brooklyn auf – die Hauptfiliale auf der Grand Army Plaza, wo es eine unfassbare Menge an Videokassetten und DVDs gab – und lieh mir *Chinatown* aus. Der Film war besser, als ich ihn in Erinnerung hatte, ruhiger, mit interessanten Lichteinstellungen, und es schien nicht allzu viel zu passieren.

13

Ich war der Meinung, dass Ulises mit seinem Hinweis, Unruhe in die Sache zu bringen, wie meistens recht hatte, und außerdem wollte ich raus aus dem Haus, weg von Reddicks Box. Abgesehen davon sprach ich lieber mit den Leuten persönlich als mit ihren körperlosen Stimmen am Telefon, die mir von Leichen, unzulänglichen Ermittlungen und den Büchern erzählten, die sie zu kaufen bereit wären, wenn ich in der Lage wäre, sie zu verkaufen. Ich nahm eine Serviette zum Anlass, mich auf den Weg nach Brooklyn Heights zu machen. Reddick war einer dieser besessenen Schreiberlinge, die sich, wo sie auch hingingen, überall Notizen machten. Ich war nicht besonders gut darin, sein Gekritzel zu entziffern, aber ich erkannte die Servietten, auf denen er schrieb, die er ab und zu in seine Notizbücher gelegt und in die Archivbox gepackt hatte. Sie waren von Aaronson's an der Promenade. Sie hatten die günstigsten und besten Bagel, die man in der Stadt finden konnte, und das war ungefähr das, was sie auf ihren Servietten festhielten. »Einfach die Besten«, mit einem Kringel unter dem Werbespruch. Es waren wunderbare Servietten zum Beschmieren, denn sie waren sogar dick genug, dem ganzen Frischkäse zu trotzen. Reddick hatte in seinen letzten Monaten oft von ihnen Gebrauch gemacht.

Die G-Linie lief durch Brooklyn zweigeteilt, also brauchte ich eine ganze Stunde, um da hinzukommen. Ich hätte lieber zu Fuß gehen sollen. Laufen war beinahe immer angenehmer, als den Zug zu nehmen, vor allem im Sommer, am Vormittag, bevor es zu heiß wurde. Im Aaronson's bestellte ich mir einen Alles-mit-Schalotten-Frischkäse und stellte ein paar Fragen, unverfänglich und gründlich, eine gewöhnliche Ausforschung an einem Dienstag im Bagel-Laden. Die Typen hinter der Theke waren nicht von der Sorte, die gerne über ehemalige Kundschaft nachdachten, obwohl es ein ruhiger Vormittag war und kaum jemand da war, außer die einen oder anderen Stammgäste, die in ihren Kaffeebechern rührten und darauf warteten, dass etwas geschah. Oder darauf warteten, das Zeitliche zu segnen. Letztendlich hörte eine der Abräumerinnen meine Fragen und hatte Mitleid mit mir. Vielleicht dachte sie, es sei so eine Sache mit dem vermissten Großvater. Jedenfalls kam sie zu mir und sagte, dass sie ihn zu kennen glaube, den Mann, nach dem ich mich erkundigen würde. Ein dürrer Kerl, der sich ständig Notizen machte, dauernd schrieb und in dieser für alte Männer typischen Weise vor sich hin redete.

Ich sagte ihr, dass sich das nach ihm anhören würde, nach Newton Reddick.

»Das hört sich nach den meisten meiner Stammgäste an«, sagte sie. »Sie können sich gar nicht vorstellen, was die so an Trinkgeldern geben.« Sie ließ ihre spärlich mit Münzen gefüllte Schürze klimpern. »Er war oft mit dem Richter da. Zumindest bilde ich mir das ein. Ich sah sie oft zusammen.«

»Dem Richter?«

Sie begleitete mich nach draußen und deutete die Cranberry Street in Richtung Old Pier hinunter. Es war ein ruhiges Viertel, ein abgelegener Teil von Brooklyn, in dem die Leute die Adressen der anderen kannten. Manchmal war es schwierig, sich vorzustellen, dass es solche Läden noch gab und dass alte Männer jeden Morgen oder fast jeden Morgen dorthin gingen, um ihre Dollar-Bagels zu bestellen. Sie erzählte, dass sie meistens gemeinsam erschienen, der Typ, den ich suche, und Richter Maguire. Ich fragte sie, ob es sich um den Maguire aus dem Southern District handeln würde, sie zuckte mit den Schultern und erwiderte, dass es der Maguire sei, der einen gebutterten Bagel und einen Kaffee zum Mitnehmen kaufe und immer gutes Trinkgeld gebe, nicht so wie die meisten hier. Den letzten Teil des Satzes hatte sie besonders laut gesagt, sodass alle im Laden– sie hielt die Tür dabei auf – ihn gehört hatten.

»Danke«, sagte ich. »Sie waren mir eine große Hilfe.«

Sie lächelte.

Ich lief die Cranberry Street hinab, fand das richtige Gebäude und klopfte. Es handelte sich um ein Stadthaus, das zwar schon bessere Tage gesehen hatte, aber auf eine eigenwillige Art darüber erhaben war. Es war ein Eckhaus an der Promenade. Etwa neunzig Meter weiter befand sich auf der

Willow Street das Haus, in dem Truman Capote *Frühstück bei Tiffany* geschrieben hatte. Woher ich das wusste, hätte ich nicht mehr sagen können. Solche Dinge werden oft einfach so wiedergegeben, und genauso oft entpuppen sie sich als Unwahrheiten, die von Hochschulstudenten und Kunstorganisationen verbreitet werden. Eine junge Frau öffnete die Tür und musterte mich wortlos von oben bis unten. Ich fragte, ob dies das Haus von Richter Maguire sei. Sie schwieg und betrachtete mich weiter auf diese distanzierte, desinteressierte Art, also tischte ich ihr eine Geschichte auf, die größtenteils der Wahrheit entsprach. Ich sagte ihr, ich sei einer von Richterin Sheehans alten Gerichtsschreibern und würde gerne etwas mit Richter Maguire besprechen, falls er eine Minute Zeit habe und es ihm nichts ausmache, mich unangemeldet zu empfangen. Sie ließ mich auf der Treppe stehen und im Unwissen, ob ich die richtige Adresse hatte. Wenige Minuten später öffnete sich die Tür und Maguire selbst stand darin, ein wenig gebeugt, mit dieser rötlichen Haarpracht, über die Anwälte bewundernd zu scherzen pflegten.

Ich sagte ihm, dass ich die Witwe von Newton Reddick vertrat.

Er hob eine rote Augenbraue. »Wessen Witwe?«

»Es tut mir leid, wenn ich Sie überrumple, Herr Richter. Informationen stehen mir leider nur begrenzt zur Verfügung.«

Er nickte wissend und sagte, dass ich dann wohl besser reinkommen solle.

Das Innere des Hauses war zwar heruntergekommen, aber es strahlte eine gewisse Noblesse aus, der weder die Zeit noch der Staub etwas anhaben konnten. Es war ein weitläufiges Haus und ich vermutete, dass man aus den nach Westen ausgerichteten Fenstern einen atemberaubenden Blick auf die

Stadt hatte, aber die Vorhänge waren zugezogen und das Licht gedämpft. Maguire hatte genug von der Stadt gesehen. Er war dreißig Jahre lang Richter gewesen. Davor, erinnerte ich mich, hatte er mit dem Pferderennsport zu tun gehabt. Eine merkwürdige Laufbahn, auf die er gerne hinwies, indem er seine richterlichen Gemächer mit Dingen schmückte, die an den Pferderennsport erinnerten. Manchmal hatte er auch Jockeys zu Gast, wenn er die anderen Richter und deren Mitarbeiter abends zu einem Cocktail einlud.

In seinem Haus gab es nichts, das an den Pferderennsport erinnert hätte. Nur Bücher.

Die Regale sahen handgefertigt aus und waren von vorne bis hinten vollgepackt, sodass sie fast aus allen Nähten platzten.

Ich erzählte ihm das Wenige, das ich von Reddick und seinem Ableben wusste. Er sagte, Reddick habe Anfang des Jahres einige Nächte bei ihm verbracht. Ich machte mir eine Notiz zu den infrage kommenden Daten. Das war, als Reddick aus dem Brownstone auszog, bevor er seine Konten vollständig geplündert hatte, vor den Männerwohnheimen und schäbigen Hotels. Zu dem Zeitpunkt war er noch am Recherchieren, auf der Suche nach alten Büchern, immer wieder verkatert und dabei, die Erinnerungen an die Dinge, die er bereits verloren hatte oder dabei war zu verlieren, aufzuarbeiten.

Nach Ansicht des Richters war er in einem Rausch. »Ich habe Säufer gesehen und Leute, die sich zu Tode gesoffen haben. Er war irgendwo dazwischen, es war hart, ihm dabei zuzusehen.«

»Worum ging's dabei?«, fragte ich.

»Schuld«, sagte er. »Es ist immer dasselbe. Am Ende läuft es immer auf Schuld oder Unschuld hinaus, und niemand ist damit glücklich.«

Die Frau, die mir die Tür geöffnet hatte, brachte uns auf einem Tablett Kaffee und Whiskey in das schummrige Wohnzimmer, in dem wir saßen. Der Richter stellte sie nicht vor und ich entschied, nicht nachzufragen. Sie hätte eine Nichte oder eine Enkeltochter auf Sommerbesuch oder jemand von der Pferderennbahn sein können. Der Richter leerte seinen Whiskey in den Kaffee und ich tat es ihm gleich.

»Ich war Newton weder enger Freund noch Vertrauter«, sagte er.

»Was waren Sie dann?«

»Der Hafen, den er im Sturm anlaufen konnte. Ich kannte ihn durch seinen Bücherhandel. Sind Sie vertraut mit seinen Geschäften?«

Ich sagte dem Richter, dass ich es sei. Dass ich die Prozessschriften gesehen und mir einen Reim darauf zu machen versuchte.

»Ja«, sagte er. »Von außen wirken sie recht erbärmlich. Man nennt sie auch Mordbücher.«

Er hustete ein Lachen in seinen Kaffee und sah mich an. Immer wenn er die roten Augenbrauen hochzog, wusste man, dass er ein Urteil fällen würde. Daran erinnerte ich mich aus meinen Tagen am Gericht. Er brachte die Staatsanwälte, die Verteidiger und sogar die Gerichtsdiener zum Schwitzen.

»Sheehan hatte immer schon interessante Rechtsreferendare«, sagte er. »Wie geht es ihr?«

»Privatkanzlei. Spart für den richtigen Ruhestand.«

»Recht hat sie. Sie kann ein großes Haus kaufen und die Wohnungen vermieten. Ein ganzes Leben im Dienst.«

»Wie ist Reddick eigentlich vor Ihrer Haustür gelandet?«

»Er hatte sich wirklich bemüht, es sich nicht anmerken zu lassen, als er hier aufgetaucht ist«, sagte der Richter. »War sorgfältig gekleidet, wie immer. Er hatte einige anscheinend wertvolle Prozessschriften dabei, und da überkam mich das alte gierige Ungeheuer. Ich muss gestehen, meine ersten Gedanken waren: Lass ihn eintreten, in dem Zustand verkauft er dir vielleicht etwas Wertvolles für kein Geld. Auch ich habe meine Schwächen.«

»Und, hat er? Ihnen irgendetwas Wertvolles verkauft.«

»Genau das Gegenteil davon. Er kam mit Seitenhieben auf das, was ich bereits besaß. Es war ein langer Nachmittag.«

»Seitenhiebe?«

»Stichelnd. Plappernd. Ohne gewichtige Argumente, wie ich sie gewohnt bin. Er machte mir schwerwiegende Vorwürfe. Er war der Meinung, ich sei im Besitz von Büchern zweifelhafter Herkunft. Offen gesagt, er hat getobt. Ich hatte den Eindruck, dass er kein Zuhause mehr hatte. Ein Instinkt, den ich noch von der Richterbank habe, oder von der Rennbahn, zu spüren, wenn ein Mann im Stall schläft oder sich für ein Bett auf drei Quadratmetern verhaften lässt. Ich lud Newton ein, sich hier auszuschlafen. Bot an, am nächsten Morgen darüber zu reden, über seine Ideen, sein Projekt. Wir haben alles diskutiert, mehrmals und von verschiedenen Blickwinkeln. Wir hatten ein ausgiebiges Frühstück, Kaffee, liefen im Viertel auf und ab, sprachen die Sache durch. Er konnte mich nicht überzeugen.«

Ich hatte den Eindruck, dass der Richter noch mehr sagen wollte, also pustete ich auf meinen Kaffee, der schon längst kalt geworden war. Das ganze Haus wurde sehr kühl gehalten, wie ein Fleischlager mit Vorhängen. Während ich darauf wartete, dass der Richter weitersprach, kam mir eine flüchtige Erinnerung. Die irischen Richter gingen gerne ins Forlini's auf der Baxter Street, wenn sie nicht in ihren Richtergemächern trinken wollten. Es war ein altes italienisches Restaurant und hatte eine Gaststube, in der früher die Ganoven in Nischen neben den Staatsanwälten und Richtern dinierten und tranken. Als ich dazustieß, waren die Ganoven bereits verschwunden, aber die Richter gingen da noch immer hin, und wenn sie zu viel getrunken hatten, mussten sie hin und wieder von den Rechtsreferendaren nach Hause gebracht werden. Woran ich mich erinnerte, war Richter Maguire, der sich, nachdem er sich angepisst und seine Referendare nicht erreicht hatte, eine zweirädrige Droschke rief. Er stand am Straßenrand in seinen durchnässten Hosen. Ich bot an, ihn selbst nach Hause zu bringen oder ihm ein Taxi zu rufen. Ich war für Richter Sheehan da. Stattdessen rief er einen seiner alten Jockey-Kumpels an und brachte ihn dazu, vom Central Park herzukommen und ihn abzuholen. Kein Wunder, dass er nett zu Reddick gewesen war, dachte ich. Ein Mann wie er kannte sich mit Gefälligkeiten aus, und wie es war, oben auf oder ganz unten zu sein, und wie man damit umging.

Endlich kam der Richter zur Sache. Er sagte, dass Reddick mehr im Sinn hatte, als faule Exemplare aufzuspüren. Er war darauf aus, zu kaufen. Er wollte die Bücher kaufen, die er infrage stellte. Sein ganzes Geld ging dafür drauf. Jeder Cent, den er auftreiben konnte, alles, was er in die Finger bekam, von Freunden geborgtes Geld, die Erlöse aus seiner eigenen Bibliothek und seiner Sammlung. Das alles verwendete er, um zu kaufen.

»Zuerst hielt ich es für einen Betrug«, sagte der Richter. »Dann Schuldgefühle. Und dann wusste ich nicht mehr wirklich, was es war.«

Ich fing an, mir ein Bild davon zu machen: Der Richter in seinem Ruhestand, seiner Langeweile, neugierig genug, um einen nahezu Unbekannten – der ihn bedrängt – in sein Haus zu lassen und auf den ersten Spielzug zu warten. Und von Newton Reddick, der kein bisschen geschäftstüchtig ist, aber betrunken und möglicherweise verzweifelt, dessen Ehe gescheitert ist, der aber zu Sammlern nach Hause geht und ihnen erzählt, dass sie möglicherweise gefälschte Bücher gekauft haben, mit der Bitte, sie ihnen abzukaufen.

»Newton war ein ehrlicher Kerl«, sagte der Richter. »So jemanden findet man im Bücherhandel nur selten.«

»Wieso schöpften Sie dann Verdacht?«

Er dachte einen Augenblick darüber nach. »Naturgegebene Niedertracht«, sagte er, »verfestigt durch die Jahre im öffentlichen Dienst. Das und die Unwahrscheinlichkeit. Wenn es eine Sache gibt, die ich auf der Richterbank gelernt habe, dann die, dass der persönliche Vorteil die treibende Kraft für menschliches Handeln ist. Nicht immer gelingt es einem, diese Niedertracht zu erkennen, doch mit der Erfahrung kann man nicht mehr übersehen, wie alle getrickst und geschwindelt haben. Es ging ja in diesem Fall nicht um Sonnenbrillen von Gucci. Ein gefälschtes Buch lässt sich nur schwer herstellen, und überhaupt: wozu das Ganze? Newton war in dem Business zu Hause. Er wusste das alles. Einige dieser Bücher hatte er selbst auf ihre Echtheit überprüft.«

»Vielleicht ist das der Grund, weshalb es ihm so naheging«, sagte ich.

Der Richter seufzte. Er betrachtete sein Bücherregal. Wahrscheinlich hatte er es satt, dass Leute in sein Haus kamen, seinen Kaffee tranken, seine bescheidene Gastfreundschaft ausreizten und ihm all die ausgeklügelten Methoden unter die Nase rieben, die man angewandt hatte, um ihn hinters Licht zu führen.

»Ich mag meine Illusionen«, sagte er. »Sie haben mir immer gutgetan.«

»Würden Sie es mir gestatten, einen Blick auf die Bücher zu werfen? Auf die, die Newton kaufen wollte.«

Eine rote Augenbraue hob sich und zog – wie an einer Schnur – ein Lächeln aus seinen Mundwinkeln hinter sich her. »Sie sind fort«, sagte er. »Ich habe sie blindlings verkauft. Jetzt sind sie das Problem von jemand anderem.«

Er erinnerte sich aber noch an die Titel und schrieb sie mir auf. *Der mysteriöse Mord an Pretty Rose Ambler und die verblüffende Beichte des Jack Krants* war einer davon. Der andere war *Ein Bericht vom Prozess gegen Hochwürden Ephraim K. Avery, den Methodistenprediger.*

Er wusste nicht, wer die neuen Besitzer waren. Mittelsmänner hatten alles still und leise abgewickelt.

»Eine Sache noch«, sagte ich. Ich fragte mich, ob er Anna kannte.

Es gab ungefähr ein Dutzend anderer Dinge, die ich ihn gerne gefragt hätte, aber das war es, wofür ich mich entschied.

Es muss irgendetwas an meinem Tonfall gewesen sein, die Art, wie ich die Frage gestellt hatte. Er lächelte auf eine Weise, die mir zutiefst zynisch erschien, ein Lächeln, das all den Instinkt und die Erfahrung enthielt, die er auf der Pferderennbahn, auf der Richterbank und angepisst vor einem italienischen Restaurant in Downtown Manhattan gesammelt hatte. Einem Manhattan, das er noch sehr gut in Erinnerung hatte, auch wenn es, als ich hier auftauchte, so nicht mehr existierte. Er sagte, er kenne sie nur flüchtig, so gut wie gar nicht.

»Newton hatte ein wenig Glück in seinem Leben«, sagte er, »aber er wusste, dass es möglicherweise nur von kurzer Dauer war. Anna war ein Glückstreffer, besser als er je gehofft hätte, und genau deshalb nicht vertrauenswürdig. Er hat einen Teil seines Lebens dieser Frau geopfert, Gott allein weiß warum, vielleicht weil sie ihn darum gebeten hat? Aber das bezweifle ich. Ich war nicht seine Vertrauensperson, wie ich bereits sagte. Nur ein ihm offenes Ohr. Allerdings muss er auch einige Freunde gehabt haben.«

Wir dachten eine Weile darüber nach. Das Haus war still und schien ebenfalls in Gedanken versunken.

»Nun, wenn es Ihnen nichts ausmacht«, sagte er, »der Nachmittag ist angebrochen und ich sollte meinen Mittagsschlaf halten.«

Ich dachte, ich müsse ihn aus dem Stuhl hieven, weil wir so lange gesessen hatten, aber bei dem Gedanken an seinen Mittagsschlaf hopste er flink auf die Beine. Die Frau, die die Tür geöffnet hatte, betrat das Zimmer. Sie trug nun eine Sporthose und einen Sport-BH, schien aber nicht trainiert zu haben. Möglicherweise hatte sie es getan, doch im Haus war es so kühl, dass niemand dort jemals schwitzte, sie lebten einfach weiter, abgeschirmt von der Hitze, dem Licht, der Stadt und deren Erwartungen.

Auf dem Weg nach draußen fragte mich der Richter, ob ich etwas gegen einen Ratschlag hätte, was ich verneinte.

»Sie gehen einer interessanten Tätigkeit nach«, sagte er. »Vergeuden Sie das nicht auf der Pferderennbahn.«

Die Tür schloss sich. Ich war zurück auf der Cranberry Street. Die gleißende Sonne traf mich wie eine Explosion.

14

Es kostete mich einen halben Tag, eine Kanne lausigen Kaffees und einen Joint, dazu musste ich die Gelben Seiten im Internet durchforsten, doch schließlich fand ich den Namen des Buchhändlers, der mich bei der Auktion für schöne Bücher, Drucke und Americana bei Sotheby's konfrontiert hatte. Damals, vor Weihnachten, kam mir alles noch heiter vor und ich spazierte einfach nur durch die Stadt, um die Zeit totzuschlagen und mich zu amüsieren. John Stone. Er war Reddicks Freund, sein Verteidiger, bereit, für ihn zu kämpfen, wenn auch nicht mit voller Überzeugung. Es stellte sich heraus, dass er einen Laden im Randgebiet zwischen dem Meatpacking District und West Village führte. Eine gute Adresse an der Ecke Jane und Greenwich. Ein nobler Stadtteil, der vor nicht allzu langer Zeit noch den Straßenmädchen gehört hatte, der nun aber schillernde Eigentumswohnungen und zahlreiche Restaurants beherbergte, die sich darum bemühten, Brunch für die Leute anzubieten, die in die Stadt gekommen waren, nachdem sie die ersten Staffeln von *Sex and the City* gesehen hatten.

Ich nahm den L-Zug zur Eighth Avenue und lief die restliche Strecke. Die Sonne trieb die Menschen in die Häuser und ließ sie unter den Markisen der Kaufhäuser ausharren. Stone's Books hatte ein neues Schild an der Fassade, grün mit goldenen Buchstaben, das gerade erst frisch gestrichen worden war. Für John Stone schien es gut zu laufen, so wirkte es jedenfalls. Man weiß es ja nie wirklich. Ich habe die Erfahrung gemacht, dass man nie davon ausgehen sollte, dass eine Person frei von Verbindlichkeiten ist.

Ich stand eine Weile draußen, trank den Kaffee, den ich mir in einem Gemischtwarenladen geholt hatte, und wartete darauf, dass Stone von seiner Mittagspause zurückkam. So wie es aussah, war er der Einzige, der sich um den Laden kümmerte. Es kam mir seltsam vor, dass ausgerechnet in New York ein Geschäft mittags schloss, aber ich vermutete, dass das der Grund war, warum die Leute Buchhandel betrieben, um nach den alten Bräuchen und Illusionen leben zu können. Im Fenster hing ein kleines Schild mit der Aufschrift »Gleich wieder da«, was so viel bedeutete wie fünfunddreißig Minuten, mehr oder weniger jedenfalls.

Als er um die Ecke kam, sah Stone ungefähr so aus, wie ich ihn von der Auktion in Erinnerung hatte. Zwischen vierzig und fünfundvierzig, ergrauende Haare an den Schläfen, mit einer erfolglosen Attitüde, die ihm einen Schritt vorauslief und seine Unzufriedenheit in die Welt hinausposaunte. Er trug eine Papiertüte. Ich folgte ihm in den Laden, nicht zu dicht an seinen Fersen. Er erkannte mich zunächst nicht, grüßte unbeholfen und legte sein Mittagessen auf den Tresen. Er sagte, er würde sich gleich um mich bemühen. Natürlich nur, wenn ich irgendetwas bräuchte, egal was – ich solle mich andernfalls einfach umsehen, nur bitte nicht die Leitern hochklettern. An die Regale waren Leitern geschraubt – Holzleitern und überfüllte Regale, genau so, wie man sich ein Antiquariat vorstellt, so als hätte er es als Bausatz geliefert bekommen. Sein Bestand war hauptsächlich Belletristik. Im hinteren Teil hatte er eine Abteilung für Kriminalromane und an der Wand hing der Ausschnitt eines Comics, der irgendetwas mit Arthur Conan Doyle zu tun hatte. Der Witz erschloss sich mir nicht, vielleicht sollte es auch keiner sein, nur eine Zeichnung.

Nach ein paar Minuten und einigen Bissen von seinem Sandwich erkannte er mich.

»Sie sind der Anwalt«, sagte er.

Ich dachte, er würde gleich wieder hochgehen, aber das tat er nicht. Wenn überhaupt, dann war er eher zerknirscht.

»Ich war draußen, Mittagessen holen«, sagte er. »Deshalb war ich weg. Ich hatte niemanden erwartet.«

Ich sagte ihm, dass es in Ordnung sei, ich hätte keine Eile. Vielleicht hätte ich ihn zuerst anrufen sollen.

»Sie sind wegen Newton hier«, sagte er. »Sie haben davon gehört ... natürlich haben Sie das.«

Er zögerte einen Moment, dann nahm er einen Bissen von seinem Sandwich, der groß genug war, um einen Ochsen zu erledigen.

Während er kaute, sah ich mir weiter die Kriminalromane an. Es erschien mir höflicher, als ihm dabei zuzusehen, wie er seine Emotionen zusammen mit seinem Mittagessen in sich hineinstopfte und schluckte. Ich sagte ihm, dass mir das Schild, das draußen hing, gefalle: es sei hübsch und würde das vom Fluss kommende Nachmittagslicht schön einfangen.

»Es hat mich Jahre gekostet, diesen Laden aufzubauen«, sagte er, »diese Sammlung, dieses Geschäft.«

Ich klopfte auf eine der Leitern, die, soweit ich das beurteilen konnte, aus gutem, massivem Holz gemacht war, und nickte.

Ich hatte den Eindruck, dass er mir gleich eine Geschichte erzählen würde. Ein Anwalt wäre die letzte Person, mit der ich meine Erinnerungen oder Probleme teilen würde. Dafür hatte man Barkeeper und Bewährungshelfer. Man war besser beraten, mit einem Busfahrer oder dem Kater im Gemischtwarenladen zu reden, eigentlich mit fast jedem, nur nicht mit einem Anwalt, der um vier Uhr nachmittags erschien und Fragen zu den Angelegenheiten deines toten Freundes stellte, nur war es unmöglich, die Leute davon zu überzeugen. Also erzählte er mir seine Geschichte, von der 1841 in Boston gedruckten Ausgabe von Emersons *Essays*, dem ersten guten Buch, das er je zu Gesicht bekam, bis hin zu Stone's Books an der Ecke Jane und Greenwich, einem Buchladen, den er nur drei Jahre zuvor unter Anleitung von Newton Reddick eröffnet hatte. Noch fünf bis sieben Jahre und er würde, wenn sich seine Prognosen bewahrheiteten, sogar einen Gewinn erzielen. »Das Noble dieser Arbeit«, sagte er, »ist die Essenz dessen, was ich von Newton gelernt habe. Er war ein echter Mentor.«

Ich erzählte ihm, dass mich Reddicks Witwe damit beauftragt hatte, dessen Nachlass zu regeln. Ich hatte zwei von Reddicks Prozessschriften in einem Lederordner dabei, nahm sie heraus und breitete sie auf dem Tresen aus. Stone erschrak, als er sie sah. Ich war einen Moment lang um sein Mittagessen besorgt, doch dann beruhigte er sich und blätterte grimmig nickend die Seiten um, als wäre es nicht das erste Mal, dass er solche Abscheulichkeiten sah, mit etwas Glück vielleicht aber das letzte Mal. Ja, bestätigte er mir, das seien Newtons Prozessschriften, eines seiner Spezialgebiete, Geheimnisse von Mord und Gerichtsverfahren im frühen Amerika. Man konnte die Enttäuschung in seiner Stimme hören, und wenn es nicht Enttäuschung war, dann war es vielleicht Beklemmung. Ich erzählte ihm, was ich von Richter Maguire erfahren hatte, und davon, was ich zusammengetragen hatte, davon, was ich zu wissen glaubte.

»Ja«, sagte er, »Newton war hinter Fälschungen her. Die Echtheit dieser und anderer hat er selbst bestätigt, ungefähr vor einem Jahrzehnt.«

»Wieso hat er das getan?«, fragte ich.

Er sah mich an, als wäre die Frage simpel oder als wüsste ich mehr, als ich zugeben wollte. Es sei eine Familienangelegenheit, sagte er, und einen Moment lang befürchtete ich, er würde zumachen oder sich erneut seinem Sandwich widmen, doch dann überlegte er es sich anders oder erinnerte sich daran, dass ich ebenfalls im Auftrag der Familie gekommen war, wenn auch nicht auf direktem Wege, und ein wenig Aufklärung gut gebrauchen konnte. Vielleicht war ihm aber auch nur langweilig.

»Das waren die Bücher von Liam Moore«, sagte er, »und Newton hat sie damals zertifiziert, sodass Moore sie von der Steuer absetzen konnte.« Es sei eine unschöne Angelegenheit, aber in der Welt der Kunst, der Antiquitäten und der Sammlerstücke nichts Ungewöhnliches, erklärte er. Newton wollte die echten Bücher von Moores Frau unbedingt katalogisieren, die Van-Alstyne-Sammlung, also nahm er in Kauf, Liam Moores Wunsch zu entsprechen, wodurch er sich ein einziges Mal, wenn auch mit großem Widerwillen und Bedauern, einen entscheidenden Fehler erlaubt habe. Erst später fand er heraus, dass die Bücher wieder im Umlauf waren und die Fälschungen viele gute Sammlungen infiltriert und beschädigt hatten.

»Liam Moore«, sagte ich, »so wie Annas Vater? Newtons Schwiegervater?«

»Ein grausames Subjekt«, sagte Stone. »Ich hoffe, dass ihn eines Tages jemand fertigmacht.«

»Vor zehn Jahren«, sagte ich, »haben sich Anna und Newton doch kennengelernt, da sind sie zusammengekommen?«

Stone nickte ernst. »Als Newton dort war, um die Bücher zu katalogisieren«, sagte er, »war Anna auch da, sonst niemand im Haus, nur die beiden. Ihre Mutter war bereits verstorben. Der Vater war, na ja …« Eine lange Pause entstand. Einen Moment lang drohte sie, den Laden mit Anschuldigungen zu überschwemmen. »Das war nicht Teil der Abmachung«, fuhr Stone fort. »Sie war es nicht, Anna meine ich. Ich denke, Moore hatte nie daran gedacht, dass es riskant sein könnte, seine fünfundzwanzigjährige Tochter mit einem Mann wie Newton Reddick allein zu lassen, wenn man es so sagen will. Anna und Newton waren auf eine Weise miteinander verbunden, die jemand wie Moore nicht verstehen konnte. Moore machte sich nichts aus Büchern. Sie waren Sammlerstücke, Vermögenswerte, von vorübergehendem Interesse, etwas, das man kaufen und verkaufen konnte, wie man es mit dem Inventar tat. Er verstand nicht, wie sich Menschen über Altersunterschied, Herkunft und alles andere hinweg verbinden konnten.«

»Und genau das ist geschehen?«, fragte ich. »Anna und Newton waren über Bücher verbunden?«

»Ich weiß es nicht«, sagte er. »Ich war nicht dabei. Ich war sein Freund, das ist alles. Ich weiß, dass er am Boden zerstört war, als sie Schluss machte. Er hatte nicht damit gerechnet, dass sie es tun würde. Er hatte gedacht, dass er irgendwann sterben und sie auf diese Weise ziehen lassen würde. Es war keine besonders glückliche Ehe. Ich bin mir aber sicher, dass Sie das bereits in Erfahrung gebracht haben.«

Das schien mir eine Untertreibung zu sein, eine sehr nette noch dazu, um all das Gerede und die Andeutungen zu unterlaufen. Auf diese umständliche, nicht ganz ehrliche Art und Weise unterhielten wir uns noch eine ganze Weile, und hin und wieder verstummte ich und Stone erzählte mir eine weitere Geschichte über etwas Schreckliches oder Ehrenhaftes, das Newton getan hatte, und über die Bücher, mit denen er im Laufe der Jahre gehandelt hatte, und über die Frau, die er bekommen hatte, obwohl er sie nie ganz für sich hatte. Sie war niemand, auf den man zählen konnte, und Newton hatte sich nichts vorgemacht, er glaubte nur an sie, an ihr Schreiben. Er glaubte an sie als Künstlerin. »Das war mehr, als ihr Vater je getan hat«, sagte Stone. »Ich möchte Ihnen etwas zeigen.«

Er kletterte auf eine der Leitern und kam mit einem Exemplar von *Nach dem Abendessen ausziehen*, dem ersten und bekanntesten Roman von A. M. Byrne herunter. Es war ein ansprechendes Buch mit einem eleganten Einband und einem Schnitt, der so rau aussah, als wären die Seitenränder gerade erst geschnitten oder von einem Tier abgenagt worden. Stone sagte, es sei eine Erstausgabe, dass ich mir die ins Buch geschriebene Widmung ansehen solle. Auf dem Schmutztitel stand: »Meinem Vater, dem Baumeister, mit all meiner Liebe, Anna.«

Ich erkannte ihre Handschrift von der Notiz, die sie mir an dem Tag im Winter geschrieben hatte. »Fahr zur Hölle. Hochachtungsvoll, A. M. Byrne.« Sie hatte ein Händchen für Notizen und Widmungen, unbestritten.

»Das war Liam Moore's Exemplar?«, fragte ich.

Stone nickte. »Ein Widmungsexemplar. Ein Geschenk für den Vater der Autorin.«

»Aber jetzt haben Sie es.«

»Moore hat es verkauft, für ein paar Dollar. Den Roman seiner Tochter. Ich fand es an einem Ein-Dollar-Buch-Stand auf irgendeiner Buchmesse und kaufte es, damit Newton es dort nicht entdeckte. Newton besaß eine sehr ausgeprägte Sensibilität, nicht wie die beiden, Vater und Tochter. Wenn Sie in Erfahrung bringen wollen, was Newton widerfahren ist, würde ich Ihnen raten, dort anzufangen. Moore, das ist schon ein ganz spezieller Typ.«

Ich antwortete nicht sofort und Stone dachte anscheinend, ich hätte ihn nicht verstanden.

»Er ist ein beschissenes Arschloch«, sagte er.

Ich blätterte noch immer in *Nach dem Abendessen ausziehen*. Es war eine viel schönere Ausgabe als das Taschenbuch, das ich in der Bibliothek ausgeliehen hatte. Das schwere Buch wog angenehm in meiner Hand.

»Wie viel wollen Sie dafür?«, fragte ich.

Stone stotterte kurz, als könnte er sich nicht davon trennen, um keinen Preis der Welt, dann fasste er Mut und nannte einen. Fünfzig Dollar. Ich zählte das Geld ab und bedankte mich für seine Zeit, für die Informationen, das Buch, alles. Er verstaute das Buch in einer Leinentasche. Draußen auf der Straße warf ich einen Blick über die Schulter und sah ihn durch das Fenster, wie er auf seine Leiter kletterte, um die Lücke zu füllen, in der Annas Buch gestanden hatte. Er sah zufrieden aus, mit sich selbst, mit dem Verkauf, oder vielleicht war es auch nur das flinke Klettern auf die Leiter, das ihn hatte erröten lassen. Ich hatte über eine Stunde plaudernd mit ihm im Laden verbracht und niemand sonst hatte ihn betreten oder auch nur durch die Glasfront hereingeschaut.

Ich ging ins Buvette auf der Grove Street und bestellte ein Glas des roten Hausweins, damit ich eine Berechtigung hatte, an der Bar zu sitzen. Ich sicherte den Lederordner unter meinen Füßen und nahm mein Notizbuch zur Hand. Die Frau, die an der Bar arbeitete, erhaschte einen Blick auf mein Gekritzel und fragte, ob es wirklich so schlimm sei. Ich habe die Seiten immer schon so vollgeschrieben, als würde ich den Rest zum Einheizen benötigen. Ich sagte ihr, dass es so sei, vielleicht, ich wisse es nicht, dafür sei das Notizbuch da. Als mein Glas halb leer war, füllte sie es bis zum Rand auf. Sie bereiteten sich für die Abendküche vor und man konnte den in Butter röstenden Knoblauch riechen und die Köche laut plappern hören. Es war ein kleines Lokal mit schweren Vorhängen in den Fenstern. Sie hatten einen gegrillten Oktopus mit Sellerie und Oliven, der wie eine Art Liebesbrief schmeckte. Ich machte noch ein paar Anmerkungen zu Reddick und seiner Jagd auf Fälschungen, zu seinem Verhältnis zu Liam Moore, noch so eine Parallele zu *Chinatown*, und zu der Sache, die mich wirklich störte: wieso Reddick den Angriff auf seinen Ruf so sanftmütig und bereitwillig hingenommen hatte. Man hatte ihn einen Dieb genannt – ich hatte das –, und er lief daraufhin in der Stadt herum und soff, tobend wie ein Büßer, auf der Suche nach den Buchfälschungen, und bezahlte für seine alten Sünden, die heute in Wahrheit niemanden mehr interessierten. Dann starb er. Es ergab keinen Sinn, zumindest konnte ich keinen Sinn darin finden, und dann füllte sich das Restaurant und man benötigte die Barhocker.

15

Ein anderer Tag, ein anderer Nachmittag. Ich hatte das nicht mehr so genau im Blick. Es war Sommer und die Tage waren lang und beinahe alles fühlte sich wie Arbeit an, wenn man es wollte, und wenn man es nicht wollte, war es auch in Ordnung. Dumbo war ein Viertel, das zu vermeiden ich mich bemühte, obwohl es in Wahrheit doch reizvoll war, mit seinen kopfsteingepflasterten Straßen, den Stadtbrücken und dem Licht, das durch die alten Lagerhallen fiel, so wie es durch manche zerstörten Städte in Europa fällt, mit einer malerischen Kulisse, die sich besonders für Fotos und Heiratsanträge eignete. Wenn man dort aber etwas zu tun hatte, blendete es einen nur und erschwerte das Navigieren auf den Straßen. Ich hatte dort kaum zu tun, aber Jala Gardezys Büro lag in dieser Gegend und sie trank gerne im El Royale. Von außen sah es wie eines der Lagerhäuser aus. Im Inneren war es im Stil von Versailles eingerichtet, aber mit freiliegenden Ziegeln. Ein privater Aufzug mit Fahrstuhlführer brachte einen in den fünften Stock, wo die alte Regenmantelfabrik beseitigt worden war und stattdessen viele Marmortische und Designerstühle standen und sich attraktive Menschen in modischen Schwarztönen tummelten.

Jala war bereits vor mir gekommen und wartete mit hochgelegten Füßen auf einer dreiteiligen Chaiselongue.

»Es ist schön, dich zu sehen«, sagte sie. »Du weißt ja, dass ich immer für einen Gefallen zu haben bin. Was ist mit deinem Gesicht passiert?«

Die Schwellung war weg und der Cut heilte, aber auf diese uneinheitliche, vielfarbige Art und Weise, die manchmal einen falschen Eindruck erweckt oder den Verdacht nahelegt, man würde sich selbst vernachlässigen. Ich hatte dafür Neosporin und ein paar Schmetterlingspflaster gekauft, aber die Pflaster hielten nie so richtig.

»Ich war tanzen«, sagte ich. »Falscher Ort nur, es war meine Schuld, ein blöder Fehler. Wie geht's Mike?«

»Dem geht's gut«, sagte sie. »Schickt dir liebe Grüße. Die Arbeit wird ihn eines Tages umbringen, aber das hat sie bis jetzt noch nicht.«

Die beiden waren seit drei Jahren verlobt. Mike war ein liebevoller Kerl und ich wünschte mir, dass sie ihn endlich heiraten würde, obwohl es natürlich nicht meine Angelegenheit war, was sie mit einer subtilen Geste anzudeuten schien, indem sie ihre Hand zum Gesicht hob, so angewinkelt, dass ihr Kinn zwischen Daumen und Zeigefinger lag. Ein hübscher Anblick, den ich ein anderes Mal vielleicht genossen hätte, in diesem Moment verstand ich allerdings, dass ich das Thema wechseln musste, wenn ich sie nicht langweilen wollte.

»Was möchtest du trinken?«, fragte sie.

»Was immer du auch nimmst«, antwortete ich.

»Das klingt nicht sehr verheißungsvoll. Dein Selbstvertrauen ist angeknackst.«

Sie bestellte Whiskey, der schmeckte, als wäre er gerade aus einem Waldbrand gezogen worden, und dann erwähnte sie, eine meiner Exfreundinnen in Paris getroffen zu haben. Tatsächlich hatte Jala Xiomaras Show bei der Ausstellung »Young Voices of Latin America« besucht. Vielleicht hatte sie dort sogar etwas gekauft, für sich selbst oder vielleicht im Auftrag eines Kunden, aber sie war so gütig, nicht zu erwähnen, was oder wie viel sie bezahlt hatte, oder ob Xiomara sich nach mir erkundigt hatte. Auf diese schräge Art und Weise machten wir noch ein paar Minuten weiter, bis der Whiskey seine natürliche, weichmachende Wirkung entfaltete und ich ein wenig tiefer in meinen Sessel glitt, der zwar nicht gerade eine Chaiselongue war, aber eine ganz eigene Schwere und Anziehungskraft hatte, wie alles im El Royale. Im Grunde war es nur eine Bar, aber man musste mit einem Mitglied dort sein, um konsumieren zu dürfen. Sie hatten die rückwärtigen Wände entfernt und raumhohe Fenster mit Blick auf die Skyline der Innenstadt und die Brücken eingebaut. Hinten gab es eine Terrasse und einen Pool, an dem die Leute saßen, den sie aber nie benutzten. Ab und an zog jemand seine Schuhe aus und kühlte seine Füße im Wasser.

Jala war mir einen Drink voraus, aber Alkohol schien sie ohnehin nie zu beeinträchtigen. Es war nur eine Art Zierde, mit der sie sich schmückte, und etwas, das sie auch dann genoss, wenn sie Gesellschaft hatte. Wir waren während des

Jurastudiums und danach etwa ein Jahr lang auf die für Studenten so typische Art und Weise zusammen. Irgendwie scheu und übertrieben ernst. Wir hatten sogar gemeinsam bei Beauvois gearbeitet, doch beide nicht die Absicht, lange dort zu bleiben. Sie hätte locker Partnerin werden können. Sie war die klügste Anwältin in unserer Sparte, die gewiefteste, die fleißigste und die von Partnern und Mandanten – die sie immer ausführen wollten und darauf bestanden, viel Alkohol zu trinken, der ihr nichts anhaben konnte, aber sie selbst zu Narren machte –, am meisten bewunderte Anwältin. Sie hörte ungefähr zur gleichen Zeit auf wie ich. Ich hatte Visitenkarten mit unseren Namen anfertigen lassen, eine eigene Firma, sogar ein Werbeschild, das in Brooklyn hängen sollte, und wir amüsierten uns köstlich darüber, bevor sie mir von dem Job bei der Versicherungsgesellschaft erzählte, den sie annehmen wollte.

»Heb die Karten auf«, hatte sie gesagt, »wir werden sie an Halloween verwenden, das wird einfach saukomisch.«

Ich versprach ihr, es zu tun, und war froh, dass sie es als Witz verstanden hatte ... war es nicht lustig? Der Job bei der Versicherung passte zu ihr. Ballard Savoy. Sie hatte sich bereits während des Jurastudiums nach einem Job dort umgesehen. Es handelte sich nicht um irgendeine Versicherungsgesellschaft. Unter den wenigen Firmen, die sich auf Kunst, deren Schutz, deren Besitz und gelegentlich, auch wenn unter schwierigen Umständen, auf die Wiederbeschaffung eines unbezahlbaren Gemäldes spezialisiert hatten, waren sie die allererste Adresse in der Welt. Jala war äußerst nett und schanzte mir Arbeit zu, wo immer es ihr möglich war, wobei ich es vorzog, mit Mandanten der niederen Kreise zu arbeiten, die Ulises mir schickte. Jalas Vorgesetzte waren Schweizer. Sie leitete die New Yorker Zweigstelle eigenständig, musste den Schweizern mit ihrer ganzen Geheimniskrämerei und diversen Missständen, die niemand erklären konnte, aber doch immer wieder Rede und Antwort stehen.

»Also, was möchtest du wissen?«, fragte sie.

Der Glanz in ihren Augen war vielversprechend. Antworten, Zugang, das komplette Paket. Das war es, was die Arbeit hinter den Kulissen bewirkte, vielleicht war es aber nur der Glanz ihrer angeborenen Intelligenz. Sie trug ihr Haar jetzt schulterlang. Während des Studiums war es lang. An dem Tag, an dem sie mir sagte, sie habe jemand anderen getroffen, dass es ernst sei und dass alles, was zwischen uns lief, enden müsse, trug sie es auch noch lang, hatte es aber hochgesteckt, was wie ein außergewöhnliches und wunderschönes Geschenk auf mich wirkte. Ein letzter Blick auf ihren Hals, ein Anblick, von dem man lange Zeit nachts heimgesucht wird und später dann wie ein Geheimnis erscheint, an das man sich gerne erinnert.

»Liam Moore«, sagte ich. »Er taucht immer wieder in einem Fall auf.«

»Das stand bereits in deiner E-Mail. Ich habe ihn durchgecheckt. Kleinvieh. Was willst du über ihn wissen?«

»Wie sehr Kleinvieh er ist.«

»Kleiner, als er denkt. Immobilienportfolio: Wohnungen. Hat sich einige Gebäude in Brooklyn gekrallt, als die Weißen damals ängstlich wurden. Miethäuser und ehemalige Gebäude der Eisenbahngesellschaft. Hat in die Gesellschaft eingeheiratet, konnte daraus aber kein Geld machen. Die Familie traute ihm nicht über den Weg und stellte eine Mauer zwischen ihm und dem Geld auf, aber sie bezahlte dafür, dass ihn ein paar Vereine aufnahmen, damit er Spenden sammeln und hie und da als Aufsichtsrat oder in anderen Gremien agieren konnte, um nicht ganz so armselig zu wirken. Er hat auch eigenes Geld verdient, aber alles in allem nicht wirklich viel.«

»Und wie sieht es jetzt aus?«

Sie lächelte über den Glasrand hinweg.

»Das ist jetzt der interessante Teil«, sagte sie. »Jetzt entwickelt er die Waterfront.«

»Gütiger Gott, die Waterfront? Die Williamsburg Waterfront?«

Sie nickte. »Das derzeit größte Wohnbauprojekt«, sagte sie. »Für ihn ein ziemlicher Aufstieg, und es ist unklar, wie er dazu gekommen ist, außer der Tatsache, dass er etwas mit der Neueinteilung und Flächenumwidmung des Gebiets zu tun hatte. Wenn du mich fragst und ich mit angehaltener Pistole raten müsste, dann würde ich sagen, dass er jemandes Strohmann ist. Aber versuch erst gar nicht, ihn damit zu konfrontieren. Der Kerl ist eingebildet, überheblich, hält sich für ein Vielfaches bedeutender, als er ist. Für meine Zwecke ist er perfekt geeignet. Weil er so dumm ist, werden wir ihm die Hölle heiß machen und ihn dazu bringen, Hunderte Polizzen zu kaufen, die er gar nicht braucht. Aber was ist mir dir, was willst du von ihm?«

Ich erzählte ihr ein wenig von meinem Fall, nichts Wesentliches allerdings. Irgendein Teil von mir weigerte sich, zu viel zu verraten, allerdings nicht, weil mir die Verschwiegenheitspflicht oder die Angst, sie zu brechen, Sorgen bereitet hätte. So etwas war unter Freunden kein Thema. Zwei Menschen, die sich verstehen, können immer einen Weg zwischen den Pfeilern der ethischen Grundsätze und Bedenken finden. Aber ein Teil von mir wusste, dass Jala es schnell hätte zusammenfügen können, nicht nur Moores Rolle in der Geschichte, sondern auch alles, was davor geschehen war, und es hätte mich umgebracht, das jetzt mitansehen zu müssen.

»Dein Typ hat also Fälschungen gesammelt«, sagte sie. »Interessant. Einige Leute tun so etwas.«

»Tun was?«

»Sie mögen gefälschte Kunst. Es ist eine ganz spezielle Spezies Sammler, die das tut. Gefälschte französische Meister, für die gibt es einen ganzen Markt, zumeist in Mitteleuropa. Sie kommen mit dem Verbrechen davon. Grenzüberschreitendes Sammeln. Wenn du es zulässt, quatschen sie dein verdammtes Ohr mit ihren Grenzüberschreitungen voll.«

»Ich denke nicht, dass es das ist, worum es hier geht. Er hat die Echtheit der Bücher selbst bestätigt. Vermeintlich jedenfalls.«

»Hat er«, sagte sie. »Ich weiß es, weil ich die Unterlagen gesehen habe. Für das Moore Museum, 1994. Übrigens, so hat Moore seine kleine Spielwiese genannt, das kleine Privatmuseum, das er für seine ganzen Bücher und die lausigen Gemälde gegründet hatte. Im Dossier ist alles vermerkt. Ein gerissenes Geschäftsmodell von Liam, das muss man schon zugeben. Damals wusste kaum jemand irgendetwas über Privatmuseen oder darüber, wozu sie gut waren.«

»Wozu waren sie gut?«

»Man konnte mit ihnen seine Steuerschuld tilgen, wenn man nur wusste wie und wenn du dir einen Experten besorgen konntest, der mitspielte. Das ist eine der vielen Möglichkeiten der Reichen, sicherzustellen, dass man sie nicht zur Kasse bittet. Stell dir einmal vor, sie würden ein wenig von dieser Kreativität und juristischen Schlagkraft für etwas Nützliches einsetzen. Wir würden in Ehrfurcht erstarren. Sie würden nie aufhören, davon zu reden. Stattdessen verstecken sie alles in Museen.«

»Welche Art Experte braucht man, damit das funktioniert?«

»So jemanden wie Newton Reddick«, sagte sie. »Mit so einem kommst du in die Null-Steuer-Klasse.«

»Aber bei Immobiliengeschäften läuft das auch so. Die Entwickler zahlen nie irgendetwas an den Staat.«

»Klar, nur war das viel flexibler und glamouröser, als Betonmischer abzuschreiben und immer nur Verluste zu schreiben. Das gibt dem Ganzen einen philanthropischen Anstrich und erlaubt sogar, sich als gemeinnützig zu bezeichnen. Hol dir einen netten, angesehenen Gelehrten wie Newton Reddick ins Boot, dann kannst du deine eigene Rechnung schreiben, dem Fiskus ein bisschen Kleingeld zustecken und so tun, als ob der Rest in all den Kunstwerken schlummert, die du im Laufe der Jahre gesammelt hast und die du angeblich der Öffentlichkeit zugänglich machst.«

Sie tippte mit dem Absatz gegen den Lederordner, der zwischen uns auf dem Tisch lag. Ich öffnete seine Akte und las ein wenig über Moores Steuervergangenheit und über die Beteiligung von Newton Reddick, die zwar relativ gering, aber dennoch betrügerisch war, genug jedenfalls, um eine reine Seele zu quälen, wenn er denn eine war.

»Du kannst es später noch einmal lesen«, sagte sie. »Worüber ich jetzt wirklich mehr erfahren will, ist über A. M. Byrne.«

Ich hatte sie weder in meiner E-Mail noch in meiner Zusammenfassung des Falles erwähnt.

»Ich bin eine gute Anwältin«, sagte Jala. »Ich habe ihre Verbindung zur Sache verstanden. Du nicht?«

»Nicht gleich.«

»Nun, man kann nicht immer gewinnen, oder? Und, ist sie so brillant? Löst sie Schwindelgefühle bei dir aus? Weißt du, das einzige Mal, dass ich bei einem Artikel in einer Fachzeitschrift zu spät dran war, war, als ich gerade ihr Buch las, ihr erstes, das große. Es war wie ein unter Strom stehendes Kabel, vom Netz genommen und direkt in mein Herz geführt.«

Ich bestätigte, dass sie es sei, dass sie es tue, dass ich das Buch auch gelesen hätte und wisse, was sie meine.

»Oh, nein«, sagte Jala, »sie hat dich ja ganz schön um den Finger gewickelt.«

»Ich bin nur verwirrt, das ist alles.«

»Das muss dir nicht peinlich sein. Lass uns noch was trinken, in Ordnung?«

Wir gingen auf die Terrasse und sprachen noch ein wenig über Anna und ihre Bücher, darüber, was in ihnen zu finden war und was nicht. Danach redeten wir über die alten Tage, an der Columbia und bei Beauvois, und wie es sich angefühlt hatte, den ersten Blick auf die Maschinerie der Stadt zu erhaschen, wie alles funktionierte, wer bedeutend war, wie Konferenzen arrangiert und Aufsichtsratssitzungen manipuliert und wie ganze Viertel für Bauprojekte umgewidmet und umverteilt wurden, um mit übertriebenen Preisen möglichst großen Gewinn daraus zu schlagen. Ich hatte immer nur diese wenigen Einblicke bekommen, und was ich dabei gesehen hatte, war hässlich, verfügte aber dennoch über die Faszination, die komplexe Mechanismen – wie eine Uhr oder ein Automotor, wenn er auseinandergenommen wurde, oder das Innere eines Körpers – auf einen ausübten. Jala war weiter vorgedrungen und hatte mehr davon verstanden. Sie wollte mir davon erzählen, aber es war nicht dergestalt, irgendjemandem davon erzählen zu können. So waren wir überhaupt erst auf das Thema gekommen, über Annas Bücher. Darin war die Rede von Dingen, die man nicht erklären konnte, die man erleben musste, und selbst dann war es wahrscheinlich aussichtslos, es sei denn, die richtige Person kam vorbei und beschäftigte sich vorrangig genau damit und stellte sich selbst und ihr eigenes Glück hintan.

»Oh Gott«, sagte Jala, »dieses Buch, es ist so unglaublich gut.«

Die Aussicht auf der Terrasse war etwas ganz Besonderes. Man konnte beide Seiten von Manhattan sehen, die Brücken, die Umrisse der Stadtteile, wo sie auf Wasser stießen. Zwei Frauen, die sich gestritten hatten, als wir die Terrasse betraten, hatten sich versöhnt und tanzten langsam. Die beiden waren ziemlich jung. Fünfundzwanzig, vielleicht ein wenig älter. Es war das Alter, in dem man sich stritt und versöhnte, alles eine Art Ausloten war, und man danach manchmal auch tanzte. Draußen wurde keine Musik gespielt. Keine, die ich hören konnte.

Jala lachte. »Deshalb hören sie nicht damit auf, zu bauen«, sagte sie. »Junge Leute werden immer nach New York ziehen. Leute in ihren Zwanzigern aus der ganzen, gottverdammten Welt, die hier Bekanntschaften schließen wollen. Sie wollen trinken und streiten und danach gefickt werden, und Kaffee zum Mitnehmen und die Zeitung auf dem Weg ins Büro kaufen. Sie wollen Dachterrassen und Balkone, aber sich anfangs mit den Feuerleitern begnügen, so wie wir es getan haben. Dieses Williamsburg-Projekt, das wird jemandem viel Geld in die Kasse spielen.«

»Worüber, denkst du, haben sich die beiden gestritten?«, fragte ich.

Ich meinte die beiden Frauen, die Tänzerinnen. Sie flüsterten etwas, drückten sich eng aneinander.

»Ist das alles, woran du hier oben denken kannst, wirklich? Du würdest es in der Immobilienwelt nicht weit bringen, befürchte ich.«

»Nein, ich denke nicht.«

»Erinnerst du dich an das Zitat an der Wand deines Büros? Ich denke immer daran, wenn ich hier bin.«

»À nous deux maintenant. Ein Satz von Balzac. Nun wollen wir uns aneinander messen.«

»Ich weiß, woraus das ist«, sagte sie. »*Vater Goriot*. Ich hab das auch gelesen, erinnerst du dich? Nur nicht zu meinem Nachteil.«

Das brachte mich zum Lachen. Wir lachten beide.

»Ich denke daran, fortzugehen«, sagte sie. »Wegzuziehen, nach Los Angeles.«

»Gütiger Gott, wieso das?«

»Wieso nicht? Es ist eine angenehme Stadt. Die Kunst wandert dahin, das Geld, alles. Dorthin verschwindet die Sonne, nachdem sie untergeht, wusstest du das? Ballard will dort ein Büro. In Kalifornien gibt es viele Dinge, die versichert werden müssen. Unmengen von Menschen mit mehr Geld als Verstand, aber Angst vor Erdbeben, Feuer und anderen Menschen.«

»Was ist mit Mike?«

»Den nehme ich mit, wenn er lieb ist.«

Sie starrte immer noch über das Wasser auf die Gebäude, die in meinen Augen so imposant aussahen wie immer. Man wusste, dass es unten dreckig war, aber die Wolkenkratzer waren wie Pilze, wunderschöne extravagante Pilze, die aus dem Dreck wuchsen. Das wollte ich ihr sagen, aber ich wusste, dass sie es anders sah. Sie hatte begonnen, über Los Angeles nachzudenken, vom Westen zu träumen und einem Licht, das anders war als hier, so wie es New Yorker manchmal taten, vor allem im Winter, und dann wieder im Sommer. Und da gibt es nichts, was man für sie tun könnte, sie müssen einfach hinfahren und es mit eigenen Augen sehen. Manchmal ist es das Licht in Paris und manchmal ist es das in Los Angeles. Egal, wo es ist, die Leute müssen es suchen, und wenn sie weg sind, wirken die Straßen zu Hause anders und ruhig. Das ganze Leben in New York bestand aus Straßenecken, Hauseingängen und Türklingeln. Eines Tages würde man klingeln und da oben niemand da sein, um einem zu öffnen, und das wäre auch eine Antwort. Irgendwie war alles mit Immobilien verbunden. Darüber dachte ich nach, und Jala sah es anders.

Die beiden tanzenden Frauen gingen wieder hinein, händchenhaltend, sie teilten ein Geheimnis.

»Schau dir die Baukommission des Williamsburg-Projekts an«, sagte Jala. »Wenn es irgendwo ein Loch gibt, in das sich Kleinvieh reinzwängen könnte, um bei dem Geschäft mitmischen zu können, dann da. Da hätte ich es versucht. Du könntest die ganze Sache aber auch ignorieren. Die alten Männer ihre Spiele spielen lassen. Lass ihnen ihre Stadt. Zieh nach Los Angeles.«

»Ich werde mir das überlegen.«

»Nein, das wirst du nicht. Aber besuch mich mal. Du kannst dann auch im Poolhaus wohnen.«

Sie hakte sich bei mir unter und ich konnte ihr Lächeln spüren. Die Sonne war gerade am Untergehen.

16

Ein früher Feierabend und etwas Schlaf hätten mir bestimmt gutgetan, aber als ich in die Wohnung zurückkam, bemerkte ich eine Sprachnachricht auf meinem Telefon. Sie war von Anna, die mich um ein Treffen bat. Sie entschuldigte sich für die Dringlichkeit, wollte aber so schnell wie möglich mit mir sprechen und fragte, ob ich es, wenn es keine allzu großen Unannehmlichkeiten mit sich brächte, in Betracht ziehen würde, sie noch am selben Abend zu treffen. Sie würde sich bis mindestens zweiundzwanzig Uhr in der Aldous Crumley Buchhandlung aufhalten. Ein Hauch von Entschuldigung lag in ihrer Stimme, oder vielleicht bildete ich mir das auch nur ein, weil ich dachte, dass fast alles andere auf der Welt einer Fahrt mit der L-Linie zurück nach Manhattan wegen einer Buchhandlungsparty vorzuziehen wäre.

»Ich bitte Sie«, sagte sie am Ende der Nachricht, »wenn Sie das hören, kommen Sie, in Ordnung?«

Es war eine warme Sommernacht und auf den Bürgersteigen von SoHo tummelten sich Galeristen, die von der Arbeit kamen, und junge Leute, die vor den Bars standen und eine Zigarette rauchten. Aldous Crumley war ein etwas verwinkeltes Geschäft in der Spring Street, in der das Licht die ganze Nacht über brannte, damit jeder, der auf die Idee kam, den Laden auszurauben, sehen konnte, dass es dort nur Bücher gab. Der Partyraum befand sich unter dem Straßenniveau im Keller. Es war heiß dort unten, so wie immer, und es tummelte sich die übliche Horde von Verlagsleuten, Studenten und Spinnern, die bei Lesungen auftauchen, um den Autoren Fragen zur Warren-Kommission zu stellen. Vermutlich war ich früher auch einer dieser Spinner, oder eine andere Art von Spinner. Man braucht sie alle. Als ich die Kanzlei verließ, schien mir die Welt der Kunst und Literatur sehr aufregend zu sein, so wie sie auf beinahe alle wirkte, die bestimmte Filme gesehen und bestimmte Bücher gelesen hatten und aus einem an New York vorbeifahrenden Rübenlaster gefallen waren. Ich hatte selbst mit dem Gedanken gespielt, eines Tages zu versuchen, ein Buch zu schreiben und eine rauschende Buchparty im Partykeller einer Buchhandlung zu schmeißen. Das hatte sich wie ein schönes und aufregendes Vorhaben angefühlt. Es war schon eine Weile her und in der Zwischenzeit hatte ich mich an die Notwendigkeit erinnert, meinen Lebensunterhalt zu verdienen. In Wahrheit habe ich den Gedanken nie wirklich verworfen. Eine gewisse unerbittliche Nüchternheit treibt mich an, die sich gelegentlich hinter Kompetenz verbirgt und mich, ob ich will oder nicht, immer beharrlich meinen Lebensunterhalt verdienen lässt, ganz gleich, wie viele Fehlentscheidungen ich auf diesem Weg auch treffen mag. Der Keller war voll von Leuten, die sich mit Plastikbechern in Händen mit Bekannten unterhielten. Ich fragte mich, wie viele von ihnen in der gleichen Verfassung waren wie ich. Nicht allzu viele, entschied ich.

Anna war dort, um eine Lesung zu halten. Sie war sozusagen die Hauptdarstellerin. Die beiden Frauen, die man eingeladen hatte, um vor ihrem Auftritt zu lesen, wirkten sehr ernst. Eine von ihnen erkannte ich aus einem Poesie-Kollektiv, dem Ulises angehört hatte, bevor er seine Illusionen verlor und herausfand, wie man Fördermittel beantragte. Die beiden Frauen taten mir leid. Sie hatten sich richtig bemüht, doch dann las Anna, und wäre ich anstelle der beiden gewesen, hätte ich jegliche Hoffnung, alle vorhandenen Pläne aufgegeben und mir einen anderen Beruf, einen anderen Traum gesucht. Sie fassten es aber nicht so auf und ich nahm an, dass genau das das Künstlersein ausmachte. Sie beobachteten Anna mit großer Aufmerksamkeit, als sie von einigen Papierbögen ablas, die in ihren Händen zitterten, obwohl sie nicht nervös zu sein schien. Während sie las, war es still in der Buchhandlung und alle hingen an ihren Lippen. Es war keine Performance, jedenfalls keine aktiv gestaltete, sondern nur eine Lesung. In der Erzählung, die sie las, ging es um eine Frau, die ein Haus im Wald baute, um ihre Überlegungen, wie sie in diesem Niemandsland an Holz und Werkzeug kommen konnte. Es war eigentlich nur ein Fragment. Sie las sechs oder sieben Minuten, und nachdem sie fertig war, atmete, redete und rührte sich niemand. Anna stand vor dem Mikrofon und sah ein wenig verloren, aber auch zufrieden aus. Irgendwann erinnerte sich jemand daran, zu applaudieren, und dann applaudierte auch der Rest von uns. Die Verantwortliche bedankte sich bei Anna, dankte dann auch uns allen dafür, so tapfer gewesen zu sein. Es sei ein wichtiger Abend, sagte sie. Sie sammelten heute offenbar Geld für eine Literaturzeitschrift. Es war eine Wohltätigkeitsveranstaltung.

Ich wartete an der Bar auf sie. Es schien, als ob wirklich alle, die sich an diesem Abend bei Aldous Crumley eingefunden hatten, mit Anna reden oder im Gespräch mit ihr gesehen werden wollten. Sie brauchte zwanzig Minuten, um den Raum zu queren. An der Bar bestellte sie einen Vodka und bat um ein extra Glas mit Eiswürfeln, das ihr der Barkeeper gab. Sie fuhr sich mit den Eiswürfeln über den Nacken.

In diesem Augenblick bemerkte sie mich. Ich fühlte mich ertappt, wie ein Spanner. Ich hatte sie die ganze Zeit über beobachtet. Ein Schweißfilm benetzte ihre Stirn und Schlieren zogen sich über ihre Wangen und ihr Kinn. Man sah ihr an, dass sie sich immer noch ein wenig verloren fühlte, dass die Gespräche mit all den Leuten ihr keinen Halt gegeben und möglicherweise genau das Gegenteil bewirkt hatten; ein Gesicht nach dem anderen, das sie grüßte, sie fragte, wie es ihr gehe, und versuchte, etwas Geistreiches und Schräges über die Geschichte zu sagen, die sie gerade gelesen hatte.

»Ich hatte nicht gedacht, dass Sie so früh hier sein würden«, sagte sie.

»Ich habe Ihre Nachricht gehört. Es war eine anstrengende Woche.«

»Darüber wollte ich mit Ihnen reden.«

Sie fischte zwei Eiswürfel aus dem Extraglass und drückte sie sich auf die Haut.

»Ihr Cut«, sagte sie, »der heilt gut. Grün soll doch die gute Wundfarbe sein.«

Ich hob meinen Finger, hielt mich aber selbst davon ab, hinzugreifen. Es war leicht, den Cut zu vergessen, nur sprachen ihn die Leute immer wieder an und fragten nach. Das war das Problem mit einer Wunde im Gesicht.

»Kommen Sie«, sagte sie, »gehen wir doch hinaus. Es ist so verdammt heiß hier. Ich kann keinen klaren Gedanken fassen.«

»In Ordnung.«

»Schauen Sie niemandem in die Augen. Das ermutigt sie nur. Blicken Sie aber auch nicht zu Boden.«

Draußen war es ebenfalls heiß. Der Sommer war in vollem Gange. Sie fächerte sich mit den Seiten, von denen sie gelesen hatte, Luft zu, bevor das Eis auf ihren Schultern schmolz und sie mich fragte, ob ich mich unwohl fühlte.

Ich erwiderte, dass ich die Hitze mochte. »Sie hilft mir zu schlafen. Hat sie jedenfalls. Ich mag den Sommer in New York.«

»Ich auch«, sagte sie. »Alle sind der Meinung, man müsse raus aus der Stadt, nur warum?« Sie zündete sich eine Zigarette aus einer vollen Packung an. Sie bot mir keine an, ich wollte auch keine. »Sehen Sie, ich war zuletzt nicht mehr ich selbst. Ich war sehr impulsiv.«

»Das sind Sie normalerweise nicht?«

»Nein, das bin ich nicht. Das hat mich früher immer gestört.

Ich habe die ganze Zeit versucht, eine Menge leichtsinniger Dinge zu tun, um daran zu glauben, dass ich jemand anderes wäre. Doch dann wurde ich erwachsen und lernte mich selbst ein wenig besser kennen und hörte auf, so zu tun, als wäre ich eine gottverdammte Fee oder eine Waldnymphe oder sonst was Kindisches. Wenn du das zu lange machst, wirst du nie etwas anderes erreichen, als ein beschissen trauriges Klischee zu sein.«

Irgendjemand, der aus dem Laden kam, winkte ihr. Sie winkte zurück, sah ihm aber nicht in die Augen und ließ ihren Blick auch nicht Richtung Bürgersteig wandern. Ich hatte das Gefühl, dass sie auf etwas Bestimmtes hinauswollte, und schwieg. Nicht weit von uns entfernt befand sich eine Bushaltestelle, ein Mann rannte auf sie zu, als ob dort ein Bus stehen würde, ein Bus, der kurz davor wäre, seine Türen zu schließen und ohne ihn abzufahren, doch da war keiner. Anna beobachtete ihn mit großem Interesse und schien genau zu wissen, was es damit auf sich hatte.

»Ich hätte Sie nicht in die Sache hineinziehen sollen«, sagte sie. »Es war unnötig.«

»Ich war bereits involviert, bevor Sie in Erscheinung traten.«

»Das ist es ja. Man hat Sie reingelegt. Es hätte jeden treffen können.«

Das bezweifelte ich, sagte es aber nicht. Im Wesentlichen hatte ich, wie jeder andere auch, meinen Stolz. Nach kurzem Zögern bat ich sie um eine Zigarette, die sie mir zuvor nicht angeboten hatte. Ich nahm sie, ohne sie anzustecken. Ich brauchte etwas, um meine Hände zu beschäftigen, aber ich wollte sie nicht rauchen.

»Wie fanden Sie das da drinnen?«, fragte sie.

»Die Party?«

»Die gottverdammte Erzählung.«

Sie sah weg, schaute an einer Bushaltestelle vorbei, die dunkle Spring Street entlang, die zur Bowery führte.

»Die war wunderschön.«

»Ich möchte etwas schreiben«, sagte sie. »Etwas Neues. Einen Kriminalroman oder einen Thriller. Ein Buch, in dem etwas geschieht und die Leute nicht nur die ganze Zeit reden und dann im Wald verschwinden.«

»Das können Sie nicht tun«, sagte ich. »Sollten Sie nicht, meine ich.«

»Nein«, sagte sie. »Wahrscheinlich nicht. Ich kenne kaum Kriminelle.«

Nachdem sie ihre Zigarette ausgedämpft hatte, sagte sie, ich solle mich als entlastet betrachten.

»Entlastet wovon?«

»Ihrer Verpflichtung. Das wollte ich Ihnen sagen. Ich hätte Sie nie anheuern sollen. Es war aus einem Impuls heraus.«

»Ich mache gerade Fortschritte«, sagte ich. »Wirkliche Fortschritte, denke ich, ich weiß es noch nicht so genau. Das werde ich aber bald.«

»Ich wünschte, Sie würden es lassen. Ich wünschte, die ganze verdammte Angelegenheit würde sich einfach in Luft auflösen.«

Mir war nicht klar, woher dieser Sinneswandel kam. Ich dachte, ich sollte ihr vielleicht von den gefälschten Prozessschriften und vom *Chinatown*-Drehbuch und all den vagen, wenig überzeugenden Ideen, die ich hinsichtlich der letzten Tage und Wochen ihres Mannes entwickelt hatte, erzählen. Und wenn ich schon dabei war, konnte ich sie auch gleich fragen, warum sie mir nicht erzählt hatte, dass ihr Vater mit Newton – bevor sie ihn kennenlernte – Geschäfte gemacht hatte, dass sie möglicherweise Teil eines Konflikts zwischen den beiden war, einem Groll oder einer schmerzhaften Erinnerung. Hatte sie das nicht als wichtig erachtet? Hatte sie nicht bedacht, dass mir diese Information zu Beginn von Vorteil gewesen wäre?

Doch ich fragte sie nichts davon. Ich sagte ihr nur, dass ich den Scheck bisher nicht eingelöst hatte. Den Vorschuss. Und dass ich es auch nicht tun würde, wenn es darum ging.

»Lösen Sie ihn ein«, sagte sie. »Seien Sie kein Dummkopf. Es ist bloß Geld.«

Bevor ich die Gelegenheit hatte, mich zu lange mit dieser Aussage zu beschäftigen, kamen ihre Freunde aus der Buchhandlung. Drei an der Zahl: zwei Frauen in schwarzen Kleidern und ein hochgewachsener Mann mit auf dem Kopf balancierender Sonnenbrille. Er stand zwischen den beiden Frauen und stützte sie wie ein Zeltmast. Ich erkannte eine der Frauen von dem Abend in der Bar an der Upper West Side, in der man nicht tanzen durfte. Sie war Schriftstellerin und mit Anna in der Sitzecke gesessen. Manchmal war die Stadt so, voller Menschen, die man wiedererkannte, aber nicht kannte. An anderen Tagen lief man einer ganzen Reihe von alten Freunden über den Weg, hatte ihnen aber nichts zu sagen – seit dem letzten Mal war nichts passiert –, und dann stand man nur an der Straßenecke und unterhielt sich darüber, wie heiß es auf den Bahnsteigen der U-Bahn war, oder über Restaurants, die man eigentlich besuchen wollte, es aber nie tat.

»Wir gehen noch wohin«, sagte Anna. »Ich weiß nicht mehr, wohin. Vielleicht ins Max's.«

Ich antwortete nicht. Ich dachte noch darüber nach, was geschehen war, was sie gesagt hatte, als sie mich gefeuert hatte.

»Ich würde mich freuen, wenn Sie mitkommen«, sagte sie. »Sie sollten. Warum nicht, zum Teufel?«

Ein Taxi hielt an der Bordsteinkante. Einen Moment zuvor war das Off-Duty-Licht noch eingeschaltet gewesen. Ohne darüber nachzudenken, stieg ich ein. Der Fahrer wollte eigentlich nicht fünf Leute fahren, doch irgendwann hatte ihn jemand davon überzeugt, dass es besser sei, als leer zu bleiben. So eingepfercht in einem Taxi zu sein, das war schon eine ganze Weile her. Der große Mann saß auf dem Beifahrersitz und unterhielt sich mit dem Fahrer, fragte ihn, woher er komme, und blieb an der Sache dran, obwohl der Fahrer offensichtlich keine Lust auf Konversation hatte. Er wollte gar nichts mit uns zu tun haben, er wollte nur das Taxameter laufen sehen und die Fahrt hinter sich bringen. Wir waren zu viert auf der Rückbank. Die Frauen waren alle parfümiert and sprachen von Leuten, die auf der Party gewesen waren und von jemandem, der nicht dagewesen war, eine Frau, die entweder Allison oder Kathy hieß. Es hörte sich an, als würden sie sich in einer Art Geheimsprache unterhalten. Ich kurbelte das Fenster herunter und steckte meinen Kopf hinaus wie ein Hund. »Schau mal, bitte! Diese Rasse kenne ich gar nicht«, sagte tatsächlich jemand auf dem Bürgersteig, als wir auf die Bowery bogen, und meinte damit mich, den Kopf aus dem Fenster gestreckt.

Als ich mich wieder ins Innere des Wagens zurückzog und zurücklehnte, stellte mich Anna vor. Sie tat es, wenngleich auch spät, auf eine liebenswürdige Weise.

»Er hat mir einen Gefallen getan«, sagte sie.

Sie befand sich auf dem anderen Ende der Rückbank und schaute aus dem anderen Fenster auf die Bowery.

Die Frau, die neben mir saß, sagte, dass sie mich erkannt habe. »Sie sind doch Anwalt, oder?«

Sie erzählte, dass ich einen Bekannten von ihr vertreten

habe. Einen Freund, einen Typen, mit dem sie sich treffen würde, einen Maler aus den Niederlanden. Er habe auf die Wohnung eines Galeristen aufgepasst, der den Sommer über in Amsterdam verbrachte, um dort einen Club zu leiten, oder eine Ausstellung, die in einem Club stattfand, was es genau war, wisse sie nicht. Der Galerist befand sich also in Holland und der Maler in New York, in dem Apartment im Meatpacking-Viertel. Er sei ein von Regeln besessener Mann. Einer mit Armeeerfahrung. Einer, der jeden Morgen aufwacht und erst einmal mit fünfhundert Liegestützen und tausend Sit-ups beginnen muss, bevor er auch nur daran denken kann, seine Farben zu mischen. Nur neige er zu Nackenschmerzen und das Schlafen in einem fremden Bett mache diese noch schlimmer. Bevor er seine Liegestütze und Sit-ups nicht erledigt hätte, könne er nicht arbeiten, sodass er an Tagen, an denen er noch steif von der Nacht ist, stundenlang auf dem Boden liegt und nur alle zehn Minuten einen einzigen Liegestütz oder Sit-up zustande bringt. Wenn er die selbstauferlegte Anzahl nicht erreicht, verbietet er es sich, zu malen.

»Können Sie sich vorstellen«, fragte sie, »dass eine Routine Sie so manisch macht, dass Sie beginnen, sich selbst aufzufressen, wie eine Schlange, die ihren eigenen Schwanz frisst?«

Es klang, als hätte der Mann einen starken Eindruck bei ihr hinterlassen. Als würde sie ihn vermissen. Ich versuchte mich daran zu erinnern, wer er war, dieser Mandant, ein holländischer Maler mit Rückenschmerzen. »Wofür wurde er eingebuchtet?«, fragte ich.

»Wegen des Apartments«, sagte sie. »Es war nicht seines. Sind Sie nicht der Anwalt?«

Anna lachte. Ich hätte nicht gedacht, dass sie uns zugehört hatte. Sie blickte noch immer aus dem Fenster. Das Taxi hielt vor einer Bar am unteren Ende der Clinton Street in Chinatown. Kein Ort, den ich wiedererkannte. In diesem Viertel eröffneten laufend neue Lokale, und alte Lokale wechselten das Management oder wurden umbenannt oder änderten sonst irgendetwas. Ich glaubte, noch nie in dieser Bar gewesen zu sein. Die anderen gingen hinein. Anna fragte mich, ob ich mit ihr draußen bleiben und eine Zigarette rauchen würde.

»Sie müssen nicht bleiben, wenn Sie nicht wollen«, sagte sie.

Ich fragte, ob es in der Bar etwas Peinliches gebe. Ob es eine Banker-Bar sei?

»Sie haben bereits die peinlichsten Dinge gesehen, die ich mache«, sagte sie. »Ich heuere Anwälte an, um den Tod meines Mannes zu untersuchen, ich tanze grottenschlecht und ich sitze zu Hause und schreibe Geschichten über Bauprojekte.«

»Die Sie dann auf Partys lesen.«

»Richtig!«, sagte sie. »Ich lese sie auf beschissenen Partys.«

»Ich fand sie wunderbar.«

»Das haben Sie bereits gesagt. Aber es spielt keine Rolle, was jemand anderes sagt. Das ist ja das Problem.«

Sie sah wieder an mir vorbei. Auf der anderen Straßenseite war ein Laden, in dem man handgezogene Nudeln kaufen konnte. Der Koch hatte den Teig ausgerollt und war gerade dabei, ihn zu Nudeln zu verarbeiten. Dazu musste er ihn immer wieder auf die Arbeitsplatte werfen, was ein dumpfes Geräusch verursachte, das zu uns über die Straße hallte. Der Klang machte mir den Mund wässrig, obwohl ich nicht wirklich hungrig war.

»Wissen Sie«, sagte sie, »Newton war mein Rückhalt. Auf eine kaputte Art und Weise, aber er war es. Ich konnte einfach verschwinden und ihn zurücklassen, drei oder sechs Monate, egal, wie lange ich brauchte. Während ich weg war, traf ich mich mit vielen Leuten, tat viele bescheuerte Dinge und kam überhaupt nicht zum Arbeiten. Dann kehrte ich zurück und er kümmerte sich um alles, um mich, um uns. Dann erst konnte ich schreiben. Das klingt bestimmt geschmacklos. Verdammt toxisch vielleicht, aber es hat für uns beide funktioniert. Als das nicht mehr der Fall war, entschied ich mich, das Weite zu suchen. Das passiert eben, meinen Sie nicht? Alles hat ein Ende, irgendjemand muss es beenden.«

»Jede Ehe ist anders«, sagte ich.

»Waren Sie je verheiratet?«

»Nein.«

Sie nickte ernst, lachte nicht, antwortete nicht und stellte mir auch keine weitere Frage.

Genau da kam eine andere Gruppe Menschen von der Ecke Clinton Street. Sie waren zu fünft oder sechst und schienen sich gut zu amüsieren. Sie suchten die Bar, die kein Schild draußen hängen hatte, und einer von ihnen fragte mich, ob das die Bar sei. Ich sagte ihm, dass sie es sei. Dass sie es sein müsse. Nachdem sie weg waren, wirkte Anna verändert. Ihre Stimmung von vorhin hatte sich verflüchtigt.

Sie hatte genug gebeichtet. Hatte genug geraucht.

»Ich schätze alles, was Sie bereits getan haben. Es tut mir leid, dass ich so viel Ihrer Zeit in Anspruch genommen habe.«

»Das war's dann also?«

»Soweit es mich betrifft, ja. Ich hoffe, Sie lösen den Scheck ein. Und, danke.«

Sie lehnte sich vor, um meine Wangen zu küssen, hielt dann aber inne. Es war nur die Geste, die Leute so machen.

17

In der Nacht, gegen zwei oder drei Uhr früh, erhielt ich einen Anruf. Ich war bereits im Bett und musste im Bettzeug nach dem Telefon suchen. Es war Anna. Sie klang betrunken oder high, oder beides.

»Haben Sie nicht geschlafen?«, fragte sie, wartete aber keine Antwort ab.

Wo auch immer sie sich befand, es war sehr still, dann verging ein Moment und im Hintergrund war lautes Getöse zu hören, aber nur einen Augenblick lang, als wäre sie in einer dieser altmodischen Telefonzellen, die manchmal noch in Restaurants zu finden waren, speziell in Midtown-Restaurants oder bei Italienern in Brooklyn, solche, in die man nur mit Vorreservierung reinkam und die freie Tische nur an Samstagabenden hatten, genau dann, wenn man eigentlich nicht damit rechnete, dass sie nicht voll gebucht waren. Außer bei den Italienern musste man damals nirgendwo in Brooklyn reservieren, und das waren genau die Lokale, in denen man diese alten Telefone finden konnte.

»Ich schreibe an etwas Neuem«, fuhr Anna fort. Sie klang dabei noch immer seltsam körperlos, vielleicht war sie aber auch nur müde. »Es sollte eigentlich nicht so sein«, sagte sie, »aber so ist es. Ich bin immer so, wenn ich am Beginn von etwas Neuem stehe. Unheimlich, verwirrt. Es ist ein Kampf zwischen Selbstsicherheit und Verzweiflung. So ist es jedenfalls bei mir. Ich bin mir ziemlich sicher, dass Martin Amis einfach seinen Bademantel öffnet und einen neuen Roman herauspisst. Oh Gott, vielleicht bin ich ein wenig unsicher. Ich rede nie über andere Schriftsteller, jedenfalls nicht über die Briten. Und ich beginne immer damit, Witze zu reißen. Und dann führe ich noch diese alberne kleine Nummer auf, als wäre ich in den Catskills und würde den gottverdammten Sommerferienzirkus leiten. All diese ausgeklügelten, in die Länge gezogenen Konstrukte, die keine Pointe haben.«

Während sie weiterredete, stieg ich aus dem Bett und setzte Kaffee auf. Als er aufgebrüht war, goss ich ihn über Eiswürfel und sah zu, wie sie schmolzen und den Kaffee verdarben, der ohnehin nicht gut gewesen wäre. Es war einer dieser Espressoziegel, die sie im Gemischtwarenladen um zwei Dollar verkauften. Wenn man ihn auf Eiswürfel und zu sehr kalter Milch goss, konnte er an einem heißen Abend aber tröstlich sein.

»Worum geht es in der Geschichte?«, fragte ich. Ich hatte vor, sie zu fragen, was sie sich dabei dachte, mich anzurufen. Sie hatte mich gefeuert.

»Eine Frau, die ihren Mann umbringt«, sagte sie. »Sie ist eine Malerin.«

»Wieso bringt sie ihn um?«

»Um herauszufinden, ob sie malen kann.«

»Kann sie das nicht tun, während er noch lebt?«

»Genau das ist es, was sie herausfinden muss. Ich habe erst begonnen. Das muss ich noch ausarbeiten.«

Ich sagte ihr, dass es mich freue. Es klinge wie ein spannendes Projekt. Sie sei sicher glücklich, wieder am Schreiben zu sein. Dann gab es eine lange Pause am anderen Ende der Leitung. Ich dachte bereits, sie habe aufgelegt, bis ich ein Geräusch wahrnahm. Es hörte sich an, als würde jemand Geschirr in eine Industriespülmaschine werfen, vielleicht bildete ich mir das aber nur ein und ließ mich von meinen Gedanken in die Irre führen, während ich an mir unbekannte Orte und Berufe dachte.

»Ich bemühe mich auszuarbeiten, wie sie es macht«, sagte

sie. »Da stecke ich gerade fest. Ich dachte, Sie könnten das ein wenig mit mir durchsprechen. Wenn es Ihnen nichts ausmacht. Ich hätte wahrscheinlich nicht anrufen sollen. Sind Sie überhaupt allein?«

»Ist schon in Ordnung«, erwiderte ich. »Ich habe nur noch nie jemanden umgebracht. Ich bin kein Experte.«

»Ich eben auch nicht. Diese Geschichte, ich habe sie jetzt begonnen, sie ist gut, ich mag sie und denke andauernd daran. Aber da soll es diesen Mord geben, und was ich nicht begreifen kann, ist, warum sie es eigentlich tun sollte. Ich frage mich andauernd, welchen Unterschied es macht, ob sie ihn umbringt oder er einen Herzinfarkt erleidet oder eine Flasche Zyankali trinkt? Wie auch immer er es beendet, sie bringen sich immer noch gegenseitig um. Sie sind der Anwalt, ergibt das irgendeinen Sinn? Wir bringen einander oft um, nur geschieht es schleichend. Niemand bemerkt es, und solange man nicht den Abzug betätigt, tun wir so, als wäre alles in Ordnung. Wir laufen alle den ganzen Tag herum und wischen unsere Fingerabdrücke ab. Das beschäftigt mich die ganze Zeit über.«

Ich überlegte, mir ein Glas Wasser zu holen, aber ich wollte mich nicht bewegen. Vielleicht hätte ein anderer Anwalt eine Antwort darauf gehabt. Ich resignierte und schwieg. Schweigen ist die halbe Miete in unserem Job, nur sagt einem das beim Jurastudium keiner. Sie erzählen einem immer nur von anderen Dingen, von Rechtsprechungsschlachten und Gründungsprinzipien, aber nichts davon, wie man sich zu verhalten hat, wenn eine Mandantin um drei Uhr morgens anruft und reden will. Diese Erfahrung muss man selbst machen, wobei es sich in meinem Fall inzwischen weder um eine Mandantin noch einen Job handelte. Sie hatte mich vor einer

Buchhandlung gefeuert. Wir waren einfach zwei Menschen, die miteinander telefonierten und nicht wussten, wie spät es war.

»Ich denke darüber nach, ihn gleich auf der ersten Seite umzubringen«, sagte sie. »Wie in einem Krimi.«

»Wieso wollen Sie einen Krimi schreiben?«

»Ein derart effizienter Beginn hätte durchaus seine Vorteile. Das ist entscheidend.« Sie lachte darüber. Die Idee schien ihr wirklich zu gefallen.

»Wenn es keinen Unterschied macht«, sagte ich, »wieso ist er nicht davor passiert?«

»Sie meinen, bevor der Roman beginnt?«

»Wieso nicht? Die Sache liegt in der Vergangenheit, etwas, das sie bereits hinter sich gelassen hat. Sie versucht zu malen.«

Ein weiteres Lachen, dieses Mal tiefer, als würde es durch die Telefonleitungen – von wo auch immer sie anrief – bis hierher dröhnen. Man konnte leicht vergessen, dass ganz New York irgendwie physisch vernetzt war. Gasleitungen, Telefone, Strom, Kabel, Abwasser. Dutzende verschiedene Versorgungsleistungen krochen unter den Straßen hindurch. Ich wusste nicht, wo sie war. Vielleicht in ihrem Apartment oder vielleicht sogar im Brownstone oder einem Restaurant mit Telefonzellen und einem Besitzer, der an seiner Bar herumlungerte und sie beobachtete, über sie nachdachte und sich fragte, ob sie irgendwann nach Hause gehen oder die ganze Nacht bleiben und ihn auf diese Weise am Zusperren hindern würde.

»Sollen wir uns irgendwo treffen?«, fragte sie. »Gütiger Gott, ich gehe Ihnen auf die Nerven. Das tut mir wirklich leid.«

»Sicher, möchten Sie was trinken?«

»Wie wäre es mit Frühstück? Haben Sie bereits gegessen? Da gibt es ein Diner am unteren Ende der Brücke.«

Sie begann, das Diner zu beschreiben, wie die Wände aussahen. Sie konnte sich weder an den Namen des Lokals noch die Ecke, an der es lag, erinnern, aber ich wusste, welches sie meinte. Es lag in der Nähe des unteren Endes der Williamsburg Bridge in Manhattan. Aber ich kannte den Namen auch nicht.

»Ich kann in vierzig Minuten dort sein«, sagte ich.

»Macht es Ihnen nichts aus? Oh Gott, das ist so nett von Ihnen. Sind Sie sicher, dass Sie noch nicht geschlafen haben?«

Ich erfrischte mich mit kaltem Wasser und schüttete den Kaffee mit dem geschmolzenen Eis in einen Plastikbecher. Ich nahm mir vor, zum Diner zu laufen. Bald würde es hell werden und Ströme chassidischer Juden würden über den Fußweg laufen, um zur Lower East Side zu gelangen. Ich fühlte mich immer fleißiger, wenn ich inmitten arbeitender Menschen unterwegs war. Als ich dabei war, die Wohnung zu verlassen, läutete das Telefon erneut.

Es war Anna. »Sie sind noch nicht unterwegs«, sagte sie.

»Ich war gerade auf dem Weg hinaus.«

»Ist schon gut. Ich dachte nur, dass ich vielleicht ein wenig Schlaf nachholen sollte. Dass ich schlafen muss.«

»Natürlich.«

»Ich hoffe, ich habe Sie nicht genervt. So bin ich, wenn ich an etwas Neuem arbeite.«

»Unheimlich.«

»Habe ich das so gesagt? Klingt das nicht ein wenig lächerlich?«

»Viel Glück damit. Sagt man das so unter Schriftstellern? Schauspieler sind doch diejenigen, die abergläubisch sind.«

»Ich glaube, alle sind es. Es kommt nur darauf an, worüber man spricht.«

Diesmal dauerte die Pause eine halbe Minute, vielleicht auch länger, dann hörte ich ein leises Klicken. Die Verbindung war gekappt. Ich entschied mich, trotzdem zum Diner zu laufen. Der Kaffee hatte mich wach gemacht und ich wollte hinausgehen und mit den chassidischen Juden zusammen sein. Zu dieser Stunde waren etwa hundert von ihnen auf der Brücke, einige gingen allein, aber die meisten waren in Dreier- oder Vierergruppen unterwegs und unterhielten sich mit ernster Miene, während ihre Mäntel im Wind wehten. Es wirkte, als führten sie alle ein und dasselbe Gespräch, nur dass man keine Ahnung hatte, worüber sie sprachen, außer sie wollten, dass man es wusste.

18

In der darauffolgenden Woche geschah etwas Seltsames. Eigentlich war ich es, der etwas Seltsames tat. Es war ein Dienstagvormittag und ich ging ins Filmforum-Theater, wo sie eine 11:15-Matinee mit dem 1968 von Tomás Gutiérrez Alea gedrehten Film *Erinnerungen an die Unterentwicklung* zeigten, den Ulises mir als eine kubanische Variante von *8½* beschrieben hatte. Was ziemlich genau zutraf, wie sich herausstellte. Im Zentrum stand ein Mann im Anzug, der durch Havanna flanierte und dabei darüber sinnierte, wie es dazu gekommen war, dass die Dinge aus dem Ruder liefen. Und manchmal traf er sich auch mit einer Frau. Die 11:15-Vorstellungen waren nie gut besucht, aber an dem Tag, jenem Dienstag, vier oder fünf Tage nach der Party in der Aldous Crumley Buchhandlung, während der mich Anna gefeuert hatte, standen wir nur zu dritt an der Kasse, um den Film zu sehen. Die anderen beiden Leute waren Deborah Eisenberg und Wallace Shawn. Ich erkannte sie beide. Ich hatte ein paar ihrer Bücher gelesen und ihn in einigen wirklich lustigen Komödien gesehen, aber auch in ein paar, die es nicht waren. Es war nichts Außergewöhnliches, sie da zu sehen. Er trug mit Absicht eine Schiebermütze, so als könnte ihn irgendjemand erkennen, wenn er sie nicht tragen würde, oder als wäre ihm kalt. Er nahm sie erst ab, als sie uns ein paar Minuten vor Filmbeginn Einlass in den Saal gewährten. Ich setzte mich direkt hinter die beiden. Das Theater war leer, ich hätte also überall sitzen können. Sie saßen nicht in der Mitte, sondern näher am Gang, weiter hinten im Raum, und rund um sie herum standen ungefähr hundert freie Sitzplätze zur Verfügung. Aber ich fühlte mich dazu verpflichtet, so als hätte man mir diesen Sitzplatz zugeteilt. Es war klar erkennbar, dass sich Wallace Shawn darüber ärgerte. Er knüllte seine Mütze zusammen und murmelte irgendetwas vor sich hin. Eisenberg wandte sich zu mir, grüßte und fragte mich dann, ob ich den Film bereits gesehen hätte. Ich sagte ihr, dass ich ihn noch nie gesehen hätte, es sei also mein erstes Mal, aber dass ich ihn aufgrund der Empfehlung eines Freundes ausgesucht hätte.

»Sie werden ihn lieben«, sagte sie. »Sie haben auch den richtigen Ort dafür gewählt. Es gibt doch nichts Besseres, als ein leeres Theater wie dieses, nicht wahr?«

Zu hören, wie wir einräumten, dass das Theater leer war, machte Wallace Shawn noch wütender. Ich weiß nicht mehr, wie lange es so weiterging, dass wir drei über den Film und das Filmforum-Theater generell, über die Spielpläne und auch über die Filme, die wir in den letzten Monaten gesehen hatten, sprachen. Damals hatten die Vorführräume ein Gefälle und die hintere Hälfte des Kinos war etwas niedriger als die vordere. Das habe mit den in der Nähe verlaufenden U-Bahn-Gleisen zu tun, erklärte Eisenberg, und genau in dem Moment rumpelte ein Zug unter uns durch. Ich hatte den Verdacht, dass Wallace Shawn gleich seinen Ellenbogen nach mir ausfahren, das Management zu Hilfe holen oder den Raum verlassen würde. Ich hatte noch nie jemanden erlebt, der so wütend darüber war, dass eine andere Person in seiner Nähe saß, nicht einmal neben ihm, aber trotzdem in seiner Nähe. Dann begann endlich der Film und wir mussten uns nicht mehr unterhalten. Als der Film vorüber war und die Lichter angingen, sagte mir Shawn, dass ich einen verdammt perfekten Film versaut hätte, und ob ich jetzt glücklich sei, ob ich eine primitive Befriedigung dadurch erlangt hätte, dass ich ihm zwei Stunden in den Nacken geatmet hätte?

Das war das ganze Ausmaß unserer Interaktion. Ich fühlte mich deswegen ziemlich mies. Einen Fall zu verlieren, war eine Sache, aber noch immer keine Berechtigung dazu, sich wie ein Idiot aufzuführen. Den restlichen Nachmittag verbrachte ich damit, meine Akten in Ordnung zu bringen und die nächsten Schritte zu planen. Ich brauchte neue Arbeit, irgendetwas, das mich beschäftigte und davon abhielt, ins Kino zu gehen und Leute zu ärgern, die ich erkannte. Ich schlief lange, zum ersten Mal seit einer gefühlten Ewigkeit, und bereitete mir ein ausgiebiges Frühstück mit Eiern und Würstchen zu, füllte eine Thermoskanne mit Kaffee, fügte Eiswürfel hinzu und ging nach unten. Ich hatte einen Campingsessel und saß ab und zu gerne draußen auf dem Bürgersteig, wo ich meine Nachbarn beobachten konnte. Es war das italienische Viertel von East Williamsburg. Hier saß eine ganze Menge Leute gerne so herum.

Oben in meinem Apartment warteten dreißigtausend Dollar auf mich. Ich musste immer wieder an Annas Scheck denken, konnte mich aber nicht dazu aufraffen, ihn einzulösen, solange die Banken geöffnet waren. Ich dachte auch über Newton Reddick und die Fehler nach, die er gemacht hatte, und dass es vielleicht gar keine Fehler waren, sondern nur Anstandsverfehlungen, auch wenn er das wahrscheinlich anders gesehen hatte. Er hatte sich von seinen Verfehlungen auffressen, sogar seine Ehe zerstören lassen, wobei die möglicherweise von Beginn an getrübt war, aus anderen Gründen, oder grundlos, schicksalsbedingt. Während ich darüber nachdachte, blätterte ich durch mein abgenutztes Exemplar von Twains *Leben auf dem Mississippi*. Ich war nicht derjenige, der dem Buch die Eselsohren verpasst hatte. Ich würde das keinem Buch antun, nicht einmal einem Taschenbuch, obwohl es eine ganze Menge anderer Dinge gab, die ich unter gegebenen Umständen und Gelegenheiten tun würde. Es war ein weiterer heißer Vormittag. Die alten Damen auf der Straße fächelten sich Luft zu und der Williamsburger Falke kreiste über den Dächern, auf der Suche nach Tauben.

Da kam Ulises vorbei und erzählte mir, dass Marcel verschwunden sei. Unser Freund Marcel Gonscalves. Ich hatte vergessen, dass Ulises und Marcel einander kannten. Ich hätte es wissen müssen. Ulises war beinahe mit allen bekannt und wahrscheinlich hatte ihn die Tatsache gereizt, dass Marcel ein Hehler war, wenngleich auch ein sehr vornehmer.

»Wo ist er hin?«, fragte ich.

»Ich weiß nicht wohin«, sagte Ulises. »Kumpel, genau deshalb bin ich ja hier. Er ist verschwunden.«

Die Lage war offensichtlich ernst. Ziemlich ernst. Immerhin waren die Leute besorgt.

Laut Ulises war Marcel schon eine Woche weg. Er nehme keine Anrufe entgegen und rufe auch nicht zurück, beantworte keine E-Mails und habe sich auch nicht im Golden

Hound blicken lassen, was der ungewöhnlichste Aspekt an der ganzen Sache sei, weil Marcel ein Gewohnheitstier sei, geradezu obsessiv, oder gewissenhaft, wenn man großzügig sein wolle. Seine Freunde im Café – die Stammgäste, die Abräumer und die Künstler, die ihre Bilder dort an den Wänden sehen wollten – seien bereits dabei, einen Suchtrupp zu organisieren, erzählte Ulises. Sie hätten schon in Kliniken und Krankenhäusern angerufen, so wie in früheren Zeiten im Village, als eine Person verschwinden und dann Wochen später in einem Krankenhaus auftauchen konnte, krank oder zusammengeschlagen, mehr tot als lebendig.

»Haben sie es bei James versucht?«, fragte ich.

Ulises sagte, er wisse es nicht, denke aber nicht, und fragte, wer James sei.

»Sein Freund«, erwiderte ich. »Der neue Typ. Oder auch nicht so neu. Sie sind seit einigen Monaten zusammen.«

»Die wissen nichts von einem Freund«, sagte Ulises.

So hat alles angefangen. Wir liefen zum Golden Hound und fragten den Manager, der den gerade entstehenden informellen Suchtrupp leiten sollte, ob sie es bei James schon versucht hätten. Er glaube nicht daran, dass es einen Freund gäbe. Er würde davon wissen, vor allem, wenn sie sich in seinem Café begegnet wären, umso mehr, wenn der Kerl auch ein Stammgast gewesen wäre, der sich ausgerechnet Marcel angenähert hätte und dabei erfolgreich gewesen wäre. Die Abräumer hätten es bemerkt und erwähnt, das täten sie immer. Der Manager hieß Frank. Er schleppte gerade eine Mehllieferung herein, während er mit uns sprach. Ich wollte den Mann nicht belehren, also hinterließ ich meine Karte mit meiner Nummer und ging dann mit Ulises zur Twenty-Second Street. Dort befand sich das Haus, das Kutscherhaus, das Marcel angestarrt hatte, als wir uns damals getroffen hatten. Das Haus, das ihn zu beunruhigen schien, als wir damals durch die Gegend streiften und über gestohlene Bücher und Gramsci und seine Reise nach Beacon sprachen, die Reise, die im Hudson River endete. Davon erwähnte ich aber nichts. Ich erzählte ihm vom Kutscherhaus und er stimmte mir zu, dass das der Ort war, an dem wir beginnen sollten.

Es war ein hübsches Haus mit allem, was das Herz begehrt. Ein Haus, das einen dazu veranlasste, zweimal darüber nachzudenken, ob man wirklich in New York leben möchte, weil man sich so ein Haus selbst nie leisten könnte. Eine Frau öffnete die Tür. Sie war fünfzig oder fünfundfünfzig Jahre alt. Zierlich. Ich fragte, ob James dort wohne, und sie schaute mich nur misstrauisch an, doch dann strich sich Ulises verunsichert durch seine lange Dichtermähne und sprach auf Spanisch mit ihr. Sie kam aus Kolumbien. Sie waren praktisch Landsleute. Er erzählte mir später, dass Venezuela, Kolumbien und Ecuador bis vor nicht allzu langer Zeit noch ein Land gewesen seien, und auch, dass er, Ulises, Simón Bolívar ähnelte: Das würden ihm die Leute immer wieder sagen. Ja, ein Mann namens James würde hier wohnen, sagte sie, James Thurgood, nur sei sie nicht befugt, mehr zu sagen, so leid es ihr auch tue.

Ulises bedrängte sie ein wenig und da sagte sie, dass er nicht in der Stadt sei. Er habe ein Haus außerhalb. Sie glaubte zu wissen, dass es sich in Beacon befand. Sie kannte die Adresse nicht. Sie sei nur einmal dortgewesen, um dabei zu helfen, das Haus für eine Party in Schuss zu bringen. Es liege aber in der Nähe des Bahnhofs. Das wisse sie deshalb noch, weil sie vom Bahnhof zum Haus gelaufen sei und es dabei begonnen hatte zu regnen und sie weder Jacke noch Regenschirm dabeihatte.

»Es gibt einen Zug um zehn nach eins auf der Hudson-Linie«, sagte Ulises. »Der nächste geht dann um zwanzig nach zwei.«

Solche Dinge wusste er immer. Zugfahrpläne, Vorstellungszeiten und Aktienkurse.

Wir erreichten den Zug in letzter Sekunde. Es war ein Expresszug, der die Stadt und all die schmutzigen kleinen Vorstädte schnell hinter sich ließ, und um halb zwei waren wir auf dem Land, wo sich der Fluss ausbreitete und in alle Richtungen wogte, nicht wie in der Stadt, wo ihm eine gerade Linie aufgezwungen worden war und er sich mit dem Harlem River und dem East River vereinte. Letzterer war eigentlich kein Fluss, sondern ein Gezeitenstrom. Im Norden war der Hudson ein sauberer Gebirgsfluss. Man konnte Leute in Kajaks und Ruderbooten sehen, die ein angenehmes Leben auf dem Land führten. Ulises schlief ungefähr eine Stunde. Er konnte überall schlafen. Als er aufwachte, wollte er über Anna Reddick sprechen, meine Mandantin, oder meine ehemalige Mandantin, wovon er allerdings nichts wusste, weil ich ihm nicht erzählt hatte, dass ich gefeuert worden war. Er wollte von mir wissen, ob ich meinte, dass sie ein Genie sei. Er vermutete, dass sie genial sei, war sich aber nicht sicher und wollte deshalb meine Meinung hören, meine juristische Meinung. Ich versicherte ihm, dass sie in jedem Fall über viel künstlerisches Temperament verfüge.

»Das ist Schwachsinn«, sagte er. »Lass dich davon nicht beirren. Das ist wichtig. Denke nur an die Arbeit.«

Ich dachte darüber nach: über ihre Arbeit, ihre Bücher. »Ja«, sagte ich, »sie ist wahrscheinlich eines.«

»In diesem Fall ist es besser, ihr aus dem Weg zu gehen«, sagte er. »Du kannst nur den Arbeitenden vertrauen. Die richtigen Genies, die lassen dich fallen, ohne mit der Wimper zu zucken; mit uns Angestellten weißt du, woran du bist.«

Da fuhr der Zug auch schon in Beacon ein. Wir waren praktisch die Letzten, die ausstiegen. Die Hauptstraße der Stadt erweckte einen halb verlassenen Eindruck, nicht unbedingt von Unkraut überwuchert, der Ort schien aber in einer anderen Zeit für Menschen mit anderen Anforderungen erbaut worden zu sein, was vielleicht auch der Fall war. Ich wusste nicht viel über Beacon. Was kaum einen Unterschied machte, dachte ich. Es war eine Kleinstadt wie jede andere, vielleicht ein wenig hübscher, näher zur Stadt oder weiter entfernt als andere. Das Rathaus war nur einen kurzen Spaziergang vom Bahnhof entfernt, wie so ziemlich alles andere auch. Als wir das Standesamt fanden, hatte es, ebenso wie das Grundbuchamt, bereits geschlossen. In der Lobby nahe der Tür gab es eine Telefonzelle. In den Weißen Seiten fand ich den Eintrag: »Thurgood, James, 27 South Cedar Street.« Eine Stadtkarte hing an der Wand. Obwohl ich die Adresse von James Thurgood bereits hatte, blätterte ich, ohne es näher zu erklären, auch die Gelben Seiten durch. Es war mir wahrscheinlich nur peinlich, obwohl es keinen Grund dafür gab. Ulises wusste alles über die Vorahnungen, die halb vergessenen Details und die kleinen Einfälle, die an einem nagten, wenn man unaufmerksam war. Auf der Zugfahrt hatte ich mich daran erinnert, dass Beacon die Stadt war, in der Liam Moore seine alte Büchersammlung aufbewahrt hatte, die er all die Jahre zuvor von Newton Reddick hatte beglaubigen lassen, wobei es eine sehr milde Art von Betrug gewesen war, die dem einen Profit und dem anderen Qualen gebracht hatte. Es hieß Moore Museum, eine gemeinnützige Bildungseinrichtung. Zum Museum gab es keinen Eintrag.

Es hätte sich natürlich auch um ein anderes Beacon handeln können, in einem anderen Staat, doch das glaubte ich nicht. Ich hatte Jalas Akten sorgfältig studiert. Ich suchte nach Mustern oder etwas anderem.

Wir gingen zur Cedar Street, die sich am anderen Ende der Stadt befand. Die Stadt war klein und man kam zu Fuß bequem von einem Ende zum anderen. Wir gingen über die Main Street, wo es Eisdielen und Flohmärkte gab und schließlich einige Leute herumlungerten, die aussahen, als warteten sie darauf, dass irgendetwas oder irgendjemand auftauchte, vielleicht die restlichen Stadtbewohner. In der Nähe der Main Street waren die Häuser klein und eng aneinandergereiht, doch ein paar Blocks weiter südlich waren die Grundstücke bereits größer und erlaubten mehr Privatsphäre. Twenty-Seven South Cedar war ein schönes, breites Split-Level-Haus mit einer umlaufenden Veranda und einem grünen Rasen.

Ulises bezeichnete es als Apfelkuchenhaus. Er fragte mich, ob ich wirklich dächte, dass Marcel hier sein könnte. Wir standen vor der Veranda, blickten zum Haus und seinen Tüllgardinen hinauf.

»Natürlich, wieso sollte er nicht hier sein?«, sagte ich, wusste aber, was er gemeint und wieso er gefragt hatte.

Ein Mann in den späten Fünfzigern kam zur Tür, ein gepflegter Mann in gebügelten Hosen und einem gestärkten weißen Button-Down-Hemd. Er hatte die Ärmel bis zu den Ellenbogen hochgekrempelt. Ich hatte den Eindruck, dass er auf seine Unterarme stolz war, ein wenig eitel vielleicht, obwohl es gut sein konnte, dass er gerade gekocht hatte. Vielleicht hatte er die Ärmel nur deshalb hochgekrempelt, weil es warm im Haus war. James Thurgood, Werbemanager im Ruhestand, Bürger von Manhattan und Beacon, New York. Er grüßte freundlich. Hinter ihm stand Marcel in einem T-Shirt. So leger bekleidet hatte ich ihn noch nie gesehen.

»Gütiger Himmel«, sagte Marcel, als er uns sah. »Sie haben die Pfadfinder geschickt.«

Ich erzählte ihm vom Suchtrupp, seinem vermeintlichen Verschwinden und von Frank im Golden Hound.

»Die denken, alles weiter entfernte als die Fifty-Seventh Street befindet sich auf der dunklen Seite des Mondes«, sagte er.

»Du hast keine Nachricht hinterlassen. Sie dachten, dir sei etwas zugestoßen. Sie waren in Sorge um dich.«

Marcel zuckte mit den Schultern und lächelte. »Was soll mir schon passieren?«

Sie luden uns ins Haus ein und führten uns herum. Es war ein solides, altes Ding mit viel Hartholz und einigen schönen Möbeln, und es gab keine Anzeichen dafür, dass jemand dort gegen seinen Willen festgehalten wurde, ganz im Gegenteil. Marcel war derjenige, der uns herumführte. Das schien James zu gefallen, der ein paar Meter hinter uns blieb und uns bei der Erkundung seines Hauses beobachtete. Er habe noch keine Freunde von Marcel kennengelernt. Er musste das vier- oder fünfmal erwähnt haben, bevor wir uns für einen Drink niederließen. Wir würden zum Abendessen bleiben, sagte er – wir müssten es geradezu, nachdem wir den weiten Weg auf uns genommen hätten. Irgendwann zwischen dem ersten und zweiten Drink und dem Abendessen redete James so, als blieben wir über Nacht. Es gebe Gästezimmer, sagte er, drei sogar. Wir könnten morgen mit dem Zug zurückfahren, sie würden ungefähr jede Stunde fahren, und wer wüsste das schon, vielleicht wären wir so verzaubert, dass wir länger in Beacon bleiben würden. Er sprach von der Stadt, als wäre er in der Handelskammer. Marcel schien es nicht zu bemerken, und wenn doch, dann hatte er mit der Verkaufsmasche Frieden geschlossen. Schließlich hatte sie bei ihm Wirkung gezeigt. Er schien wirklich hier zu wohnen, in James' Haus.

Während des Essens erwähnte Marcel mit keinem Wort, dass er vorhabe, in die Stadt zurückzufahren. Er sprach vom Sommer und von allem, was er im Garten erledigen wollte. Wenn man ihm so zuhörte, schien es kaum denkbar, dass er ein florierendes Geschäft mit dem An- und Verkauf gestohlener Waren betrieb, ein Geschäft, das in der Stadt schlummerte, während er im Norden auf dem Land den Gentleman-Gärtner spielte oder womit er sich dort sonst amüsierte und die Zeit vertrieb. Es war ein merkwürdiges Abendessen. Es gab gegrillten Fisch. Und obwohl sie keine Ahnung davon gehabt haben konnten, dass wir auftauchen würden, gab es mehr als genug für alle. James grillte und präsentierte alles mit großem Tamtam. Der Fisch wurde mit einer Zitronenbuttersauce serviert und war mit Rosmarin gewürzt. Dazu gab es Gartensalat. James beobachtete uns, während wir aßen. Ich gewann immer mehr den Eindruck, als würde er darauf warten, dass ich ihm eine Frage stellte.

»Bachsaibling«, sagte er. »Ich habe sie heute selbst aus dem Bach gezogen.«

»Einfach köstlich«, sagte ich. »Sehr frisch.«

»Frischer geht es gar nicht«, sagte er. »Die Bäche hier sind wunderbar. Wenn Sie möchten, können wir da morgen Früh hin. Ich hätte zusätzliche Angeln, Fliegen, Wathosen und alles, was man braucht. Und das perfekte Wetter.«

»So früh wollen sie bestimmt nicht aufstehen«, sagte Marcel. »Sie sind noch jung.«

Marcel war gleich alt wie ich.

»Oh, Sie werden es lieben«, sagte James. Er sprach mich persönlich an und sah mir dabei tief in die Augen.

Marcel musste geahnt haben, worauf das Gespräch hinauslaufen würde und wie lange sein Freund noch über den Bachsaibling reden könnte. Er wechselte abrupt das Thema und erzählte, dass ich an einem seltsamen Fall arbeiten würde. Dass ich auf der Suche nach raren Büchern sei. Nicht gestohlen, aber fast.

»Eigentlich wurde ihm der Fall entzogen«, sagte Ulises. »Er hat die Bücher auch nie gefunden.«

»Hier oben gibt es im Sommer einige wunderbare Bibliotheksverkäufe«, sagte James. »Ich bin mir sicher, dass Sie einige Juwelen finden könnten, wenn Sie bereit sind, da richtig zu wühlen. Wir kennen uns hier mit Flohmärkten aus. In Beacon gibt es ein beeindruckendes Kulturleben. Sommertheater, Kammermusikkonzerte und Festivals.«

»Nicht diese Art von Büchern«, erwiderte Marcel. »Ganz spezielle Bände. Ausgefallene Bücher.«

Da verstand ich, dass ich gerade gebeten wurde, mein Abendessen mit der Erzählung vertraulicher Details abzugelten. Die anwaltliche Schweigepflicht in allen Ehren, aber wenn sie einem ein Essen servierten, erwarteten die Leute, dass man einen Weg fand, der der Ethik entsprach und dem eigenen Gewissen folgte, ihnen aber dennoch etwas Interessantes erzählte. Ich vermutete, dass Marcel sein altes Leben vermisste, das Leben, das er noch bis vor ein paar Wochen oder Monaten glücklich geführt hatte. Also erzählte ich ihnen alles von den Büchern, dem Ehemann, der falschen und der echten Frau, über den Fall, in den man mich hineingezogen hatte und aus dem ich dann aus Gründen, die ich immer noch zu erkennen suchte, obwohl sie wahrscheinlich offensichtlich waren, abgezogen worden war. James war der Einzige, der die Geschichte, oder zumindest Auszüge daraus, noch nicht kannte. Er wirkte nicht besonders interessiert. Als ich fertig erzählt hatte und wir wieder Wein tranken, erwähnte er etwas. Es handelte sich um das Moore Museum.

»Ist es Liam Moore?«, fragte ich. »Das Museum von Liam Moore?«

»Genau«, sagte James. »Er ist in der Stadt im Immobiliengeschäft tätig. Er hat hier oben ein Haus für seine Sammlung.«

Ich war mir sicher, dass ich den Namen Moore nicht erwähnt hatte. Ich dachte, ich hätte darauf geachtet, es nicht zu tun.

»Ein Inselmensch«, sagte James. »Keine wirkliche Vision, was in dieser Stadt alles möglich ist. Aber wenn Sie sich für seltene Bücher interessieren, sind Sie vielleicht an seiner Sammlung interessiert. Soweit ich informiert bin, ist es eine bekannte öffentliche Bibliothek. Er gewährt Wissenschaftlern Zugang. Sammlern auch, schätze ich. Warum Moore also keine lebendige lokale Kunstszene will, kann ich wirklich nicht verstehen.«

»Jetzt hast du ihn angefixt«, sagte Marcel. »Jetzt musst du dir den Rest aber auch noch anhören.«

Es stellte sich heraus, dass James bereits im Jahr zuvor an das Moore Museum herangetreten war. Er war dabei gewesen, eine Allianz aus lokalen Geschäftsinhabern und Kunstorganisationen zusammenzustellen, um eine einwöchige Feier im Hudson Valley zu organisieren. Ein Mittsommerfest. Beinahe alle, an die er herangetreten war, waren interessiert und wollten unbedingt teilnehmen, weil das dem Wesen der Stadt entsprach. Nur nicht das Moore Museum. Sie verweigerten ihm sogar die Verwendung ihres Namens in den Werbebroschüren.

Da sie dezidiert abgelehnt hatten, war er hingegangen, um mit jemandem zu sprechen, und erfuhr von einem Verwalter, dass er nicht willkommen sei.

»Ist dieses Moore-Haus in der Nähe?«, fragte ich.

James schien mich nicht gehört zu haben.

»Ich habe das alles unentgeltlich getan«, sagte er. »Aus Liebe zur Sache und Bürgerstolz. Und das war der Dank dafür.«

Ich erzählte nichts davon, was ich über die Familie wusste, und Ulises sagte der Name auch nichts – woher auch, ich hatte ihn in seiner Gegenwart nie erwähnt. Es war nur ein Zufall, nicht einmal ein besonders überraschender, dachte ich, denn die New Yorker Kunstwelt war eine kleine, abgeschottete Welt, wenn man es genau nahm. Ein Mann, der sich wie ein Arschloch benahm, machte sich Feinde und kleine Rivalen überall dort, wo immer er sich aufhielt, ob er nun in der Stadt war oder seine Bücher im Hudson Valley versteckte.

Dennoch ließ mich die Verbindung erschaudern. Es fühlte sich an, als ob mir der Fall flussaufwärts gefolgt wäre.

Nach dem Abendessen und dem Kirschkuchen, den sie zum Dessert serviert hatten, gingen wir auf die Veranda. Es gab Schaukelstühle, aber kein Fliegengitter. Die Moskitos waren nicht zu aggressiv, schienen sich nur für Ulises zu interessieren, der andauernd auf seinen Nacken und seine Arme schlug, sodass ich mich irgendwann fragte, ob er mir damit vielleicht irgendetwas mitteilen wollte. Vielleicht wollte er los. Wahrscheinlich wollte er das und wusste, wann der nächste Expresszug in die Stadt abfuhr. Ich schlug vor, eine Runde spazieren zu gehen.

»Ausgezeichnete Idee«, sagte James. »Eine der großen Freuden des Landlebens. Ein Spaziergang nach dem Abendessen.«

Er schenkte uns jeweils ein weiteres Glas Weißwein ein, einen Chablis, den ich für ausgezeichnet befand, der aber vielleicht nur gut gekühlt war und perfekt zum Bachsaibling gepasst hatte. Wir gingen auf der Cedar nach Süden und schlugen den Weg in den Wald ein. Die Straßen waren unbeleuchtet. Ich hatte das Gefühl, dass wir in Richtung des Baches gingen, in dem es die Bachsaiblinge gab, und James bestätigte das auch. Der Bach wurde Fishkill genannt und war kaum noch einen Kilometer entfernt. James hatte eine weitere gekühlte Flasche Chablis dabei. Auf dem Land musste man sich keine Gedanken über Bestimmungen betreffend offene Behältnisse oder Erregung öffentlichen Ärgernisses machen. Die Straße wurde zunehmend schmaler und der Wald immer dichter.

Beiläufig fragte ich, wo sich das Moore-Grundstück befinde und James sagte, dass wir daran vorbeigehen könnten, wenn ich Lust dazu hätte. Es liege nur ein paarhundert Meter östlich, an einem Feldweg. Sie nannten ihn Broadway, rein aus Vergnügen. Marcel sah mich an, als wünschte er, ich würde ablehnen. Er war ziemlich betrunken. So wie wir alle.

»Das da drüben ist es«, sagte James ein wenig später. »Das ist das Moore-Land.« Wir gingen weiter in die Richtung und James schenkte Ulises und sich selbst Wein nach.

»Ein echter Stützpfeiler der Kunstszene«, sagte James sarkastisch. »Und das auch noch direkt hier in Beacon.«

Das Land war mit Ahorn, Eichen und dazwischen mit einigen Kiefern bewachsen. Ein fast zwei Meter hoher Zaun verlief entlang der Grundstücksgrenze direkt neben der Straße. Es sah aus, als hätte man ihn zur Sicherung von Vieh gebaut. Alle paar Meter steckten schwere Holzpfeiler im Boden. Ich hievte mich nach oben. Einen Moment lang befürchtete ich, dass dort Stacheldraht oder zerbrochenes Glas angebracht sein könnte, wie es in der Stadt gemacht wurde, um Diebe oder Tauben fernzuhalten, aber da war nichts. Ich ließ mich auf der anderen Seite wieder hinunter. Hier fühlte es sich kühler an, als hätte es einen Wetterumschwung gegeben. Ulises erklomm ebenfalls den Zaun, blieb aber oben sitzen, anstatt sich mir auf der anderen Seite anzuschließen.

»Ich werde Ausschau halten«, sagte er. »Mach schnell, was auch immer du da zum Teufel vorhast.«

James rief etwas, aber ich konnte ihn nicht verstehen. Ich rannte.

Das Hauptgebäude lag ungefähr hundert Meter vom Feldweg entfernt. Das Anwesen schien sich ein gutes Stück durch den Wald zu ziehen, vielleicht zwanzig Hektar oder mehr. Es gab eine Zufahrtsstraße, die sich zwischen den Bäumen schlängelte und mit dem Eingangstor verbunden war. Ich blieb auf dem Weg und fand, was ich suchte. An einem Baum war ein Schild befestigt. Auf dem Schild stand »Moore Museum« und ein Pfeil wies auf die Seite des Hauses, wo sich ein Häuschen befand, das man anscheinend für einen Chauffeur oder die Hausmeister oder andere Bedienstete gebaut hatte, die man in den Jahren, in denen die Familie das Haus, ihren Landsitz, tatsächlich nutzte, benötigt hatte. Jetzt war es nur eine Adresse, ein weiterer Steuertrick, ein Steuertrick, den Newton Reddick vor Jahren unterzeichnet hatte.

Die Fenster des Hauses waren mit Brettern vernagelt, aber die Haustür war nicht verschlossen, also schlich ich mich hinein. Ich konnte das Licht anmachen. Im Haus befand sich nichts außer alte Möbel und Stühle, die wahrscheinlich im Haupthaus in Verwendung gewesen waren, bis man sie hierher verfrachtet und vergessen hatte. Zwanzig, dreißig Stühle, vielleicht auch mehr – man hatte sie gestapelt, genauer habe ich nicht hingesehen. Es gab keine Bücher, nicht einmal Taschenbuchkrimis oder Liebesromane in den Regalen. Nichts Rares oder Wertvolles. Es fühlte sich gut an, eine Bestätigung für meinen Verdacht zu haben, obwohl es mich ganz und gar nicht überraschte. Das Museum war ein Witz. Ein mit Sesseln gefülltes Häuschen im Wald. Eine Steuerabschreibung im Wert von ein paar Millionen Dollar. Ich löschte das Licht und schloss die Tür. Der Hausfriedensbruch kehrte meine höfliche Seite hervor.

Auf dem Rückweg kam mir der Wald gar nicht so dunkel und weitläufig vor. Ulises saß noch immer am Zaun, auf dem Aussichtsposten, wie er versprochen hatte. Ich war wahrscheinlich nicht länger als fünfzehn Minuten weggewesen. Marcel und James waren bereits gegangen. Ulises sagte, dass sie nicht weit weg seien. Sie hatten einen Streit begonnen, also hatte er ihnen einen Joint gedreht und sie weggeschickt, damit sie ihre Probleme im Privaten klären konnten. Wir machten uns wieder in Richtung Zivilisation auf und fanden die beiden bald. Ich konnte nicht erkennen, ob sie sich wirklich gestritten hatten, aber es war ein stiller Spaziergang zurück zu ihrem Haus und der Joint war nirgendwo zu sehen. Die Weinflasche war auch verschwunden. Wir kamen mit leeren Händen zurück.

James hielt mich auf seiner Veranda an, kurz vor der Tür, und fragte mich, ob ich etwas habe mitgehen lassen.

Man merkte ihm an, dass er die Frage mehrmals durchgekaut hatte und sich bemühte, die Fassung zu bewahren. Er flüsterte. »Diese Leute sind meine Nachbarn«, sagte er. »Es ist ein respektabler Ort. Ich werde hier respektiert.«

»Ich habe nichts mitgenommen«, sagte ich. »Ich habe mich nur umgesehen.«

»Sie können nicht einfach über Zäune klettern. Wir sind hier nicht in der Stadt.«

»Ich springe auch in der Stadt nicht über Zäune. Ich bin Anwalt. Ein respektierter Anwalt.«

Ich hatte mich bemüht, einen Witz daraus zu machen, aber er nahm mich ernst und begann zu nicken.

»Sie haben recht«, sagte er. »Ich entschuldige mich, Sie haben recht. Ich kenne kaum Freunde von Marcel.«

»Er wird auch sehr respektiert«, sagte ich. »Wir werden alle so respektiert, dass einem fast übel werden könnte.«

Nun lachte er, obwohl sich der Witz längst verflüchtigt hatte.

»Wir sollten etwas schlafen«, sagte er. »Gehen wir früh ins Bett, dann stehen wir um fünf auf und gehen zum Bach.«

Das Bett in meinem Zimmer war frisch bezogen und an dessen Fußende lag ein gefaltetes Handtuch. Ulises war am anderen Ende des Flurs untergebracht. Es war eine ruhige Nacht auf dem Land. Wir hatten uns nicht abgesprochen, aber gegen vier Uhr früh, bevor die Grillen mit ihrem Zirpen begannen und die Bachsaiblinge aktiv wurden, wachte ich auf, kleidete mich an und verließ mit den Schuhen in der Hand das Zimmer. Obwohl es Sommer war, war der Boden eiskalt. Ulises wartete im Flur. Er hatte seine Schuhe bereits angezogen, schlich aber leise dahin.

»Der erste Zug geht um zehn nach vier«, flüsterte er. »Vamos, zum Teufel, lass uns von hier verschwinden.«

Ich schlüpfte erst auf der Main Street in meine Schuhe. Es fühlte sich gut an, das Haus verlassen zu haben. Wir liefen über einige Rasenflächen, bis unsere Füße vom Morgentau ganz nass waren. Die ganze Stadt war wie ausgestorben und dunkel, vor uns lag der beleuchtete Bahnhof und irgendwo in der Ferne kündigte ein Zugsignal die Ankunft des Vier-Uhr-Zehn-Zuges an, genau wie Ulises gesagt hatte. Auf dem Bahnhof gab es einen Stand, an dem ein Mann Kaffee in Bechern verkaufte. Ulises kaufte zwei davon, bevor der Zug einfuhr.

Es war ein Donnerstagmorgen. Am Wochenende hätten wir nicht so viel Glück gehabt, und tatsächlich war der Zug gut ausgelastet, nicht so dicht gedrängt wie die späteren Züge, aber gerade richtig, um sich wohlzufühlen. Ulises fragte mich über den Vorabend aus, als ich ins Moore-Haus eingedrungen war.

»Es hatte etwas mit deinem Fall zu tun«, sagte er. »Ich sah dieses Funkeln in deinen Augen.«

»Meine Augen funkeln nicht«, sagte ich. »Ich habe nur Intuition, Einsicht, Momente der Brillanz und Glück.«

»Du warst betrunken«, sagte Ulises. »Vielleicht bist du es noch immer.«

Ich schilderte ihm alles, was ich wusste oder vermutete, worüber ich mir den Kopf zerbrach und wofür ich auf Umwegen Bestätigungen suchte, trotzdem ich gefeuert worden war.

»Wir kehren immer wieder zu uns selbst zurück und wiederholen uns«, sagte Ulises. »Das ergibt schon Sinn.«

Ich fragte ihn nicht, was er damit meinte. Draußen war es dunkel, aber man konnte spüren, wie der Fluss nach Süden in Richtung Stadt floss, genau wie der Zug, alles bewegte sich in dieselbe Richtung und der Sonne entgegen, die in einer knappen Stunde aufgehen würde. Der Kaffee, den Ulises gekauft hatte, war zu heiß zum Trinken, aber ich nippte weiter daran, während ich aus dem Fenster blickte.

19

Am Wochenende suchte ich das Filmforum-Theater ein paarmal auf und sah mir auch am Montag, Dienstag und Mittwoch ein paar Matineen an. *Erinnerungen an die Unterentwicklung* lief nicht mehr. Stattdessen zeigten sie eine Retrospektive der Filme des französischen Regisseurs Jean-Pierre Melville. *Armee im Schatten* und ein weiterer Film wurden erstmals in New York gezeigt. Ich suchte zwar nicht gezielt nach Wallace Shawn und Deborah Eisenberg, aber mich hatte der Gedanke beschlichen, dass ich ihn, oder sie beide, um Verzeihung bitten sollte. Wahrscheinlich hätte es ihn noch wütender gemacht, mich erneut zu sehen, aber man weiß ja nie. Man konnte nicht kontrollieren, wem man in New York über den Weg lief. Selbst berühmte oder halbberühmte Leute mussten sich hin und wieder mit derartigen Begegnungen herumschlagen, vor allem an Orten wie dem Village, mit all seinen Theatern, Buchläden und Restaurants. Jedenfalls ging ich ein paarmal ins Kino und hatte eine vage Vorstellung davon, dass ich, wenn ich den beiden begegnen würde, entweder etwas sagen oder ihnen einfach ihren Freiraum lassen würde, was als eine Art Entschuldigung gelten konnte. Alle Anwälte neigen dazu, einen bestimmten Charakterzug zu haben. Sie leiden daran wie an einer Krankheit und es hat damit zu tun, dass sie glauben, sie könnten die Dinge in Ordnung bringen oder ihnen auf den Grund gehen, indem sie einfach mit vielen Leuten sprachen. Solche Leute zieht der Beruf an. Als ich anfing, dachte ich, ich sei immun dagegen, aber inzwischen habe ich mich mit der Wahrheit versöhnt. Jedes Mal, wenn eine Vorführung von *Armee im Schatten* zu Ende ging, hielten sich die Leute vor dem Kino auf dem Bürgersteig auf und wollten miteinander reden, etwas sagen, aber sie waren einander Fremde, die meisten von ihnen jedenfalls, und konnten aus diesem Grund weder einen passenden Einstieg finden noch sich einbringen.

Gegen Ende der Woche vereinbarte ich einen Termin für einen Besuch bei Liam Moore. Es war nicht leicht, einen zu bekommen, aber am Ende teilte mir sein Büro mit, ich solle ihn im Academy Club in der Fifty-Fourth Street aufsuchen. Es handelte sich um ein niedriges, klobiges altes Steinhaus, das zwischen Wolkenkratzern eingepfercht war. In der Lobby wurde ich mit einem Blazer ausgestattet und in die Mitgliederlounge geführt, wo Moore bereits wartete. Ein untersetzter Mann in einem dicken Bademantel, der über seiner Brust auseinanderklaffte. Er trug eine Menge Gewicht mit sich herum und schien damit recht zufrieden zu sein. Falls seine Tochter irgendeine Ähnlichkeit mit ihm hatte, konnte ich sie nicht ausmachen. Manchmal erlaubt sich die Natur einen Spaß. Auf dem Tisch neben ihm standen zwei mit Saft gefüllte Gläser. Er sagte, sie hätten hier die besten Mangos der Stadt, die besten irgendwo nördlich von San Juan, Puerto Rico, und dass man sich das auch erwarten durfte, bei den Preisen, die sie den Mitgliedern hier verrechnen würden. Aber was könne man schon dagegen tun, bei den meisten Mitgliedern seien bereits die Großväter Mitglieder gewesen, die Stiftungen würden den Jahresbeitrag begleichen und nicht fragen, wohin das Geld fließe oder was man dafür erhalte. Seine Stimme war heiser, als hätte er geschrien oder geraucht. Oder beides.

Der Academy Club war mir ein wenig vertraut. Als ich in der Kanzlei gearbeitet hatte, war ich des Öfteren dagewesen. Manchmal wurde man mitten in der Nacht dahin zitiert, wenn der Fall gerade nicht gut lief. Genau genommen waren die Mandanten reich und einfältig. Sie betrachteten ihre Clubs wie Kirchen und glaubten, dass die alten Schutzregeln hielten und ihnen nichts Schlimmes oder Nachteiliges angetan werden könne, solange sie innerhalb dieser vier Wände bleiben würden. Moore passte da nicht ganz rein. Das war es, was er vermitteln wollte. Das war der Grund für den Mangosaft, weshalb er lächelte und wieso er seinen Bademantel offen ließ. Er fragte, was er für mich tun könne. Ich sagte ihm, dass ich gehofft habe, ein offenes Gespräch über Newton Reddick mit ihm zu führen, und vielleicht auch offen über ein paar andere, damit verbundene Dinge mit ihm reden zu können, wenn wir schon dabei wären.

»Natürlich«, sagte er. »Ich bin hier, um zu helfen, junger Mann. Sie sehen aber ziemlich übel aus, wenn ich ehrlich sein darf.«

Er zeigte dabei auf den Cut auf meiner Stirn, dessen Heilungsprozess ins Stocken geraten war. Ich erzählte ihm das meiste von dem, was ich wusste, nämlich dass er, Liam Moore, vor langer Zeit Prozessschriften gesammelt hatte und dass er, als er eine Steuerabschreibung brauchte, auf die Idee gekommen war, ein privates Museum dafür zu gründen. Dass Newton die Augen verschloss, sein Gewissen auf Eis gelegt und schließlich zugestimmt hatte, einige gefälschte oder falsche oder nachgemachte Bücher zu authentifizieren, damit die Spenden aufgebläht werden konnten. Dass sich Newton gegen Ende seines Lebens mit denselben Büchern und Fälschungen beschäftigt hatte. Ich sagte, dass mir der Zeitpunkt etwas verdächtig erschien und ich deshalb vermutete, dass es etwas mit dem Bauprojekt der Williamsburg-Waterfront in Brooklyn zu tun hatte.

»Sie haben eine ganze Menge Dinge angesprochen, die Sie überhaupt nichts angehen«, sagte Moore.

Ich war mir da nicht so sicher. Ich erzählte ihm, dass ich

zu Beginn von jemandem – einer Hochstaplerin – angeheuert worden sei. Vermutlich eine Schauspielerin.

»Ja«, sagte Moore. »Die kam von mir, falls es das ist, worüber Sie sich den Kopf zerbrechen. Das war ein Geschäft zwischen Newton und mir, und er hat den Hinweis ganz klar verstanden. Und Sie haben ein Honorar erhalten, oder etwa nicht? Ein ziemlich hohes sogar. Wie ist Ihr üblicher Stundenlohn? Wie viel haben Sie erhalten? Möchten Sie das mal ausrechnen?«

Das Geständnis schien ihm nicht im Geringsten peinlich zu sein. Sein Bademantel klaffte noch weiter auf.

»Wieso wollten Sie ihm eine Falle stellen?«, fragte ich. »Hatte er etwas gegen Sie in der Hand? Die Prozessschriften?«

Moore seufzte. Es war ein tiefer Seufzer, der große Verdrossenheit auszudrücken schien. Von der ganzen Welt und insbesondere von mir. Wir hatten uns erst wenige Minuten unterhalten. Womöglich wollte er mir vermitteln, dass er Besseres zu tun hatte.

»Wieso sollte ich mich für ein paar beschissene Bücher interessieren?«, sagte er. »Besorgen Sie sich doch einen Bibliotheksausweis, wenn Sie sich so sehr dafür interessieren. Das ist es, was ich an Newtons sogenanntem Beruf, seinem kleinen Höllenkreis, nie verstehen konnte. Wenn sie alle diese Bücher wollten, wieso nicht einfach in die verdammte Bibliothek gehen?«

Ich wartete einen Moment, bis er den alten Groll, der in ihm hochkochte, verarbeitet hatte.

»Es war eine Steuerabschreibung«, sagte er. »Ich hätte auch die beschissenen Vorhänge abschreiben können, habe mich aber für die Bücher entschieden. Newton konnte mir nicht verzeihen, dass ich die ganze Sache so betrachtete. Als ein

Ding, das man ins Regal stellt. Denken Sie nicht, ich sei ein Banause, ich besitze einige dieser Bücher noch immer. Ein paar davon habe ich über die Jahre verkauft, doch manche habe ich behalten. Etliche sogar.«

Ich sagte ihm, dass ich das wisse und dass ich im Moore Museum gewesen sei. Dass ich seine Steuerunterlagen gesehen hätte.

»Sie sind wirklich darauf aus, mich zu ärgern, nicht wahr? Was haben Sie davon?«

»Das weiß ich nicht«, erwiderte ich. »Ich stelle nur Fragen.«

»Gütiger Gott, wie wäre es mit einem Hobby? Wir anderen haben alle zu arbeiten.«

Ich fragte ihn, ob es das sei, was er an einem Freitag um drei Uhr hier in seinem Bademantel tue. Ob das Arbeit sei.

Er lachte leise vor sich hin, als ob ich nicht da wäre. In seinen Augen war ich ein Niemand, ein Ärgernis.

»Was halten Sie von meiner Tochter?«, fragte er. »Irgendwas von ihrem Zeug gelesen?«

»Ja«, sagte ich. »Alles.«

»Ah, einer von denen also. Ein Fan, was? Das Zeug war nie nach meinem Geschmack. Lässt einen kalt, genau wie sie auch. Können Sie sich das überhaupt vorstellen, dass sich eine Fünfundzwanzigjährige, wunderschön obendrein, mit einem Treuhandkonto so groß wie der ganze Central Park an einen alten Schlappschwanz bindet? Sie wissen schon, was ihr Ziel war, oder? Sie wollte sich ein Museum errichten und wer konnte das besser für sie tun als er? Er war ihr gottverdammter, im Eck schlafender Diener.«

Ich sagte, dass ich das nicht glauben würde. So war es nicht, jedenfalls nicht ausschließlich.

»Wahrscheinlich schlafen Sie derzeit mit ihr«, sagte er. »Was sagt die Anwaltskammer eigentlich dazu? Anwälte sind da recht witzig. Man erhält nie eine klare Antwort oder einen Hinweis, wie es funktioniert. Alles immer nur mit Vorbehalt.«

»Eigentlich hat sie mich gefeuert. Ich bin aus eigenem Antrieb hier.«

»Ach ja, stimmt, ich habe das fast vergessen. Sie stellen die Fragen. Ich versuche nur zu helfen.«

»Wie haben Sie eigentlich die Rechte für das Waterfront-Bauprojekt erhalten?«

»Ich habe einen Planungskommissar bestochen. Ob Sie es glauben oder nicht, mit Büchern. Noch so ein verdammter Büchernarr, der dafür eine Bibliothek voll europäischer Erotikbücher aus dem achtzehnten Jahrhundert und ein paar Gemälde erhalten hat, die von der Palette gefallen waren. Achthunderttausend als Gegenwert für seine und meine Mühen. Auf diese Art und Weise wird Ihr geliebtes Brooklyn umgekrempelt. Das ist mein Geschäft und ich musste mit Zähnen und Klauen kämpfen, um mich dafür in Stellung zu bringen.«

Er schenkte mir ein schmallippiges, distanziertes Lächeln und sank tiefer in seinen Sessel zurück. Wir saßen in bequemen Ledersesseln und ab und zu schlug er die Beine übereinander oder löste sie. So wie er dasaß, schien er mächtig stolz auf sich zu sein. Er hatte sich mit Zähnen und Klauen hochgekämpft und dachte, das sei von Bedeutung. Er war einmal arm gewesen, als er jung war, und jetzt, wo er es nicht mehr war, dachte er, alles sei von Bedeutung: sein Aufstieg, seine Ehe, seine Bestechungen und seine Genehmigungen, der Baumwollbademantel, den er trug und den er nicht daran hinderte, sich zu öffnen, um seine pockennarbige und schlaffe Altherrenhaut zu präsentieren.

»Ich bin nicht Ihr Schurke«, sagte er. »Das wissen Sie doch, nicht wahr?«

Vielleicht wusste ich es. Ich war mir nicht mehr so sicher.

Der Diener kam herüber und trug die Saftgläser ab. Moore hatte sie beide getrunken.

»Machen wir doch einen kleinen Spaziergang«, sagte er. »Dieser Raum ist so beschissen deprimierend.«

An der Decke tummelten sich gemalte Nymphen und Sirenen, eine ganz andere Welt.

Er ging voran und ich folgte ihm in einen dunklen Flur, der mit Ölgemälden von Sportszenen, Hunden, Füchsen und Pferden gesäumt war. Es roch nach Weihrauch. Er deutete auf einige der Bilder, sagte aber nichts. Ich hatte keine Ahnung, was ich in ihnen erkennen sollte. Vielleicht besaß er sie. Vielleicht hatte er sie dem Club geliehen. Eine weitere Steuerabschreibung. Ich rechnete fast damit, bewusstlos geschlagen und in einen dunklen Raum geschleppt zu werden, um Stunden oder Tage später wieder aufzuwachen, vielleicht an einem ganz anderen Ort, irgendwo außerhalb der Stadt in einer Scheune oder in der Hütte eines Landguts, irgendwo in der Abgeschiedenheit eines Waldes, wo sich die Leute den Vormittag mit Tennis vertrieben. Natürlich geschah nichts dergleichen. Wir gingen weiter den dunklen Flur entlang. Schließlich kamen wir unter einem Steinbogen hindurch und gelangten auf einen Balkon, von dem man auf einen Pool blickte. Der Pool im Academy Club war berühmt, oder berüchtigt, je nachdem, wie man es betrachtete. Ich hatte schon oft davon gehört, ihn aber noch nie gesehen. Vom Mauerwerk stieg Nebel auf. Durch den Nebel konnte ich fünf oder sechs Körper erkennen, die sich im Wasser bewegten. Sie waren nackt. Das war es, was den Club so berüchtigt machte. Mitgliedern war es erlaubt, sie wurden regelrecht dazu ermutigt, zwischen Mittag und sieben Uhr abends nackt zu schwimmen. Eine Art von Bindungsritual. Die Atmosphäre war dunkel und feierlich, doch durch den Chlornebel konnte man dank einiger dezent angebrachter Leuchten die weißen Hinterteile der Männer knapp unter der Wasseroberfläche erkennen.

»Schauen Sie sich das an«, sagte Moore. »Wissen Sie, die Menschen haben sich bemüht, das zu unterbinden. Herausforderungen im Laufe der Jahre. Die Juden, die Feministinnen, der Gesundheitskommissar. Sogar die katholische Kirche hat einmal interveniert. Allerdings eher halbherzig. Ihnen fehlte der lange Atem, sich dem Kampf zu stellen. Die Wahrheit ist, man kann die Brahmanen nicht daran hindern. Sie lieben diesen Mist und es ist ihnen scheißegal, ob man denkt, dass es verdreht, seltsam oder korrupt ist. Man kann es nicht aufhalten, man kann nur daran teilnehmen. Alles, was man tun muss, ist, etwas zu besitzen, das sie wollen. Dann lassen sie einen in ihre kleinen Clubs und man darf mitschwimmen. Darf ein Teil des Ganzen sein.«

»Ich will kein Teil davon sein«, sagte ich.

Moore blickte noch immer auf den Pool. Er lehnte sich über eine Steinbrüstung.

»Haben Sie schon mal einen Abschluss gemacht?«, fragte er.

»Nein. Niemand hat mich je darum gebeten.«

»Ein Anwalt, der Immobiliengeschäfte abschließen kann«, sagte er, »wird nie hungern müssen. Nicht in dieser Stadt.«

»Machen Sie mir gerade ein Angebot?«

Er zuckte mit den Schultern. »Wären Sie interessiert? Es ist eine simple Checkliste, die man abarbeitet. Da ist nichts dran.«

»Nein«, sagte ich. »Ich will mich nicht mit dem verdammten Immobilienrecht beschäftigen.«

Ein paar Sekunden später ließ er seinen Bademantel fallen. Darunter war er nackt, keine Unterhose, keine Badehose, nichts. Er trug Sandalen, aber auch die streifte er ab und ging die Steintreppe zum Pool hinunter. Die Treppe war steil, aber er stieg schnell hinab, wie ein Kind im Schwimmbad, das – nachdem die Mutter oder der Vater dessen Hand losgelassen hat – nur möglichst schnell zu seinen Freunden ins Wasser möchte. Er tauchte nicht ins Wasser. Es gab noch eine weitere Treppe ins Wasser, die er vorsichtiger betrat und dabei einige der anderen Männer grüßte. Sie waren alle nackt und sehr freundlich.

Zuvor hatte es den Anschein gehabt, als wären sie nur zu sechst gewesen, aber jetzt, wo sich der Nebel lichtete oder meine Augen sich an die Umgebung gewöhnten, sah ich, dass es doppelt so viele waren, vielleicht sogar mehr. Einige von ihnen hingen am Beckenrand und in den dunklen Ecken herum, sie unterhielten sich leise wie Verliebte. Sie sprachen vielleicht über Immobilien oder Bekannte, die ihnen nützlich sein konnten, wenn es ihnen gelang, eine Verbindung herzustellen. Vielleicht aber redeten sie von ganz anderen Dingen: Frauen, die sie kannten, oder ob es später auf der Madison Avenue stauen würde. Ich hatte mich immer gefragt, worüber man in den Pausen zwischen den Urteilen in der Sternkammer gesprochen hatte. Jedes Gericht hat Ausfallzeiten. Die Richter erzählen ihren Angestellten Witze und die Anwälte lachen, ob sie die Witze hören oder nicht, um zu zeigen, dass sie dazugehören.

Moore begann, Längen zu schwimmen, und ich blieb eine Weile da und sah zu, unsicher, was ich dort überhaupt machte oder wieso ich hergekommen war, was er mir erzählt hatte und wieso ich gedacht hatte, dass es mir helfen könne. Er war ein guter Schwimmer, anmutig, selbst in Anbetracht seines Alters und Gewichts. Ich sah ihm dabei zu, wie er fünf Runden drehte, mit perfekten Wenden an beiden Beckenrändern, und als ich erkannte, dass er nicht mehr zurückkommen würde, machte ich mich allein auf den Weg zum Ausgang. Die Garderobe war nicht besetzt und da es den Türstehern gleichgültig war, behielt ich den Blazer, den sie mir bei meiner Ankunft geliehen hatten, gleich an. Er hatte ein Wappen am Revers und passte mir gut.

Dritter Teil
Eine reine Frau

20

Ich hatte nicht erwartet, Anna wiederzusehen, nachdem ich ihr den Bericht geschickt hatte. Zumindest das war ich ihr schuldig gewesen. Es war ein kurzer, einigermaßen strukturierter Bericht mit Unterkapiteln und Aufzählungszeichen, dem ich, so wie wir es in der Kanzlei zu tun pflegten, für mehr Gewichtung eine Fall- und Sachnummer zugeteilt hatte. Sie hatten uns dort anfangs Bögen ausgehändigt, auf denen der Tag in Sechs-Minuten-Abschnitte aufgeteilt war, und von uns erwartet, dass wir jede dieser Tranchen mit einer Fall- und Sachnummer versahen, auch wenn es sich nur um Stehzeit handelte, in der man über nichts nachdachte oder einfach das Mittagessen einnahm. Später erledigte das dann der Computer. Man hatte ein Feld mit Tickets in der Ecke des Bildschirms und egal, was man den ganzen Tag lang tat, eines davon war aktiv und jemand bezahlte dafür. Von außen betrachtet wirkte es wie ein repressives System, und das war es auch, aber es hatte eine Logik, und wie bei allen logischen Dingen konnte man darin bei Bedarf auch etwas Trost finden. Jedenfalls verfasste ich diesen Bericht, in dem ich alles darlegte, was ich über den Tod ihres Mannes, über verschiedene Ausgaben und Verschwörungen und über den Groll, den er gegen ihren Vater hegte, erfahren hatte – ein alter Groll, der den beiden aber womöglich gar nicht so alt vorgekommen war. Man weiß nie wirklich, ob ein Teil des Unmuts nach all den Jahren zurückbleibt, der dann, wenn man verwundbar ist, zu wuchern beginnt. Am Ende hatten die Bücher Reddick krank gemacht. Das war mehr oder weniger das Fazit meines Berichts. Ich bettete das in allerlei juristisches Geschwafel ein, so wie ich oben auf jeder Seite eine Fall- und Sachnummer anbrachte, was der Sache einen gewissen Anstrich von Professionalität verlieh. Eine Art Rüstung, um mich abzusichern. Da ich ihre E-Mail-Adresse nicht hatte, schickte ich ihn mit einem Boten. Ein Freund von mir freute sich über die Arbeit. Als ich in die Stadt zog, war Midtown von Fahrradkurieren überschwemmt. Man konnte nicht vom Bordstein treten, ohne in beide Richtungen blicken zu müssen, um nicht von einem gerammt zu werden. Jetzt gab es hier nur noch ein paar Dutzend, die alles taten, um damit über die Runden zu kommen.

Es vergingen noch ein paar Tage. Ich wollte das Wetter genießen, in meinem Viertel herumstreunen, mich überall dort aufhalten, wo es mir gefiel, mich mit den Leuten in den Gemischtwarenläden und auf den Spielplätzen unterhalten oder in meinem Campingsessel vor meinem Haus sitzen und so tun, als wäre es der Strand, wie es die alten Italiener zu tun pflegten, was auch ihre gebräunte Haut belegte. Ich ging die Waterfront entlang und sah, dass der Spatenstich bereits erfolgt war. Entlang der Kent Avenue reihten sich die Bagger aneinander. Ich folgte ihnen bis zu einem Gebäude mit offenem Garagentor, aus dem ein stechender Geruch drang. Es war kein übler Geruch, nur ein starker. Es roch wie auf dem Land, wie auf einem Bauernhof. Ich konnte mir nicht erklären, woran es lag, vermutete aber, dass die Bagger entweder direkt vom Land gekommen waren, von irgendeinem landwirtschaftlichen Auftrag, oder dass das Gebäude einst als Stall gedient hatte und der Geruch nie verschwunden war. Früher stieß man in den seltsamsten Gegenden der Stadt auf Ställe. Die Polizei benötigte sie noch, ebenso wie die Pferdekutschen. Man konnte am Rande von Hell's Kitchen herumlaufen und plötzlich auf diesen Geruch stoßen.

An einem Nachmittag kam Ulises vorbei, vielleicht hatte er zuvor angerufen, obwohl er das kaum je tat. Er bevorzugte es, unangekündigt zu erscheinen und ebenso wieder zu verschwinden. Er erzählte mir, dass er die Frau gefunden habe.

Ich wusste nicht, wen er meinte. »Welche Frau?«

»Die Falsche«, sagte er. »Die Schwindlerin.«

Es stellte sich heraus, dass er die Schauspielerin meinte, die angeheuert worden war, um sich als Anna auszugeben, diejenige, die mir unter Vorspiegelung falscher Tatsachen zehntausend Dollar in bar bezahlt und mich überhaupt erst auf Newton Reddick angesetzt hatte. Ich hatte beinahe vergessen, dass sie auf Ulises' Empfehlung bei mir erschienen war. Er schilderte, dass er zufällig in einer Bar auf der Lower East Side, Glasnost, auf sie gestoßen war. Es war bereits spät und er hatte Ketamin genommen, aber er war sich sicher, dass sie es war, also spendierte er ihr einen Drink, sie kamen ins Gespräch und schließlich gab sie alles zu und erzählte, dass man sie dafür bezahlt hatte, einen Anwalt aufzusuchen. Sie behauptete, nicht gewusst zu haben, worum es ging. Sie habe auch nicht gefragt, das sei die Aufgabe einer Schauspielerin, man nahm eine Rolle an und verschwand dann in ihr. Neben der Arbeit als Schauspielerin sei sie auch eine angehende Schriftstellerin, erzählte Ulises. Sie habe sich bereits für einige MFA-Programme beworben, auch wenn sie noch nicht entschieden habe, ob sie Verfasserin von Memoiren oder Essayistin werden wolle. Sie hatten sich recht gut verstanden und nach einigen

Drinks bot sie ihm an, ihre Geschichte aufzuschreiben – ihre Heldentaten als Schauspielerin und Provokateurin, wie sie sich selbst nannte – und sie ihm oder seinem Freund, dem Anwalt, zu verkaufen, wenn sie das als nützlich empfanden. Fünfhundert Dollar.

»Wofür will sie fünfhundert Dollar?«, fragte ich.

»Ihr Geständnis«, sagte Ulises mit ernster Miene.

»Schon in Ordnung«, sagte ich ihm. »Ich habe bereits ein Geständnis, ich brauche kein weiteres.«

»Zweihundert«, sagte Ulises. »Sie ist eine gute Autorin, Kumpel, es wäre ihr erster Verkauf.«

Ich versprach, darüber nachzudenken. Vermutlich war er in sie oder in ihre Texte verliebt. Ich saß in meinem Campingsessel vor dem Haus, sonnte mich und las ein Buch. Es war Annas Buch, *Nach dem Abendessen ausziehen*, das Exemplar, das ich um fünfzig Dollar in Stones Buchhandlung erworben hatte. Ich wollte darauf eigentlich achtgeben, aber es wies bereits ein paar Kaffeeflecken auf. Ich hatte in letzter Zeit häufig darin gelesen. Ulises setzte sich neben mich auf die Treppe und fragte nicht, was ich vorhatte. Er konnte allerdings schon ahnen, was dahintersteckte, und billigte auf eine unbestimmte, großherzige Weise die in mir wachsende Verzweiflung. Irgendwann, vielleicht als ich meine Augen kurz schonte oder ich mich in einer traurigen Passage verfangen hatte, ging er auf die andere Straßenseite, um sich dort mit einem Passanten zu unterhalten. Ich war noch immer da, in meinem Campingsessel, auf dem Weg zu einem ordentlichen Sonnenbrand, als Anna am späten Nachmittag erschien. Die echte Anna Reddick, A. M. Byrne. Es war mir peinlich, dass ich das Buch las. Offensichtlich auch ihr, wir erwähnten es beide nicht. Ich klappte es zu und ließ es unter meinem Oberschenkel verschwinden.

»Ich habe Ihren Bericht erhalten«, sagte sie. »Er war nicht sehr genau. Er sah nur so aus.«

»Ich wollte den Fall abschließen«, sagte ich. »Man soll seinen Mandanten ja einen Bericht zukommen lassen.«

»Dann ist es abgeschlossen. Wie gefiel Ihnen mein Vater? Hat er eine seiner Ansprachen über Fortschritt gehalten?«

»Da war eine, in der es ums Schwimmen ging. An die anderen erinnere ich mich nicht mehr.«

»Nun, wir sollten darüber sprechen.«

Ich packte meinen Sessel, die Bücher und die leere Thermoskanne, bevor wir hinaufgingen, wo es mir nach dem Nachmittag auf dem Bürgersteig kühl und dunkel vorkam, obwohl es in Wahrheit auch heiß war, nur eben nicht so heiß wie draußen. Ich hatte die Klimaanlage noch nicht in Betrieb genommen. Es war ein Fenstergerät und ich bemühte mich immer, es so lange wie möglich hinauszuzögern. Manchmal gelang es mir den ganzen Sommer über, doch das machte keinen Unterschied, weil die Stromrechnung mit den ganzen Ventilatoren und der geöffneten Gefrierfachtür auf dasselbe hinauslief.

»Es ist mehr, als ich in letzter Zeit geschrieben habe«, sagte sie, als wir oben waren. Sie meinte den Bericht. »Auf Ausdruck scheinen Sie allerdings keinen Wert zu legen. Diese ganze gestelzte Anwaltskacke und die Aufzählungspunkte zur Betonung. Sie sollten sich bemühen, verständlich zu schreiben. Dadurch würden Sie zumindest den Eindruck erwecken, das Handwerk erlernt zu haben.«

»Möchten Sie etwas essen?«, fragte ich. »Oder einen Drink. Ich könnte etwas zubereiten.«

»Ich habe den ganzen Tag nichts gegessen«, sagte sie. »Würde es Ihnen wirklich nichts ausmachen?«

Ich öffnete die Vorratsschränke und den Kühlschrank, um

ihr zu zeigen, was ich alles hatte. Es war nicht viel. Sie fragte, ob ich wisse, wie man French Toast mache, falls dieser Wunsch nicht allzu ausgefallen sei.

»Setzen Sie sich«, sagte ich. »Holen Sie den Rotstift raus, wenn Sie möchten. Zerschneiden Sie den Bericht. Er gehört Ihnen, Sie haben ihn gekauft.«

Was nicht ganz zutraf. Ihr Scheck lag noch immer in der Schublade meines Schreibtisches. Nicht eingelöst. Sie trug Leinenschuhe und Jeans mit hochgekrempelten Hosenbeinen und ein Button-Down-Hemd, das ihr lose um die Hüften hing. Ihr Haar war hochgesteckt und ihr Gesicht gerötet, was sie so aussehen ließ, als hätte sie gerade ein Wettrennen verloren. Ich hatte in Bezug auf den Bericht gescherzt, aber sie suchte bereits und fand einen Rotstift, mit dem sie einige Anmerkungen machte. Als sie fertig war, zeigte sie mir die Anmerkungen nicht. Wahrscheinlich war es nur ein Reflex gewesen, oder etwas Zwanghaftes.

»Oh mein Gott«, sagte sie, »das riecht aber gut. Wie viel Butter haben Sie verwendet?«

»Die ganze«, sagte ich.

Wir setzten uns an den Küchentisch, aßen und sprachen über die Arbeit, ihre und meine, darüber, was ich als Nächstes tun würde. Sie fragte mich, ob ich viele Fälle hätte, die mich derzeit beanspruchen würden. Diese Frage war als Scherz gedacht, da sie gegen vier oder fünf Uhr nachmittags vorbeigekommen war und mich mit ihrem Roman auf dem Bürgersteig angetroffen hatte, bereit, ihr danach einen French Toast zu machen.

»Was werden Sie tun?«, fragte ich.

Sie zuckte mit den Schultern. »Sie meinen jetzt, wo ich Ihren Bericht habe? Denken Sie, ich sollte damit zur Staatsanwaltschaft gehen?«

»Sie könnten sich da an jemanden wenden. Ich könnte Ihnen dabei behilflich sein.«

»Wozu? Mochten Sie meinen Vater nicht? Er hat auch einige schwerwiegende Vorbehalte Ihnen gegenüber.«

»Die wären?«

»Er denkt, dass Sie darauf aus sind, eine Witwe auszunutzen, die noch keine Zeit zum Trauern gefunden hat. Er denkt, dass Sie mich obendrein vögeln wollen und zwei- und dreifach für Ihre Dienste bezahlt werden wollen. Mein Vater hält gerne Ansprachen, wie ich bereits gesagt habe. Wenn sie sich nicht um Fortschritt drehen, dann geht es immer nur darum, dass irgendjemand gefickt wird. Das ist seine Sichtweise. Ich nehme es meiner Mutter nicht übel, dass sie das Weite gesucht hat. Wer hält diese furchtbaren Ansprachen nur aus? Er wollte nie einen Gesprächspartner, geschweige denn eine Frau.«

Ich dachte, dass sie kurz davor war, mir zu erzählen, was mit ihrer Mutter geschehen war, aber sie tat es nicht. Es war keines dieser Gespräche. Sie schob das Brot im Sirup hin und her, sie hatte bereits drei Scheiben gegessen und nahm gerade die vierte in Angriff. Der Toast war gut, vor allem zum Frühstück, nur konnte er einen in eine merkwürdige Stimmung versetzen, wenn man ihn am späten Nachmittag aß. Das wusste ich aus eigener Erfahrung.

»Wenn Sie mich ficken wollen«, sagte sie, »sagen Sie es einfach. Ich mag das Geheimnisvolle, aber langsam wird es mühsam.«

Ich wusste nicht, wie ich antworten sollte. Sie schien nicht direkt zu mir zu sprechen. Es war eher so, als ob sie sich an den Raum wandte. Mir fiel auf, dass sie sich ihrer Schuhe entledigt hatte. Sie lagen unter ihrem Stuhl, ein Paar billige Sneakers, die Schuhbänder noch gebunden. Sie trug keine Socken. Ihre

Zehen waren ungewöhnlich lang. Sie sah wie jemand aus, der den ganzen Sommer über barfuß gelaufen war.

»Jetzt komm schon«, sagte sie.

Es fiel ihr nicht schwer, das Schlafzimmer zu finden. Die Wohnung war ein Schlauch, ein Zimmer führte direkt ins nächste und bis auf das Badezimmer gab es keine Türen, nur die Durchgänge, in denen der Raum ein wenig schmaler wurde und sich dann wieder öffnete, sodass man wusste, dass man sich im nächsten Raum befand. Die Fenster waren an den beiden Enden der Wohnung. Sie war dennoch hell. Die langen Nachmittage um diese Jahreszeit erweckten den Anschein, als würden sie sich träge über die Bürgersteige ergießen. Sie ging voraus, setzte sich auf die Bettkante, zog ihre Kleider aus und faltete sie zu einem ordentlichen Stapel auf meiner Kommode. Ihre Sneakers waren noch im anderen Zimmer, unter dem Stuhl beim Küchentisch. Sie verfügte über unaufgeregtes Selbstvertrauen in Bezug auf ihren Körper, dem einer Athletin ähnlich. Ihr Rücken glänzte von Schweiß und ich überlegte, ihr ein Handtuch anzubieten, aber ich wollte nicht unhöflich oder undankbar erscheinen. In der Nähe lief ein Ventilator. Wir verhedderten uns ineinander, entwirrten uns und begannen wieder aufs Neue, wie bei einem Hobby oder Spiel. Das Bett, mein Bett, war ein sogenanntes XL-Bett, was bedeutete, dass es nicht so lang war, wie ein Bett sein sollte, und dass einem deshalb höchstwahrscheinlich die Füße über den Bettrand hingen. Ich hatte schon immer ein Problem damit. Das Bettgestell und die Matratze waren bereits da, als ich einzog, und irgendwie kam ich nie dazu, es auszutauschen.

So ging es eine ganze Zeit lang, allerdings nicht so lange, wie man es sich erhofft. Als wir fertig waren, fragte sie, ob ich gerne Anwalt sei. Ich fand keinen Sarkasmus in ihrer Stimme.

Ich hätte ihn erwartet und wäre nicht überrascht gewesen, ihn wahrzunehmen. Wir lagen nah beieinander im Bett und ich konnte die Wärme ihrer Haut spüren. Der Ventilator lief und die Luft fühlte sich gut an, wenn er sich an mir vorbeidrehte.

»Es gefällt mir jetzt besser als früher«, sagte ich.

»Was war früher schlechter?«

Ich hätte ihr Tausende Dinge aufzählen können, aber ich entschied mich für eines.

»Ich mochte es nicht, für die großen Gesellschaften zu arbeiten.«

»Du bevorzugst hungernde Künstler?«

»Klar. Jederzeit.«

»Und was machst du, wenn sie nicht bezahlen?«

»Irgendwann bezahlen sie schon. Wenn ich nicht darauf vergesse.«

»Ein tolles System«, sagte sie, und es klang wieder so, als meinte sie es.

»Was ich wirklich gerne tun würde, ist schreiben«, sagte ich.

Eine lange, unheilvolle Pause trat ein, dann begann sie zu lachen. »Du machst Witze«, sagte sie.

Es war eine billige Matratze und ich konnte spüren, wie sie sich beim Lachen bewegte.

Ich sagte, dass ich einen Scherz gemacht hätte. Einen verdammt guten Scherz. Der Ansicht waren wir beide.

»Gott sei Dank«, sagte sie. »Du weißt gar nicht, wie oft ich derartige Gespräche führe.«

»Beim Bettgeflüster?«

»Die ganze Zeit. Selbst wenn sie es nicht offen aussprechen, während ich neben ihnen liege, sie denken darüber nach. Ihr Manuskript. Sie überlegen, ob sie sich trauen können, das Thema anzusprechen, ob jetzt der richtige Zeitpunkt wäre.

Sie wollen mir alle von der Idee für einen Roman erzählen. Einen großartigen Roman.«

»Klingt anstrengend.«

»Das ist es auch. Aber welche Alternative gibt es?«

Ich antwortete nicht. Ich kannte ihre Optionen nicht, auch nicht, was es war, das sie brauchte.

Ein wenig später erzählte ich ihr, dass ich die Idee zu einem Roman hatte.

»Es geht um eine Frau, deren Mann verschwindet«, sagte ich.

»Das klingt furchtbar«, sagte sie.

»Tut es das?«

»Jeder weiß, dass man nur über verschwundene Frauen schreibt. Es ist die Frau, die verschwinden muss …«

Sie wollte noch etwas sagen, verstummte aber. Die Matratze bewegte sich nicht. Ich lag da und dachte darüber nach, wie ich es nicht vermochte, mich daran zu erinnern, ein Buch gelesen oder einen Film gesehen zu haben, in dem ein Ehemann verschwand. Es gab sie, nur fielen mir keine ein.

»Was ist mit deinem Buch?«, fragte ich. »Das neue, die Malerin und ihr Ehemann.«

»Einen Ehemann umzubringen ist anders«, sagte sie. »Ein Mann ist nicht verschwunden, wenn er tot ist.«

Es war ruhig und in der Wohnung wurde es langsam dunkel. Durch die Fenster drangen Fetzen anderer Gespräche. Das Paar unter mir stritt sich. Man konnte nicht verstehen, worüber sie genau sprachen, aber das Gespräch hatte dieses endlose Auf und Ab, diesen Vor-und-Zurück-Rhythmus, der Streitereien spät am Nachmittag oder in der Nacht eigen ist, wenn es sich so anfühlt, als würde er nie wieder enden und beide in der Wohnung nach irgendetwas suchen, das den

Streit für sie beenden konnte. In der ganzen Stadt fanden solche Streitereien statt, aber in Schlauchwohnungen waren sie besonders übel, weil es keine Türen gab, die man hinter sich zuschlagen konnte. So kann man nicht mit einem anderen Menschen zusammenleben. Ich war mir nicht sicher, ob Anna auch dem Streit lauschte, doch dann erwähnte sie Newton. Sie erzählte, dass sie sich nie gestritten hätten, nicht ein einziges Mal in den zehn Jahren. Sie wünschte, er hätte wenigstens einmal ein Glas oder eine Vase zur Hand genommen und sie gegen die Wand geschleudert.

»Er hat sehr gut auf alles achtgegeben«, sagte sie. »Manchmal braucht man einfach nur einen persönlichen Kofferträger.«

Sie erklärte nicht, was sie damit meinte. Das Bild setzte sich nur einige Minuten in meinen Gedanken fest.

Als ich später aufwachte, kleidete sie sich gerade an. »Ich muss gehen«, sagte sie.

»In Ordnung.«

»Es ist nicht, weil du mir von deiner Romanidee erzählt hast.«

»War es nicht eine großartige Idee?«

»Es hat nicht wirklich geholfen, aber darum geht es eigentlich nicht. Ich muss einfach gehen.«

Ich ging ans Fenster und beobachtete, wie sie das Haus verließ. Sie fuhr einen alten Jeep. Er parkte an der Straßenecke vor einem Hydranten und ich meinte, einen zwischen Scheibenwischer und Windschutzscheibe eingeklemmten Strafzettel zu sehen.

21

In dieser Woche fegte ein Sturm vom Wasser herüber und es regnete in ganz Brooklyn wie aus Kübeln. Als er vorüber war, gab es einen Jahrmarkt in meinem Viertel. Es war kein Straßenfest wie die, die man den ganzen Sommer über in der Stadt sah, mit denselben Verkäufern, die gegrillten Mais, Perlenketten und T-Shirts mit Siebdruck feilboten. Es war ein richtiger Jahrmarkt mit einem Riesenrad, das über dem Brooklyn-Queens-Expressway in die Höhe ragte, und einem Tilt-A-Whirl, das von einem Team grimmiger, müde aussehender Männer in Jeansshorts mit Klemmbrettern betrieben wurde. Man startete in der Abenddämmerung und machte bis weit nach Mitternacht durch, wenn das Wetter hielt. So war es jedes Jahr. Eine Kirchenvereinigung organisierte ihn. In der fünften Nacht stemmten einige einheimische Männer vor den Augen ihrer Mütter eine Heiligenstatue in die Höhe und zogen sie dann etwa eine Stunde lang hinter einer Blaskapelle durch Williamsburg. Anna erschien an dem Abend wieder an meiner Treppe und fragte mich, ob ich vom Jahrmarkt wisse, ob ich mit ihr hingehen wolle. Sie hatte ihn bereits besucht und besaß einen ganzen Haufen Eintrittskarten für verschiedene Attraktionen und Spiele. Er war nur ein paar Blocks entfernt. Wir gingen gemeinsam hin und blieben ein oder zwei Stunden. Danach waren die Straßen leer. Es war Sonntag, vielleicht elf oder halb zwölf. Sie fragte mich, wie viele Abende der Jahrmarkt noch ginge, und ich sagte ihr, dass er schon zu Ende sei. Sie hatten die Heiligenstatue in die Höhe gestemmt, sie durch Brooklyn getragen, jetzt würde sie ein weiteres Jahr ruhen.

»Ich wünschte, ich hätte das gewusst«, sagte sie. »Ich hätte mich danach gerichtet.« Wir gingen unter dem Brooklyn-

Queens-Expressway und das Wasser schwappte über die Ränder der Fahrbahn herunter, Regen, der sich durch den Sturm in dieser Woche auf der Autobahn angesammelt hatte. Sie trug eine in einem Korb verstaute Flasche Grappa, ein Preis, den sie bei einem der Spiele gewonnen hatte. Bei einem Kartenspiel, das ich zuvor nicht gekannt hatte. Es schien mir etwas eindeutig Italienisches zu sein, oder sogar noch spezieller als das. Sie kannte das Spiel und die Regeln und hatte fünf oder sechs alte Frauen geschlagen, die mit ihr an einem Klapptisch konkurriert hatten, der auf der Straße zwischen den Fahrgeschäften und den Essensverkäufern aufgestellt war, wo man zusehen konnte. Der Grappa schmeckte gut, raute mir aber die Kehle auf. Wir saßen auf einer Sitzbank auf dem Gelände des Spielplatzes gegenüber meines Hauses und teilten uns die Flasche, während sie mir von der Zeit erzählte, die sie in Italien verbracht hatte.

»Fünfzehn Monate«, präzisierte sie, als hätte sie ihren Kalender konsultiert. Fünf Monate in der Nähe von Neapel, dann drei Monate in Sizilien, von dort nach Venedig, wo sie Leute kannte, die ihr das Haus borgten. Sie borge sich gerne solche Dinge aus, etwas Überdimensioniertes wie ein Haus, ein Leben, das nicht ihres sei, etwas, das sie benutzen und wie überflüssige Haut wieder abstreifen könne. Als wir die Flasche geleert hatten, gingen wir in die Wohnung und legten uns schlafen. In der Früh war sie weg. Auf meinem Tisch lag eine Mitteilung, ich solle sie, falls ich nicht bald von ihr hören würde, in Venedig suchen. Ein Witz, dachte ich mir, aber ich wusste es natürlich nicht und kramte in meinen Erinnerungen, ob sie je die Adresse oder den Namen der Bleibe, der Villa, die sie von ihren venezianischen Freunden ausgeborgt hatte, genannt hatte.

Von da an kam sie immer öfter vorbei, immer im Jeep, nie mit der U-Bahn, dem Taxi oder einem der anderen öffentlichen oder halböffentlichen Verkehrsmittel. Es war Hochsommer, die Stadt leerte sich und zwischen den Menschen, die zurückgeblieben waren, dir und deinen Nachbarn, herrschte eine neue Art Kameradschaft. Sie mochte die Gegend, East Williamsburg. Sie war noch nie dagewesen, außer, um mit mir über unseren Fall zu sprechen, der sich jetzt, da es einen abschließenden Bericht gab, schnell erledigt hatte. So ist es immer. Man denkt, der Bericht ändert nichts, aber das tut er. Ich kaufte neue Laken, Kleinigkeiten für die Wohnung.

Ich hatte ein neues Projekt am Laufen. Wahrscheinlich hatte ich ihr davon erzählt, denn eines Tages fragte sie, ob es in Ordnung sei, wenn sie mich begleiten würde. Es war kein interessanter Fall. Eigentlich war es gar kein Fall, es war ein Gefallen, der körperliche Arbeit und ein wenig Papierkram beinhaltete. Ich fragte sie, weshalb es sie interessieren würde, und sie erwiderte, dass sie Interesse an Logistik habe, es sei wie ein Plot, und dass sie schon immer Schriftsteller bewundert habe, die gute Plots erfanden – sie würden sich auf ihre Planung und ihren Einfallsreichtum verlassen können, wenn alles andere den Bach runterging. Alles, was ihr je gut gelungen wäre, sei das Kreieren von Stimmung, Atmosphäre, aber dass sie sich in letzter Zeit oft die Frage gestellt habe, ob das überhaupt eine Fähigkeit ist oder nur ein billiger Zaubertrick oder gar eine Art Betrug, an dem ein paar Leute Gefallen fanden.

»Ich verspreche, hilfreich zu sein«, sagte sie. »Ich werde nichts mit Atmosphäre kaputtmachen, darauf gebe ich dir mein Wort.«

Der Gefallen, der Job, war für Marcel. Er brauchte jemanden, der die Auflösung seines Lagers beaufsichtigte. So nannte er den Ort, an dem er verschiedene Waren aufbewahrte, die er gerade auf den Markt warf. Als er nach Beacon gezogen war, hatte er alles so belassen, wie es war. Er wusste nicht, wann er in die Stadt zurückkehren würde – vielleicht nie oder doch im Herbst –, aber wenn er zurückkam, wollte er Veränderung und mit etwas Neuem beginnen. Er hatte genug von der Hehlerei, so wie er genug vom Bankwesen gehabt hatte und davor vom Jurastudium. Er fragte mich, ob ich helfen könne. Er würde die Käufer vorbeischicken, er brauche nur jemanden, der alles organisierte und sicherstellte, dass keine Polizisten und Privatdetektive oder Versicherungsmitarbeiter anklopften, die sich als Käufer ausgaben. Niemand sei besser geeignet, die Arbeit zu erledigen und dafür zu sorgen, dass das Lager geräumt und ordnungsgemäß aufgelöst wurde. Schließlich stehe mein Name auf den Papieren, und wenn man ihn erwischte, dann sei es nur eine Frage der Zeit, bis sie sich den Anwalt vorknöpften, der ihm bei der Gründung der Scheinfirmen und der karibischen Holdinggesellschaften geholfen hatte.

Ich sagte ihm die Hilfe gerne zu. Abgesehen von den Nachtdiensten bei Gericht war nicht viel los.

In den ersten Tagen bewegte ich nur Staub von da nach dort. Zumindest fühlte es sich so an. Ich war ständig damit beschäftigt, Kisten aufzubrechen, Möbel an die Wände zu stellen und Plastikfolie, Schaumstoff und andere Materialien zu entfernen, die Marcel benutzt hatte, um zu verbergen, was er wirklich besaß oder in Kommission verkaufte. Hauptsächlich hatte er Gemälde, kleine Skulpturen, antikes Besteck, Porzellan, Silber und Schmuck. Die Schmuckstücke und Edelsteine befanden sich in großen Kisten mit vielen kleinen Fächern. Alles war beschriftet, doch die Etiketten waren teilweise irreführend oder schlichtweg falsch. Es gab auch antike Möbelstücke, doch die konnte ich nicht allein herumschieben, also hatte ich auch Glück, dass Anna mit von der Partie und bereit zum Anpacken war. Sie achtete darauf, immer aus den Beinen zu heben, und sorgte dafür, dass ich es ihr gleichtat. Im hinteren Teil des Hauptlagers gab es einen kleinen Shaker-Schreibtisch und Anna gewöhnte sich an, ihn zu benutzen, wenn wir nichts allzu Schweres transportierten oder ich sie nicht für etwas Bestimmtes brauchte. Sie saß stundenlang an dem Tisch, entweder in der Haltung einer eifrigen Klavierschülerin oder zurückgelehnt, die Füße auf dem Schreibtisch, und sah aus, als wäre sie kurz vorm Einschlafen. Sie schrieb mit der Hand in linierte Notizbücher. Sie arbeitete unerlässlich und es vergingen oft Stunden, ohne dass ihr Stift auch nur einmal Luft holen konnte. Eines Tages bat sie mich, den Tisch niemandem zu verkaufen. Sie wollte ihn kaufen, wenn wir hier fertig sein würden, aber nicht davor. Es klappte wunderbar mit dem Schreiben hier. Und bei solchen Dingen war sie sehr abergläubisch. Ich rief Marcel an, der nichts dagegen hatte, er erinnerte sich nicht einmal, einen Shaker-Schreibtisch zu besitzen, und machte ihr ein faires Angebot. Das Lager befand sich in einer ehemaligen Taxigarage in Greenpoint, in der Nähe der Auffahrt zur Pulaski Bridge. Der Tisch hatte anscheinend im Büro des Disponenten gestanden. In einer Schublade gab es auch ein Funkgerät, doch es war nicht mehr funktionstüchtig. Der Empfänger hing an einem Kabel hinter dem Schreibtisch und ab und zu nahm Anna ihn in die Hand und versuchte, ihn zu benutzen, aber er gab keinen Laut von sich, nicht einmal ein Rauschen. Wahrscheinlich war er seit einigen Jahrzehnten nicht in Verwendung gewesen.

Sie machte auf mich keinen besonders glücklichen Eindruck. Man konnte ihren Zustand jedenfalls nicht glücklich nennen. Sie war die ganze Zeit nur am Schreiben und half mir gelegentlich dabei, überdimensionierte Gegenstände auf Transportroller zu heben. Die Käufer waren Leute, die Marcel kannte und denen er vertraute, zumindest schien es so zu sein. Sie sprachen liebevoll von ihm und sagten meist, dass sie hofften, er würde nur eine Phase durchlaufen und dann zurückkommen. Anna wollte nicht vorgestellt werden. Sie wollte nicht unhöflich sein, aber man konnte von der anderen Seite des Raumes aus erkennen, dass sie konzentriert arbeitete und dass es besser war, sie nicht zu unterbrechen, nur um sich vorzustellen oder zwanglos über gestohlene Waren und gemeinsame Bekannte zu sprechen. Einer der Käufer, ein kleiner, nervöser Mann, der wie Andy Warhol gekleidet war, zog eine Pistole aus der Tasche, fuchtelte damit in der Luft herum, steckte sie wieder ein und entschuldigte sich. Das geschah an einem Dienstagnachmittag, kurz bevor wir den Tag ausklingen lassen wollten. Irgendetwas hatte ihn verärgert, vielleicht der Preis oder irgendeine Verwechslung beim Inventar, vielleicht hatte ihm Marcel aber auch irgendetwas versprochen, wovon ich nichts wusste. Ich glaube nicht, dass Anna irgendetwas von dem Vorfall mit der Pistole mitbekommen hatte. Sie schien nichts von dem mitzubekommen, was außerhalb der Welt ihrer Notizbücher geschah. Doch wenn der Tag zu Ende war, wenn wir allein waren und miteinander redeten, erkannte ich, dass sie alles mitbekam, sie alle Leute, die vorbeigekommen waren, gesehen hatte, sich an Dinge erinnerte, die mir nicht aufgefallen waren, kleine Details über ihre Kleidung oder die Art zu sprechen oder wie sie sich verhielten und ob sie es eilig hatten, wieder aus dem Lager zu kommen, oder einfach nur herumlungern, rauchen und über Gemälde hatten reden wollen. Sie war es, die bemerkt hatte, dass der Typ mit der Pistole wie Andy Warhol gekleidet gewesen war. Sie sagte, dass er genau der Richtige gewesen sei, genau der, den sie gebraucht hatte, um eine Stelle fertigzukriegen, die ihr Probleme bereitet hatte. Wenn man nur geduldig und bereit sei, würde einem die Welt manchmal Lösungen wie diese liefern. Ich wollte wissen, woran sie schrieb, fragte sie aber nicht. Sie füllte Tag für Tag ganze Notizbücher. Nach der Arbeit gingen wir entweder essen oder sie fuhr nach Manhattan, um einzukaufen. Sie hatte einiges in meiner Wohnung deponiert, Kleidung und Bücher, die sie gerade las. Die Bücher waren keine Romane, sondern beschäftigten sich mit Hintergründen und Gepflogenheiten esoterischer Natur, handelten von Leuten, von denen ich noch nie gehört hatte. Wenn sie über Nacht blieb, fuhren wir am nächsten Tag gemeinsam ins Lager. Sie ließ mich am Tor aussteigen und während ich aufschloss und alles vorbereitete, holte sie Donuts aus einer Bäckerei auf der Manhattan Avenue, wo man sie auf an die Wand gelehnten Metallrosten abkühlen ließ.

Eines Tages, am späten Vormittag, als wir alle Donuts bereits gegessen und begonnen hatten, uns Gedanken über das Mittagessen zu machen, kam Jala im Lager vorbei. Ich war überrascht, sie zu sehen. Sie sagte, ich müsse es nicht sein – natürlich kenne sie Marcel, alle würden ihn kennen. Sie und Marcel hatten eine Vereinbarung, ein Vorkaufsrecht für den Fall, dass etwas aus seinem Besitz bei Ballard Savoy versichert war. Sie sah sich die Bilder an und überflog sie auf eine Art und Weise, die mir sowohl nachlässig als auch sehr aufmerksam, fast schon besessen erschien, so wie die Leute in den Plattenläden im Village und in der Bedford Avenue. Keines der Gemälde schien sie besonders zu interessieren, nicht dienstlich jedenfalls. Privat sagte sie, habe Marcel einen tadellosen Geschmack und sie verstehe nicht, wie ein Hehler so anspruchsvoll sein könne, anspruchsvoller als ein Kurator, auch wenn die Beweise dafür hier herumlägen und von einem halbseidenen Anwalt bewacht würden. Ich hörte Anna hinter mir lachen.

»Das ist doch A. M. Byrne«, sagte Jala. »Hältst du sie hier als Geisel? Du könntest ziemliche Probleme bekommen.«

Sie ging zurück und stellte sich vor. Sie war die Erste, die es in der ganzen Woche tat. Sie sprachen über die Gemälde und was mit ihnen geschehen würde, wo sie landen würden, wie sie dahinkämen, wer sie suchen würde, welchen Wert sie – unter anderem, auch für wen – hätten. Anna war diejenige, die die meisten Fragen stellte. Es waren spezifische, sehr überlegte Fragen, die ich selbst, ohne Vermutungen anstellen zu müssen, nicht hätte beantworten können. Noch schlimmer. Sie wusste das wahrscheinlich und hatte mich genau deshalb nicht gefragt. Jala wusste all diese Sachen. Sie unterhielten sich über Künstler, Stilrichtungen und Einflüsse, für die, wie sie vermuteten, Marcel empfänglich wäre. Jala erörterte ihre Theorien darüber, wer seine Kunden seien, wie viel sie ihm bezahlen würden, und über seine Vorgangsweise. Sie mochten einander, das konnte man sehen. Es gab ein Einvernehmen zwischen ihnen und es war, als wäre ich still und leise verschwunden.

Später fragte mich Anna, woher der Name Gardezy stammte. Ihr Notizbuch war geöffnet.

»Afghanistan«, sagte ich.

»Ist sie dort aufgewachsen?«

»Nein, in London. Ihre Eltern waren Diplomaten.«

Sie strich irgendetwas durch, das sie zuvor geschrieben hatte.

»Was ist mit Xiomara«, fragte sie. »Ist das Katalanisch oder etwas anderes?«

»Was hat sie von Xiomara erzählt?«

»Nichts, wir haben über Malerei gesprochen. Kunst. Skulpturen. Solche Dinge.«

»Ich kam dabei gar nicht vor?«

»Ehrlich gesagt, nein. Es tut mir leid, das ist nicht böse gemeint, es ist nur die Wahrheit.«

Sie saß wieder aufrecht in ihrem Sessel, wie die Klavierschülerin.

»Xiomara ist Mexikanerin«, sagte ich. »Woher der Name kommt, weiß ich nicht. Könnte Katalonien sein.«

Sie nickte, als wäre das genau die Bestätigung gewesen, die sie benötigte.

»Danke«, sagte sie. »Das war's fürs Erste.«

22

Auf der Dachterrasse gegenüber dem Lagerhaus in Greenpoint gab es früher Filmvorführungen. Damals gab es keine Kinos in North Brooklyn, jedenfalls waren mir keine bekannt. Man wurde von den Leuten auf ihre Dächer eingeladen oder sie fingen einfach an, in der Abenddämmerung einen Film zu zeigen, den sie auf Laken oder idealerweise etwas Beständigeres wie eine Wand projizierten. Wenn man das von der Straße aus mitbekam und Lust hatte, rief man einfach hinauf und sie riefen zurück und erklärten, wie man durch die Tür kam, indem man die Klingel betätigte oder auf eine bestimmte Weise klopfte oder sich einfach selbst ins Haus ließ. Die Stadt ließ auch in Parks Filmvorführungen laufen, nur gab es auf den Dächern eine angenehme Brise. Anna wollte da hinauf, um zu schauen, was lief. Es war ein langer Tag gewesen und ich war von Staub bedeckt, aber wir gingen hin. Brooklyn war

Neuland für sie. Wahrscheinlich wirkte alles charmant und außergewöhnlich auf sie. Sommer war eine gute Zeit, um hier festzusitzen. Oben auf dem Dach waren Klappstühle zwischen den alten Schornsteinen und Luftschächten aufgestellt. Es gab auch eine Kühlbox mit einem Schild, das dazu aufforderte zu spenden, wenn man sich daraus bediente.

Der Film, den sie zeigten, war *Mein Essen mit André*. Wir blieben nur wenige Minuten. Keiner von uns wollte sich das ansehen und die Brise war kaum zu spüren, war nur ein schales Raunen vom Newton Creek. Auf der Heimfahrt sagten wir beide kaum etwas. Es waren nur ungefähr eineinhalb Kilometer. In den polnischen Feinkostläden entlang der Manhattan Avenue herrschte reger Betrieb und im McCarren Park lehnte eine Menge Leute an den Zäunen, sie rauchten und reichten Flaschen in Papiertüten herum, einige von ihnen spielten Musik.

An dem Abend, etwa gegen zehn Uhr, erschien Jala mit ein paar Leuten. Ein weiterer Überraschungsbesuch. Sie waren gerade von irgendwoher gekommen, es hörte sich nach den Hamptons an, und keiner von ihnen konnte erklären, wieso sie die Insel verlassen hatten und in die Stadt zurückgekommen waren. Es war wie ein Vogelzug oder ein anderes Naturphänomen, dem man einfach folgen musste, ohne den Drang zu hinterfragen. So kamen und gingen die Leute im Sommer, vor allem in einem so heißen Sommer wie diesem. Sie waren zu fünft, Jalas kleines Auto war voll besetzt, irgendein Audi mit Stufenheck. Sie waren alle ziemlich betrunken. Abgesehen von Jala, die sie von dort abgeholt und aus Gründen, die nur ihr bekannt waren, für den Abend zurückgebracht hatte. Es machte Spaß, sie hier zu haben. Sie und Anna gingen zum Fenster und unterhielten sich eine Weile, während sie auf dem Fensterbrett saßen und den Rauch in

Richtung Feuerleiter bliesen. Sie blieben dort fünfzehn oder zwanzig Minuten. Inmitten all dieser Fremden, die scheinbar ohne Grund oder Erklärung in meinem Zuhause erschienen waren, genoss ich es, den beiden Frauen von meinem Platz auf dem Sofa aus dabei zuzusehen, wie sie rauchten und sich vertraulich unterhielten, offensichtlich eine Verbindung oder ein Geheimnis teilten, was im Grunde genommen dasselbe war.

Später, nachdem die anderen gegangen waren, saß Anna noch immer auf dem Fensterbrett.

»Ich mag sie«, sagte Anna.

Sie meinte Jala. Die Reste der Zigaretten, die sie geraucht hatten, befanden sich im Aschenbecher neben ihr.

»Sie hat alle deine Bücher gelesen.«

»Hat sie das? Das hat sie gar nicht erwähnt.«

Ich wartete ab, ob sie mir erzählen wollte, was sie erwähnt hatte. Es sah allerdings nicht so aus, als würde sie es tun wollen. Es war, als ob wir für ein Gemälde Modell standen, als sich keiner von uns bewegen oder sprechen durfte und die Luft um uns herum Ölfarbe war, die trocknen musste. Ein seltsamer Gedanke, aber das war es, was mir gerade in den Sinn kam, während ich auf das wartete, was sie über ihr Gespräch vielleicht noch verraten wollte. Neben ihr standen eine offene Weinflasche und leere Gläser, aber sie machte keine Anstalten, sich oder uns einzuschenken, und ich versuchte mich zu erinnern, ob es mein Wein war oder ob Jala ihn mitgebracht hatte.

»Offensichtlich hat mein Vater einen Partner«, sagte Anna. »Jala hat sich das angesehen. Sein Immobilienunternehmen.«

In ihrer Stimme schwang eine Frage mit. Vielleicht fragte sie sich, woher Jala überhaupt Bescheid wusste, aber vermutlich nicht. Bestimmt hatte Jala alles mit ihrer gewohnten Gewandtheit erklärt und dabei den Eindruck hinterlassen, den sie bei allen, die sich in irgendeiner Art von Kundenposition befanden, hinterließ: den Eindruck von absoluter Kompetenz, von höchster Zuverlässigkeit, das Gefühl, mit einem echten, ehrlichen Experten zu sprechen, auch wenn es Mitternacht oder später an einem Dienstag war und man auf dem Fensterbrett saß und rauchte.

»Eine Gruppe, die sich Whitehall nennt«, sagte sie. »Weißt du, wer die sind?«

Ich muss gelächelt, gelacht oder meine Körperhaltung verändert haben.

»Was ist los?«, fragte sie.

»Nichts, nur da wird er keinen Dollar sehen. Niemand tut das.«

»Das ist es, was Jala auch gesagt hat. Sie meint, dass man aus einem Deal mit den Whitehalls nur verwundet oder schlimmer rauskommt. Dass sie sich immer wieder Spielwiesen und Figuren aussuchen, die sie später rücksichtslos vernichten können. Dass es in New York eine Nahrungskette gibt und mein Vater irgendwo in der Mitte steht, und dass die Whitehalls, falls er versucht, eine Sprosse hochzuklettern, diese so manipuliert haben, dass sie bricht, und sie unten dann nur darauf warten, alles zu fressen, was herunterfällt. Ungefähr so jedenfalls. Sie hat alles so anschaulich geschildert, aber jetzt kann ich mich nicht mehr so genau erinnern. Sie wirkte dabei sehr überzeugend. Sie ist überhaupt eine sehr überzeugende Person.«

»Ja, das ist sie.«

»Also ist es wahr? Er wird mit leeren Händen dastehen.«

»Schlimmer noch. Sie werden ihm am Ende bestimmt noch irgendwelche Schulden anhängen. Oder irgendein Verschulden.«

»Wofür?«

»Müsste ich raten, würde ich sagen, für die Schmiergelder. Vielleicht auch für die Überschreitungen. Strafen, falls es welche gibt. Aber Schulden bestimmt.«

»Also sind das kluge Kerle, diese Whitehalls?«

»Klüger als er. Auch fieser. Die sind schon sehr lange reich. Ihre Anwälte auch.«

»Wir sind es auch. Nur mein Vater nicht. Ich denke, einzuheiraten zählt da nicht.«

Ich lächelte wieder. Es gab keinen Grund, es zu verbergen. Anna lächelte auch und wir sahen uns wieder den Film an, den wir begonnen hatten, als Jala und diese Fremden, ihre Freunde, vorbeigekommen waren. Der Film war eine Raubkopie des Films *Frau mit Hund sucht ... Mann mit Herz*. Anna war zuvor in Greenpoint herumspaziert und hatte einen Gemischtwarenladen aufgesucht, in dem sie Raubkopien verkauften, und hatte sechs Filme für zwanzig Dollar bekommen. Kein wirkliches Schnäppchen, vor allem nicht in einem Gemischtwarenladen, doch so viel hatte sie nun mal dafür bezahlt. Es wirkte nicht, als hätte sie die Filme besonders sorgfältig ausgewählt. Wahrscheinlich hatte sie einfach wissen wollen, wie Raubkopien waren. Sie waren wie jeder andere Film auch, nur ein wenig unscharf und manchmal wackelte die Handkamera, die verwendet wurde. Trotzdem war es keine schlechte Aufnahme. Wir sahen uns den ganzen Film an und sprachen nicht mehr über Immobilien oder Nahrungsketten oder die Whitehalls, obwohl ich davon ausging, dass wir beide daran dachten. In der Zwischenzeit verliebten sich John Cusack, Diane Lane und deren Hunde ineinander.

Jala rief später noch an, mitten in der Nacht. Ich nahm den Anruf beim zweiten Läuten entgegen.

»Ist sie da?«

»Ja«, sagte ich.

»Du solltest versuchen, sie eine Zeit lang zu halten. Das ist eine verdammt interessante Frau.«

»Ist es nicht bereits sehr spät?«

»Das weiß ich nicht. Es macht dir doch nichts aus, dass ich über den Fall gesprochen habe, oder? Mit ihr, meine ich.«

»Nein, ist schon in Ordnung.«

»Ich bin da gleich kopfüber rein. Ich kann manchmal nicht anders. Du weißt ja, wie ich bin, wenn es um Arbeit geht.«

»Es macht mir nichts aus. Mach dir keine Gedanken darüber, okay?«

»Gut, ich war nur ein wenig besorgt. Du bist ein guter Anwalt, weißt du das? Ich sage dir das viel zu selten.«

Ihre Stimme hörte sich an, als hätte sie ganz schön getrunken. Sie war nicht betrunken, aber rührselig.

»In Ordnung«, sagte ich, »danke.«

Sie lachte. Es klang, als wäre sie sonst wo. Auf irgendeiner Party oder auf einem Dach.

»Ich muss jetzt los«, sagte sie. »Ich bin froh, dass du den Hörer abgenommen hast.«

Der Anruf hatte Anna nicht geweckt. Es schien, als könnte sie beinahe gar nichts wecken.

23

Wir führten zwar keine Beziehung, es fühlte sich manchmal lediglich so an, als wären wir die letzten Menschen in der Stadt. Deshalb bleibt man im Sommer in der Stadt, um dieses Gefühl der Verlassenheit und der Leere zu erleben, und wenn es jemanden gibt, der das eine oder gar beides mit dir durchlebt, umso besser. Außerdem konnte man jederzeit einen

Tisch in den Restaurants bekommen. Auch die Bars waren nie zu voll. Selbst die Lokale, die keine Genehmigung hatten, stellten ein paar Tische auf den Bürgersteig und lockten Kunden mit Rabatten auf so ziemlich alles. Bis acht Uhr servierten sie Wein-Slush zum halben Preis, manche Barkeeper kochten auch zu Hause etwas vor und boten es dann zum Verkauf an, etwas, das man leicht aufwärmen oder kalt auf einem Pappteller zu einer Tüte Chips oder Pickles servieren konnte. Anna bestellte gerne derartige Dinge, wenn man sie bekommen konnte. Sie aß beinahe alles, was preisgünstig war. Essen schien ihr nicht wichtig zu sein, aber sie war immer hungrig, was mit dem Schreiben zu tun hatte. Sie arbeitete mehr oder weniger die ganze Zeit. Ich benötigte ihre Hilfe im Lager nicht mehr. Die großen Gegenstände waren alle bereits weg. Marcels Käufer hatten sie abtransportiert. Ich wollte sie nicht am Arbeiten hindern.

Eines Morgens erschien sie mit den Donuts und einer Zeitung. Es war unüblich, sie mit einer Zeitung zu sehen. Man brauchte sie nicht, außer man war auf die U-Bahn angewiesen, und sie hatte einen Jeep, einen schwarzen Wrangler mit beigem Verdeck, das immer geschlossen war. Sie hatte die *Times* dabei und den Kunstteil aufgeschlagen, wo einige Veranstaltungen aufgelistet waren. Eines der Angebote kündigte eine Wanderausstellung des Moore Museums an, eine Sammlung seltener Bücher, die von religiösen Texten aus dem späten siebzehnten Jahrhundert bis hin zu diversen juristischen Schriften aus dem frühen Amerika alles Mögliche beinhaltete. Darunter waren einige Konzertankündigungen, die darauf schließen ließen, dass derjenige, der die Einträge zusammengestellt hatte, eine sonderbare Vorstellung davon hatte, worauf die in der Stadt verbliebenen Leute abends Lust hatten.

»Was könnte das bedeuten?«, fragte Anna. »Wieso jetzt? Er verhöhnt mich. Als wäre ich eine Idiotin.«

Ich erklärte ihr das Wenige, das ich über private Sammlungen und Steuerhinterziehung dieser Art wusste. Man war dazu verpflichtet, der Öffentlichkeit von Zeit zu Zeit Zugang zu gewähren. Aus diesem Grund gab es das leere Haus in Beacon mit einer Postadresse an einem unbekannten Ort – damit es besucht werden kann, es in Wahrheit aber nie getan wird. Derartige Museen existierten wahrscheinlich über das ganze Land verteilt. Es gab kaum eine Möglichkeit, das in Erfahrung zu bringen. Manchmal schickten sie eine Wanderausstellung umher, damit sie nicht in Verdacht gerieten, viel zu privat zu sein. Eine Art von Performance. Nur Schall und Rauch, wie die ganze Wohltätigkeit im Kunstbereich.

»Ich will sie sehen«, sagte sie. »Die Bücher, seine Wander-Show. Das findet heute Abend statt. Begleitest du mich dahin?«

»Wozu?«

»Ich weiß es nicht, ich dachte nur, ich sollte hingehen. Denkst du nicht, dass ich das tun sollte?«

Ich hatte keine Ratschläge zu dem Thema. Meine Gedanken dazu hatte ich in dem Bericht gesammelt, der irgendwo in ihrem Apartment herumlag, wenn sie ihn nicht geschreddert hatte.

»Ich gehe mit dir hin«, sagte ich. »Es ist bestimmt besser, wenn wir da zu zweit auftauchen.«

Die Ausstellung fand ausgerechnet in der Poquelin-Gesellschaft statt, in Newtons altem Clubhaus. Die Gelehrtenvereinigung mit einem Gebäude in Midtown. Es war bestimmt zwanzig Millionen Dollar wert, aber sie hatten nicht vor, es zu verkaufen. Vielleicht würden sie es auch nie veräußern und es würde immer so weiterlaufen, mit den alten Männern, die kamen, um ihre Bücher und Schriften zu überprüfen und ihre mit Fußnoten versehenen Vorträge zu halten, die niemand wirklich wahrnehmen würde, und danach Getränke zu servieren. Es schien Jahre her zu sein, dass ich dort gewesen war, sogar Jahrzehnte. November bis August. Wer wusste schon, wie viele Leute in der Zeit verschwunden oder gar verstorben waren? Die Stadt gab vor, die Menschen im Blick zu behalten, doch das war ein aussichtsloses Unterfangen. Man hatte zu viele Möglichkeiten, um einen Abgang hinzulegen. Nicht nur zwischen U-Bahnen, vor Bussen oder Taxis. Es gab zu viele Straßen und in jeder davon eine Reihe anonymer Gebäude mit heruntergelassenen Jalousien.

Wir nahmen Annas Jeep in die Stadt. Unterwegs überfuhren wir beinahe jemanden im Diamond District, einen der Männer, die vor den Shops herumlungerten und einen fragten, ob man kaufen oder verkaufen wolle, je nachdem, wie sie einen einschätzten, welche Art Mensch sie in einem sahen. Und sie irrten sich nie. Dieser Kerl trug einen Kaffeebecher in der Hand und eine Kippa auf dem Kopf sowie ein dickes Goldkreuz über der Brust. Ohne sich umzusehen, machte er einen Schritt vom Bordstein. Auch Anna fuhr nicht gerade aufmerksam. Sie hatte davor ein wenig getrunken. Einen Drink in meiner Wohnung, einen weiteren im Lager, dazu hatten wir auf dem Weg in einer Bar haltgemacht, wo sie direkt vor dem Hydranten der Old Town Bar an der Eighteenth Street geparkt hatte. Nach dem Beinahe-Unfall, den alle anderen Diamantenhändler mitbekommen hatten und bezeugen konnten, hob der Mann, den wir fast angefahren hatten, seinen Kaffeebecher über den Kopf, um allen zu zeigen, dass er es geschafft hatte, ihn nicht zu verschütten. Eine wahrlich beachtliche Leistung.

Es war ein Becher aus dem Feinkostladen, in typisch griechischem Design, doch von der Sorte, die immer undicht war, egal wie vorsichtig man sie hielt. Einer der Händler zeigte mit dem Daumen nach oben, und er ging lächelnd davon.

»Möchtest du, dass ich fahre?«, fragte ich.

Anna schwitzte. Sie wischte sich die Stirn ab. Es war ein weiterer heißer Abend, an dem kein Lüftchen wehte, und das Verdeck des Jeeps war offen. Um uns herum plapperten die Diamantenhändler, musterten die Touristen und die Büroangestellten, die an ihnen vorbeigingen und die Steine in den Schaufenstern betrachteten, die man unmöglich ignorieren konnte, so sehr man sich auch bemühte. Wir fuhren auf der Suche nach einem Parkplatz in der Gegend herum.

»Wir sind nur noch einen Block entfernt«, sagte sie. »Die paar beschissenen Straßen schaff ich schon noch.« In dem Moment fand sie einen Parkplatz.

Einige alte Männer standen vor dem Gebäude und rauchten. Die Ausstellung befand sich im zweiten Stock. Wir nahmen den Aufzug, einer dieser altmodischen Kästen mit Messingfalttür. Die Fahrstuhlwände waren voll von Buchseiten. Aus Büchern, die auseinandergefallen waren, nahm ich an. Oder aus unbekannten Gründen zerlegt worden waren. So etwas ging als Dekoration in der Poquelin-Gesellschaft durch. Die Seiten waren alle laminiert und durch das grelle Licht war es schwierig, etwas zu entziffern. Eine der Seiten, die ich erkennen konnte, war aus Thomas Hardys *Tess von den d'Urbervilles*. Mir wurde bewusst, dass ich den vollständigen Titel des Buches noch nie gesehen hatte, der offensichtlich *Tess von den d'Urbervilles: Eine reine Frau* lautete. Anna sah es auch und lachte. Mich beschlich das ungute Gefühl, dass sie eine Pistole oder eine andere Waffe bei sich trug. Sie hatte keine, und doch vermitteln Menschen manchmal diesen Eindruck und es gibt einen guten Grund dafür. In so einem Fall wäre es dumm, den Eindruck als unbegründet abzutun und ihn einfach wegzuwünschen. Sie stieg aus dem Aufzug und machte zwei oder drei bedrohliche Schritte in den Raum. Es war kein besonders kunstvoll gestalteter oder stilvoller Raum, auch wenn einige Kunstwerke an den Wänden hingen und alte Teppiche herumlagen. Alles, was sich sonst dort befunden hatte, war weggeschafft worden, um Platz für die Vitrinen zu machen. Die Bücher waren von unten beleuchtet, wie Skulpturen, und die Glaseinfassungen verhinderten, dass man in den Büchern blättern konnte. Das war die Sommerausstellung des Moore Museums. Anna ließ ihren Blick schweifen. Auf der Suche nach ihrem Vater, wie mir schien.

»Ich denke nicht, dass er kommt«, sagte ich.

»Müsste er nicht hier sein?«, fragte sie.

»Ich sehe keinen Grund dafür. Der Bundessteuerbehörde wird es egal sein.«

»Das ist doch absurd«, sagte sie. »Dieses ganze Land spielt verrückt. Was hat das alles für einen Sinn?«

Ich erwiderte, dass ich keine Ahnung hatte. So war es auch. Mit Steuern, Tod und allen möglichen Dingen.

Sie schaute sich immer noch um und musterte die Gesichter. Irgendwie sahen sich die alten Männer in gewisser Weise ähnlich.

»Er wird auftauchen«, sagte sie. »Wenn sich ihm die Gelegenheit dazu bietet, lässt er den gottverdammten Pfau raushängen.«

Es gab eine Menge schöner Bücher zu sehen. Eine wissenschaftliche Abhandlung, die Galileo angeblich widerlegte, ein Aufsatz aus den Federalist Papers, einige Bibeln. Ein wenig abseits in einer Ecke befanden sich die Prozessschriften. Wie Straßenkarten an Tankstellen waren sie in einer einsamen Kiste ausgestellt. Die Mordbücher. Zwanzig oder dreißig davon. Man konnte die Titelseiten nicht sehen und wusste nicht, ob es sich um Originale oder Fälschungen handelte oder vielleicht auch irgendetwas dazwischen. Wahrscheinlich waren es andere Prozessschriften, nicht die, die Newton Reddick gesucht und die ihn gequält hatten. Trotzdem schauderte mich, als ich sie dort entdeckte und feststellen musste, dass niemand im Raum ihnen Beachtung schenkte. Sie lagen da wie ein nachträglicher Gedanke. Die Zahl der Anwesenden war gering. Zwölf alte Männer schlurften auf der Suche nach Appetithäppchen im Raum umher. Die Klimaanlage lief auf Hochtouren und ich ärgerte mich, dass ich keine Jacke oder einen Pullover mitgenommen hatte. Anna betrachtete die Bücher eingehend. Als suchte sie etwas. Sie berührte die Vitrinen mit ihren Händen. Ich ging knapp hinter ihr her und bemerkte, dass sie Fingerabdrücke hinterließ. An ihren Fingern haftete etwas, vermutlich Tinte von den Seiten der Notizbücher, die sie an diesem Tag gefüllt hatte.

»Kommt dir irgendetwas bekannt vor?«, fragte ich. »Irgendetwas, das du erkennst? Das dir gehört?

»Lass uns von hier verschwinden«, erwiderte sie. »Es war keine gute Idee. Ich will hier nicht länger bleiben.«

Wir gingen zurück auf die Straße, wo es inzwischen dunkel war. Es hatte sich nicht so angefühlt, als wären wir lange drinnen gewesen, aber es muss so gewesen sein, wenn wir nicht genau zu der Stunde angekommen waren, in der plötzlich alles Licht verschwindet und die Stadt für einen Moment lang stillzustehen scheint, als würde sie gerade entscheiden, was sie als Nächstes tun soll, in welche Richtung sie davonlaufen soll.

Auf der gegenüberliegenden Straßenseite befand sich eine Bar. Davor standen einige Hochtische und an einem dieser Tische sah ich Liam Moore. Es saß einer Frau gegenüber. Sie sah sehr jung aus. Fünfundzwanzig vielleicht.

Wir steuerten auf diesen Tisch zu. Anna und er blickten sich wortlos an.

Schließlich fragte er, ob wir uns die Ausstellung angesehen hätten.

»Ja«, sagte Anna. »Du auch?«

»Nur um zu sehen, dass alles nach Plan läuft. Ich halte mich dort nicht gern auf. Verschafft mir ein unangenehmes Gefühl.«

»Das ist der Tod«, erwiderte sie. »Das Gefühl, das einem die Bücher vermitteln.«

Moore nickte nachdenklich. »Könnte sein«, sagte er. »Darüber habe ich mir noch nie Gedanken gemacht.« Es wirkte, als würde er sich große Mühe geben, beherrscht und höflich zu sein. »Das ist Rebecca«, sagte er. »Rebecca, das ist meine Tochter Anna und das ist ihr Anwalt.«

Rebecca schien es für einen Witz zu halten. War es vermutlich auch. Ich war niemandes Anwalt.

»Ich dachte, du wirst mich anrufen«, sagte Moore. »Ich habe darauf gewartet, von dir zu hören.«

Anna zuckte mit den Schultern. »Ich bin davon ausgegangen, dass ich dich hier finde.«

»Irgendeine Rückmeldung wäre sehr aufmerksam gewesen. Nach all der Mühe, die ich mir gemacht habe.«

»Hast du dir so viel Mühe gemacht? Mit der Ausstellung hattest du ja viel um die Ohren.«

Ihre Stimme war voller Verachtung. Ich war froh, dass sie nicht mir galt, obwohl sie keinen besonderen Eindruck auf Moore zu machen schien. Er hatte sich wahrscheinlich daran gewöhnt. Sie hatten ein ganzes Leben voller Kränkungen hinter sich, offensichtlich war das, was jetzt zwischen ihnen geschah, nur ein weiterer Punkt in dieser Liste. Ich wusste wirklich nicht, was da lief.

Eine Kellnerin kam heraus und fragte, ob sie zwei weitere Stühle bringen sollte.

»Nein«, sagte Anna. »Habt einen wunderschönen Abend, ihr beiden. Rebecca, es war mir eine Freude.«

Ich schüttelte Rebeccas Hand. Sie muss sie mir entgegengestreckt haben.

Der Jeep war eineinhalb Blocks entfernt geparkt, wieder zu nahe an einem Hydranten, hatte aber noch keinen Strafzettel.

»Ich könnte jetzt einen Drink vertragen«, sagte Anna. »Und Luft. Würdest du einen Spaziergang mit mir machen?«

Ich sagte ihr, dass ich das gerne täte, selbstverständlich würde ich das. Sie war auch meine Mitfahrgelegenheit nach Hause.

Wir bogen um die Ecke und holten uns aus der ersten nicht irischen Bar einen Drink. Sie erklärten sich dazu bereit, ihn uns in Pappbecher zu füllen, damit wir ihn mitnehmen konnten. Eigentlich wurde so etwas nicht gerne gesehen, aber es war ein Dienstagabend im August, wer sollte da noch vorbeikommen, um Geld auszugeben? Madison war leer gefegt. Sogar die Rollläden der Schaufenster waren dicht, mit Ausnahme einiger Koffergeschäfte oder Reinigungen. Die Becher, in die sie die Getränke gefüllt hatten, waren wieder die aus einem Feinkostladen, wieder im griechischen Design, und während die Eiswürfel im Vodka schmolzen, begann der Pappbecher aufzuweichen. Anna schien es nicht zu bemerken. Sie lief rasch in Richtung Uptown und betrachtete alles eingehend, als wollte sie eine Erinnerung festhalten. Midtown East war ein Stadtteil, den ich nicht mehr allzu oft besuchte; wie sie es hielt, wusste ich nicht. Das erste Mal suchte ich das Internet nach ihr ab, als ich mir damals Gedanken darüber machte, wer sie war und ob sie vorhatte, mich zu verklagen. Dort fand ich einen Artikel in der *Daily News* oder der *Post* oder irgendeiner anderen Zeitung, die darüber berichtet hatte, dass sie im Café Renard gesehen worden war. Sie war mit Salman Rushdie da – das wurde im Artikel jedenfalls behauptet – und der Reporter war der Ansicht, dass es mutig war, sich mit ihm im Café Renard sehen zu lassen. Es muss zu der Zeit gewesen sein, als die Fatwa noch in Kraft war, andernfalls bezog sich diese Tapferkeit auf etwas anderes. Ich wusste jedenfalls nicht, wo sich das Café Renard genau befand, verortete es aber hier in der Gegend, vielleicht ein wenig weiter nördlich. Wir liefen zehn oder zwölf Blocks die Madison entlang, in Richtung Norden.

»Möchtest du darüber reden, was vorhin passiert ist?«, fragte ich.

»Nein«, erwiderte sie. »Möchtest du?«

»Ich könnte, wenn du es auch willst.«

»Soll mich das jetzt beeindrucken?«

In diesem Moment ging jemand zwischen uns durch, eine Frau mit drei Rollkoffern. Sie ging zügig und schaffte es irgendwie, all das Gepäck unter Kontrolle zu halten. Anna hielt inne, blickte ihr neugierig nach, wie sie den Block hinunterging und in ein Taxi stieg, das auf sie wartete. Als ich die Frau sah, musste ich wieder an den Mann denken, den wir vorhin beinahe mit dem Jeep überfahren hatten, den Diamantenhändler. Es war eine dieser Nächte, in der jeder erinnerungswürdig erscheint.

»Welche war die längste Beziehung, die du gehabt hast?«, fragte Anna.

Sie sah zu, wie das Taxi wegfuhr. Die Avenue war leer. Es gab keinen Verkehr.

Ich erzählte ihr davon. Auch wenn es nicht viel zu erzählen gab, es war ein Jahr meines Lebens.

»War es Xiomara Fuentes?«, fragte sie.

»Es war Jala«, antwortete ich. »Das mit Xiomara hielt nicht so lange. Ganze sieben Monate.«

Es fühlte sich an, als hätte sie ihr Notizheft gezückt. Sie musterte mich von unten nach oben, vom Fuß bis zum Kopf.

»Ein Jahr ist nicht lange«, sagte sie. »Aber lange genug, um es zu wissen. Sollte es jedenfalls sein.«

»Um was zu wissen?«, fragte ich.

»Ob man gehen sollte. Das ist der Zeitpunkt, wenn die Alarmglocken zu läuten beginnen. Man will sie nur nie hören.«

»Sie hat mich verlassen. Das haben sie beide. Ich habe eigentlich noch nie jemanden verlassen.«

»Nein, das hatte ich auch nicht erwartet. Hätte ich mir bei dir auch denken können. Das habe ich aber nicht gemeint.«

»Wie ist das bei dir?«, fragte ich.

Sie antwortete nicht und ich kam mir dumm vor, weil ich gefragt hatte. Ich kannte die Antwort ja bereits.

Als wir die Becher geleert hatten, gingen wir in ein anderes Lokal und bestellten Wein, eine stark gekühlte Flasche, die auf Eis serviert wurde, für den Fall, dass sie nicht genügend gekühlt war. Anna leerte das erste Glas besonders schnell und mich beschlich wieder dieses Gefühl, das ich hatte, als ich dachte, sie könnte eine Waffe bei sich tragen. Nur war es diesmal gewiss, dass sie mir etwas sagen wollte, worauf sie sich bereits seit einiger Zeit vorbereitet hatte, vielleicht schon den ganzen Abend lang, oder erst, seit wir ihren Vater vor der Bar gesehen hatten, der dort selbstgefällig mit einer jüngeren Frau saß und sich zu den verschiedenen Käufen, Bestechungen und Todesfällen beglückwünschte, die ihn so weit gebracht hatten.

»Er hat einen Ermittler beauftragt«, sagte Anna. »Mein Vater. Vor Wochen. Oder Monaten, ich weiß es nicht.«

»Welche Art Ermittler?«, fragte ich.

»Einen Profi. Jemand namens Oweida.«

»Womit hat er ihn beauftragt?«

Sie trank den letzten Schluck, füllte rasch nach und betrachtete die Weinflasche. Es war ein miserabler Wein, vielleicht der miserabelste, den ich je getrunken hatte. Laut Etikett kam er aus Idaho.«

»Newton lebt«, sagte sie. »Wie ein Geist, irgendwo. Das geht aus dem Bericht hervor.«

Ich spürte, wie sich mein Magen verkrampfte und mir erneut eine Schweißperle den Rücken hinablief.

»Wie meinst du das, er lebt? Hat das der Ermittler behauptet?«

»Vermutlich hat er seinen Tod vorgetäuscht«, sagte sie. »Wegen der Schulden oder um von mir wegzukommen. Ich weiß es wirklich nicht. Sie haben mir den Bericht letzte Woche geschickt. Ich habe ihn einmal durchgelesen und weggelegt. Ich glaube es nicht, kein Wort davon. Mein Vater beschäftigt sich gerne mit kleinen Verschwörungen, Intrigen und Spielchen und er würde keine Sekunde zögern, einen Ermittler darin zu verwickeln. Diese Grausamkeit ist ihm angeboren. Er würde Ameisen verbrennen, wenn man ihm eine Lupe gäbe. Er würde es Fortschritt nennen und sich dumm und dämlich lachen.«

Jetzt, wo sie ihre Geschichte erzählt hatte, wirkte sie sehr ruhig auf mich. Vor ihr lag ein Stapel Papierservietten, sie nahm die oberste und holte einen Kugelschreiber aus ihrer Tasche, um eine Adresse zu notieren. North Fifteenth Street in Williamsburg, nicht einmal eine ganze Meile von dem Haus entfernt, in dem ich wohnte.

»Da soll Newton angeblich wohnen«, sagte sie. »Das ist doch besser als jeder verdammte Roman.«

»Aber du glaubst es nicht?«

»Nein. Ich bin es leid, ihnen allen zu glauben. Nimm bitte noch Wein, ja? Tu's für mich.«

Sie schenkte mir den restlichen Wein ins Glas und wir saßen da, mit der Adresse auf der Serviette zwischen uns. Der Barkeeper fragte, ob wir eine weitere Flasche des Weins aus Idaho wünschten, schien sich aber keine großen Hoffnungen zu machen. Das Lokal war bis auf einen Tisch mit einer Gruppe älterer Damen leer. Sie spielten Karten und von Zeit zu Zeit klopfte eine von ihnen heftig auf die Tischplatte, was das Bier aus ihren Krügen spritzen ließ.

24

Es war ein weiterer schwüler Abend, unvorstellbar feucht. Greenpoint fühlte sich immer ein wenig wärmer an als der Rest der Stadt. Ein kleines, melancholisches Viertel, in dem die Zeit stehen geblieben war, mit Straßennamen wie Java und India, die einem das Gefühl gaben, sich in einem Conrad-Roman wiederzufinden, irgendwo weit weg, die Luft voller Moskitos und schwer mit Reue. Möglicherweise lag es auch an den Docks oder den alten Werkshallen. Marcels Lager war geräumt. Die Gemälde, Skulpturen, Schmuckkästchen und Artefakte hatten neue Besitzer gefunden, den übrig gebliebenen Plunder hatten wir entsorgt und die Böden und Wände mit einem Hochdruckreiniger gesäubert, den wir in einem

Baumarkt um die Ecke gemietet hatten. Es hatte beinahe drei Wochen gedauert, doch jetzt war alles weg. Ich war froh, es hinter mir zu haben, obwohl ich nicht wusste, was ich jetzt mit mir anfangen sollte. Vielleicht gar nichts, oder endlich doch noch Annas Scheck einlösen? Ich wollte mir den Bericht ansehen, den ihr Vater in Auftrag gegeben hatte, war aber zu stolz, sie danach zu fragen. Es war kein professioneller Stolz – so etwas kümmerte mich nicht. Ein echter Ermittler hätte mich in solch einer Angelegenheit ein dutzendmal ausstechen können, ohne dass mein Selbstwertgefühl darunter gelitten hätte. Nichtsdestotrotz war ich neugierig, vielleicht mehr als das. Ich dachte schrecklich oft daran und fragte mich, wann sie mir endlich sagen würde, worum es wirklich ging, was ihr Vater im Schilde führte oder wer sich so etwas ausdachte, und wann wir endlich über die Adresse sprechen würden, die sie auf der Papierserviette notiert hatte – die Adresse auf der North Fifteenth, die nur etwa zehn Blocks von unserem damaligen Standort in Greenpoint entfernt war. Letzten Endes, als ich das Tor zum Lager an jenem Abend schloss und mich daranmachte, den Schlüssel für immer und ewig zu verlieren, sagte Anna seufzend, dass wir uns das ansehen sollten.

Mir war klar, was sie meinte, ohne dass sie es mir erklären musste.

»In Ordnung«, sagte ich. »Was wirst du machen, wenn er dort ist?«

Sie schüttelte den Kopf. »Er wird nicht dort sein. Er ist tot, aber ich würde gerne wissen, wer sich seines Namens bedient.«

Während wir von Greenpoint nach Williamsburg liefen, legte sie mir ihre Theorie dar. Es gab keine eindeutige Grenze zwischen den beiden Vierteln, und wenn doch, dann verlief sie irgendwo in der Gegend des McCarren Parks, irgendwo hier unten am Wasser, wo wir gerade entlanggingen, vorbei an den alten Mühlen und Fabriken, von denen einige in Lofts oder Sozialwohnungen umgewandelt worden waren, die aber größtenteils leer standen. Irgendwann würde man sie an Bauträger verkaufen oder einer anderen zweifelhaften Verwendung zuführen. In New York kann man nie wissen. Annas Theorie war, dass jemand den Namen, die Sozialversicherungsnummer und den Führerschein ihres Mannes gestohlen und sich eine Reihe neuer Kreditkarten zugelegt hatte. Dieser Jemand lebte nun unter diesem Decknamen in Brooklyn, um Schuldnern oder der Polizei zu entgehen oder einfach nur weitere Schulden zu machen, bis die Last zu groß werden würde und er sich einen neuen Idioten suchen müsste. Sie legte es logisch und sachlich dar, als wäre es nichts weiter als ein Puzzle, das sie erfolgreich zusammengesetzt hatte. Während wir gingen, bat sie mich, ihre Notizbücher zu tragen.

Ich sagte ihr, dass sie, sollte sich ihre Vermutung bewahrheiten, zur Polizei gehen müsse. Nicht dass ich wirklich gedacht hätte, dass sie helfen würden, aber man weiß ja nie.

»Nein«, sagte sie. »Ich möchte diesen Schwindler einfach sehen. Ich will, dass er mein verdammtes Gesicht sieht.«

Wir fanden das Haus an der North Fifteenth. Es war eine der alten Fabriken, aus Ziegeln und Asbest gemacht, nur einen halben Block vom Wasser entfernt, zwischen Franklin und Wythe. Jemand kam aus der Eingangstür und ich fing sie auf, bevor sie zufallen konnte. Es gab drei Stockwerke mit jeweils zwei Lofts. Wir klopften an alle sechs Türen, doch niemand öffnete uns. Es war gegen neun Uhr an einem Donnerstagabend, vielleicht aber auch schon später. Wir hatten den ganzen Tag hart gearbeitet und ich hatte jegliches Zeitgefühl verloren. Die Sonne war bereits untergegangen. Das Gebäude war ein heruntergekommener Unterschlupf für Wohngemeinschaften, die sich über Craigslist und die Schwarzen Bretter, die ab und zu noch in Cafés aushingen, zusammenfanden. Ich glaubte, mich zu erinnern, einmal hier auf einer Party gewesen zu sein: eine schwüle Höhle, in der elektronische Musik lief, Schwarzweißfilme an die Ziegelwände projiziert wurden und kein Badezimmer zu finden war. Es hätte aber auch ein anderes Gebäude sein können, ich war mir nicht sicher. Es gab Hunderte ähnliche Gebäude in der Gegend. Ziemlich bald würden sie verschwunden sein. Der neue Flächenwidmungs- und Bebauungsplan sicherte das zu. Käme man in einem Jahr wieder, würde man die Gegend nicht wiedererkennen, oder vielleicht doch, würde aber nur in Erinnerungen schwelgen, an die Plätze, die man aufgesucht hatte, um zu tanzen oder Gras zu kaufen.

»Wir kommen wieder«, sagte ich. »Irgendjemand wird später schon zu Hause sein.«

»Ich brauche einen Drink«, sagte sie. »Das war keine gute Idee. Ich will diesen schönen Abend nicht verderben.«

Das mit dem Abend musste ein Witz gewesen sein. Am East River herrschte Ebbe und man konnte dem Geruch nicht entkommen. Es war schon spät. Auf der Straße hielten sich schon viel mehr Leute auf. Das Viertel war dabei, zu erwachen. Hier befanden sich viele Bars und vor ihnen Leute, die herumstanden, rauchten und tranken und dabei beobachteten, in welche Richtungen die Menschen strömten: zu den Zügen auf der Bedford oder zu den Clubs, die in den Lagerhallen entlang dem Hafenviertel eröffnet hatten, aber nie beworben wurden und keine Schilder trugen, oder ganz woanders hin. Jeder hier schien so jung zu sein. Mir kam der Gedanke, dass ich an keiner Hallenparty mehr teilnehmen würde und dass ich, sollte ich jemals wieder um diese Zeit die Berry Street entlanggehen, nur ein weiterer alter Mann wäre, der sich im Dunkeln herumtreibt. Und das, obwohl ich nur eine Meile entfernt wohnte.

Wir gingen in eine Bar an der Ecke der North Eleventh. Die Fenster waren geschlossen und es gab keine Klimaanlange, zumindest wäre mir keine aufgefallen, nur ein paar träge rotierende Deckenventilatoren und Gäste, die entweder kein Problem mit der Hitze hatten oder die Drinks mit möglichst viel Eiswürfeln bestellten. Irgendwo stand eine Jukebox, die drei Talking-Heads-Songs in Dauerschleife abspielte. Wir unterhielten uns weiter über Identitätsdiebstahl, mit dem sich Anna, so wie es sich anhörte, intensiv beschäftigt haben dürfte. Möglicherweise für ihren Roman. So wie sie es beschrieb, konnte ich es nicht unterscheiden – alles war verschwommen und es war längst nicht mehr klar, wo ihre Ängste aufhörten und wo der Roman begann. Jedenfalls schien sie gut informiert zu sein. Wie Kreditkartendaten gestohlen, dann in mehreren Tranchen zusammengetragen und online verkauft wurden. Wie man eine Rückverfolgung umging. Was man brauchte, um eine legale Namensänderung durchzuführen, ohne sie in der Zeitung bekanntzugeben, eine altmodische Regelung, die in vielen Städten noch wirksam war, die man aber umgehen konnte, wenn man es klug anstellte. Immer wieder wischte sie sich mit Papierservietten über die Stirn und ließ sie auf dem Tresen liegen. Es war ein altes Lokal, oder eines, das so gestaltet war. An den Wänden waren viele maritime Gegenstände befestigt und die Bar war aus Teakholz gefertigt. Sie stand auf, ging zum Fenster und beobachtete die Leute, die vorbeigingen. Schließlich gesellte ich mich zu ihr.

»Es könnte jeder sein«, sagte sie. »Nichts ist leichter zu stehlen als eine Identität.«

»Ich habe seine Kreditkartendaten geprüft«, erwiderte ich. Sie nickte. »Wann zuletzt? Im Juni? Für einen gewieften Dieb ist das eine Ewigkeit her.«

Etwas später ging eine größere Gruppe am Fenster der Bar vorbei. Es war mehr eine Herde als eine Gruppe. Sie hatten etwas Animalisches an sich. Man gewöhnte sich daran, derartige Beobachtungen auf den Straßen von New York zu machen. Manchmal gab es keine Erklärung dafür, keine nachvollziehbare, und ein anderes Mal lag es an den Zugverspätungen. Das geschah in der ganzen Stadt, doch vor allem in der Bedford Avenue im Sommer. Im Tunnel unter dem East River kam es immer zu Verspätungen. Es war möglich, dass der L-Zug im Tunnel zwanzig Minuten oder länger dauernde Stehzeiten hatte, und wenn er dann endlich in die Station einfuhr, hatte man den Eindruck, als wären alle, die noch in der Stadt verblieben waren, in dem Zug gesessen und strömten jetzt ins Freie. Man musste die Ellenbogen einsetzen und hoffen, dass man die Treppe mit viel Glück hinaufkam.

»Gütiger Gott«, sagte Anna. »Schau sie dir an.«

Die Gruppe zog in Richtung Westen weiter. Zum Fluss. Sie blickte weiterhin aus dem Fenster, und während sie das tat, trat plötzlich eine Veränderung ein. Sie stellte ihren Drink ab und kramte in ihren Taschen nach irgendetwas, nach Geld, wie mir schien. Sie hatte keines und diese Erkenntnis versetzte sie kurz in Panik, als wäre sie gefangen. Ich beruhigte sie, sagte, dass ich Geld hätte, alles sei in Ordnung. Ich kramte in meiner Hosentasche nach einem Zehner, in der Bar kostete alles vier Dollar. Sie sagte noch irgendetwas, aber ich konnte es nicht verstehen. Schon war sie aus der Tür und ich musste mich beeilen, um sie einzuholen.

Draußen mussten sich meine Augen erst an die Dunkelheit

gewöhnen. In der Bar war es auch dunkel gewesen, aber draußen war es anders, die Lampen waren schummrig und viele funktionierten überhaupt nicht. Anna verlangsamte ihr Tempo, hatte aber immer noch ein Ziel vor Augen und ich fragte, ob wir irgendwohin, vielleicht zurück zur Fifteenth Street, fahren würden. Noch bevor ich die Frage zu Ende formulieren konnte, hatten wir die entgegengesetzte Richtung eingeschlagen und liefen in Richtung Süden. Vor uns befand sich noch immer eine große Menschenmenge, die Meute aus der U-Bahn, doch nicht mehr so viele wie zuvor. Während die Häuser an uns vorbeizogen, bogen nach und nach immer mehr von ihnen ab, bis nur noch ein paar trostlose Schatten übrig waren, anonym wie alle anderen Schatten in der Stadt, nur dass mich jetzt das Gefühl beschlich, wir würden einem von ihnen folgen. Das Gefühl wurde immer intensiver, bis es Gewissheit war. Wir folgten einem Mann. Er bewegte sich vor uns, immer im gleichen Abstand, seit wir aus der Bar gekommen waren.

»Wer ist das?«, fragte ich. »Erkennst du ihn?«

Sie antwortete nicht. Wir gingen weiter. Eine Ampel sprang um und beinahe hätten wir den Mann eingeholt, der auf grünes Licht wartete, obwohl keine Autos in der Nähe waren und alle anderen die Straße längst überquert hatten, ohne dass man ihnen gesagt hätte, dass es in Ordnung sei.

Da konnte ich ihn zum ersten Mal richtig betrachten. Er trug eine Jeans mit hochgekrempelten Hosenbeinen, ein dunkles T-Shirt und hatte eine Umhängetasche über den Rücken geschlungen. Die Tasche sah schwer aus, er neigte sich leicht zur Seite, wo ihr Gewicht herabhing. Endlich sprang die Ampel auf grün und er ging weiter. Ich wusste nicht, wie ein Identitätsdieb aussehen sollte. Es war, wie Anna es gesagt hatte, es hätte jeder sein können. Ganz typisch für diese Art von Verbrechen. Dennoch hatte ich das Gefühl, dass sie den Mann kannte, dass wir ihn auf eine ganz sonderbare Art stalkten und es nur eine Frage der Zeit war, bis sie sich dazu durchrang, etwas zu unternehmen, ihn zu konfrontieren.

So ging es weitere fünf Blocks lang. Sie trug Sneakers und bewegte sich leichtfüßig und leise. Ihr Blick folgte der Gestalt vor uns unablässig. Auf der North Fifth bogen wir erneut ab und waren jetzt auf der Wythe. Das Diner befand sich zu unserer Linken und das Metropolitan direkt vor uns. Links war das Zebulon, wo jeden zweiten Samstag große Blasorchester aufspielten und Ulises einmal mit einer Frau getanzt hatte, die, wie er geschworen hatte, mit Fela Kuti verheiratet gewesen sei. Dahinter gab es nur noch die Brückenpfeiler.

Ich war noch nie jemandem gefolgt, zumindest nicht auf diese Weise. Es war keineswegs unangenehm, so durch die Stadt zu laufen, durch ein vertrautes Viertel, das ich jetzt aber in einem neuen Kontext sah – nämlich mit den Augen dieses Fremden, der ein Ziel vor Augen hatte, einen Ort, den er aufsuchen wollte, und wir deshalb auch, nur wussten wir nicht, wo dieser sein würde.

Schließlich hielt er vor einem beleuchteten Schaufenster an. Ich brauchte einen Augenblick, um zu erkennen, dass es ein Café war, das ich kannte. Es hatte bis spät in die Nacht geöffnet, Becher wurden kostenlos aufgefüllt und auf Wunsch verkauften sie auch Dosenbier. Drinnen gab es zwei lange Holztische, und nachdem er sich den Kaffee nach seinen Vorstellungen zurechtgemacht hatte, ließ er sich auf einem freien Platz nieder und holte ein klobiges Notebook heraus. Er starrte auf den Bildschirm und begann dann zu tippen. Er tippte langsam, mit Adlersuchsystem. Jetzt konnte ich sein Gesicht erstmals gut sehen. Er strahlte eine gewisse Arglosigkeit aus, schon damals – eine unglaubliche Offenheit gegenüber der Welt.

Es war Newton Reddick. Lebendig. Mit seinen beiden Fingern tippend.

Eine Brise wehte vom East River herüber. Es war, als hielte einem jemand Riechsalz unter die Nase.

»Oh mein Gott«, sagte Anna. Sie beobachtete ihn durch die Glasscheibe, wodurch diese leicht mit ihrem Atem beschlug. Nach diesem Atemzug ertönte ihre Stimme, tief und rau. »Ich bringe ihn verdammt noch mal um!«

Es klang, als würde sie es ernst meinen. Ich wusste nicht, wie ich darauf reagieren sollte. Er war doch all die Monate tot gewesen. Manchmal braucht der Verstand eine Sekunde, um die Wahrheit zu begreifen, und in diesem ersten Moment kam mir nur der Gedanke, dass es ihm offensichtlich gut ging. Er wirkte jünger als beim letzten Mal, einige Jahre jünger oder vielleicht sogar ein Jahrzehnt, wobei es wahrscheinlich nur die Jeans und das T-Shirt waren, die diesen Eindruck vermittelten. Das Notebook vor ihm warf ein Leuchten auf sein Gesicht. Ein seltsames, aber ganz und gar nicht unschmeichelhaftes Licht.

Anna ging hinein. Ich folgte ihr, bevor die Tür zufallen konnte. Reddick schien uns zunächst nicht zu bemerken. Er konzentrierte sich auf diesen Bildschirm. Er sah dabei so zufrieden und glücklich aus, als erwartete er sich für die bevorstehenden Stunden und die kommende Nacht noch eine Reihe von Überraschungen und kleine Vergnügungen.

»Was zum Teufel ist hier eigentlich los?«, fragte Anna.

Er blickte erschrocken auf. »Anna«, sagte er. »Anna, du bist es.«

Ich dachte, sein Herz würde aufhören zu schlagen, doch es gelang ihm irgendwie, Ruhe zu bewahren.

»Es ist sehr schön, dich zu sehen«, sagte er. »Möchtest du irgendetwas? Etwas zu trinken vielleicht?«

Ich rechne ihm die Höflichkeit hoch an. Seine Reaktion war eine Art Reflex, sagte aber viel über ihn aus. Wir hatten ihn ertappt, er war verängstigt, und von all den Möglichkeiten, die ihm zur Verfügung standen, um sich Zeit zu verschaffen, um nachzudenken oder zu reagieren oder gar stolpernd durch die Tür das Weite zu suchen, hatte er sich entschieden, ihr einen Drink anzubieten. Er hatte eine Reinheit, eine Sanftheit an sich, die sich selbst in Momenten der Konfrontation und Krise nicht unterkriegen ließ.

»Newton«, sagte sie, »du solltest doch eigentlich tot sein. Was zum Teufel soll das?«

Er antwortete nicht, nickte nur betroffen, voller Verständnis für die entstandene Verwirrung.

»Ja«, sagte er. »Es tut mir so leid. Ich wollte es dir sagen. Ich habe gewartet, verstehst du?«

»Nein, ich verstehe nicht. Hast du deinen verdammten Verstand verloren?«

»Ganz und gar nicht, Anna. Ganz und gar nicht. Ich schulde dir allerdings tatsächlich eine Erklärung.«

Er klappte sein Notebook zu und erhob sich von seinem Sessel. Der Kaffee dampfte. Er hatte bis jetzt keinen Schluck nehmen können, da er noch zu heiß war, und als er aufstand, schwappte etwas davon auf den Tisch. Bevor er etwas sagen konnte, sagte ihm Anna, dass er zur Hölle fahren solle. Sie sagte es entschlossen und geradeheraus, als ob er nach dem Weg gefragt hätte und sie genau wüsste, ihm den richtigen Weg zu weisen. Reddick seinerseits schien einen Moment lang wie erstarrt zu sein, unsicher, ob er bleiben und den Kaffee, den er verschüttet hatte, wegwischen oder ihr zur Tür hinaus folgen sollte. Ich sagte ihm, ich würde mich um diese Schweinerei kümmern. Während ich sauber machte, fragte mich eine Frau, die am anderen Ende des Tisches saß, ob das A. M. Byrne, die Schriftstellerin gewesen sei.

»Nein«, sagte ich, »aber sie wird andauernd mit ihr verwechselt. Das war Anna Reddick.«

Die Frau nickte verständnisvoll und widmete sich wieder ihrer Arbeit. Sie schrieb mit einer Füllfeder in ein Notizheft. Poesie, dachte ich. Sie hatte ein kleines Tintenfass neben ihrem Kaffee stehen, in das sie ab und zu die Feder tauchte.

Ich setzte mich auf den Platz, auf dem Reddick gesessen hatte, und irgendwann nahm ich einen Schluck von seinem Kaffee. Ich hatte ihn so eingeschätzt, dass er ihn schwarz trank, aber er war mit Milch und Zucker beladen, so süß, dass er beim Runterschlucken ins Zahnfleisch fuhr, zumindest bei mir. Ich wollte ihnen ein wenig Zeit geben. Sie standen vor dem Café, eng beieinander, sprachen von Zeit zu Zeit, bis wieder einer oder beide schwiegen. Keiner der beiden sah besonders verärgert aus. Ich dachte nicht, dass es Tote geben würde, wobei so etwas aus der Ferne und durch ein Fenster nie einfach zu beurteilen ist.

Nach einiger Zeit klopfte Anna dreimal fest an die Fensterfront. Sie winkte mich heraus.

Ich packte Reddicks Sachen – sein Notebook und die Tasche – und nahm sie mit nach draußen.

»Newton schreibt ein Buch«, sagte Anna.

Ich habe schon Stimmen gehört, die verächtlicher, die giftiger geklungen haben, aber nicht allzu viele. Wir standen auf einer Menge ausgetretener Kippen auf dem Bürgersteig. Es lagen Hunderte davon herum. Was in der Zeit, als die beiden allein waren, zwischen ihnen vorgefallen war, konnte ich nicht erraten. Es war nicht meine Aufgabe, es zu erraten – das war es nie, auch wenn ich es versucht habe. Jede Ehe ist selbst für diejenigen, die sie führen, undurchschaubar, und als Außenstehender hat man ohnehin keine Chance. Ich war mir nicht einmal sicher, ob sie überhaupt noch verheiratet waren. Gegebenenfalls hatte sein Totenschein die Sache beendet, egal ob er der Wahrheit entsprach oder nicht. Ich kannte mich mit dem Eherecht nicht allzu gut aus, nicht mit dem in New York geltenden, aber auch mit keinem anderen.

»Was schreiben Sie?«, fragte ich ihn.

Er starrte auf die Zigarettenstummel auf dem Bürgersteig oder auf seine Turnschuhe, ein Paar Chucks in blau. Die waren damals Teil der Uniform unseres Viertels. Sogar die Tauben trugen sie. Er wagte es nicht, zu sprechen. Ich hätte es auch nicht getan, nicht, wenn mich meine Frau so angesehen hätte. Er streckte die Hand aus und nahm die Tasche – seine Tasche – von meiner Schulter.

»Es ist ein Roman«, sagte Anna. »Er behauptet, er habe immer schon einen schreiben wollen. Er habe sein ganzes Leben damit verbracht, die Bücher anderer Leute zu kaufen und zu verkaufen, weshalb er herausfinden wollte, ob auch er einen Roman schreiben könne, habe aber nicht gewusst, wie er das bewerkstelligen könne, nicht mit mir in seiner Nähe. Er habe nicht einmal eine Ahnung davon gegabt, wie er beginnen solle, stimmt das? Newton, korrigier mich bitte, wenn ich falsch liege. Du wolltest schreiben und das schien dir der beste, sinnvollste Weg, es anzugehen, richtig? Du hast sogar daran geglaubt, mich zurückgewinnen zu können, wenn ich das Ding einmal gelesen hätte.«

Er hörte ihr aufmerksam zu. Seine Atmung war langsamer geworden.

»Ich weiß es nicht«, sagte er. »Ich wollte es einfach versuchen.«

»Ich habe gehört, dass es Leute geben soll, die so etwas tun, ohne dabei ihren Tod vorzutäuschen«, sagte sie.

»Ja, ich weiß.«

»Aber das schien dir kein praktikabler Weg zu sein?«

»Wir waren dabei, uns scheiden zu lassen.«

»Ja, das stimmt. Also besser, die ganzen Unannehmlichkeiten gleich zu vermeiden, habe ich recht.«

»Ich meine … es war unmöglich. Du wolltest es einfach durchziehen. Das wolltest du.«

»Ich weiß es nicht, Newton. Ich weiß nicht, was ich dir noch sagen soll. Verdammt gut gemacht.«

Wir standen schweigend da, dann öffnete eine Frau das Fenster im ersten Stock eines gegenüberliegenden Reihenhauses und ließ einen Müllsack fallen. Er landete in einem Mülleimer und sie schien diesen Moment zu genießen, lehnte zufrieden auf der Fensterbank, winkte dann und verschwand wieder im Haus. Anna schien sie dabei mit einer tiefen und aufrichtigen Bewunderung zu beobachten.

»So regelt man Dinge«, sagte sie zu niemand Bestimmtem.

Da stellte ich mich Reddick vor. Ich hatte es bis jetzt nicht getan, vielleicht hatte sie ihm ja erzählt, was ich hier zu suchen hatte. Möglicherweise hatte er sich auch an mein Gesicht erinnert. Er wirkte allerdings nicht besonders überrascht. Wir schüttelten uns die Hände und er sagte, dass er sich freue, mich zu sehen – irgendeine unverbindliche Floskel in der Art. Sein Griff war unsicher und seine Fingerknöchel waren geschwollen. Ich sagte mir, dass es eine Auswirkung des vielen Tippens der letzten Monate war, aber vielleicht war es auch nur eine Alterserscheinung.

25

New York ist ein guter Ort, um sich zu verstecken. Das war er schon immer. Die Richterin, für die ich im Southern District arbeitete, war früher die leitende Staatsanwältin im Fünf-Familien-Fall, der für die endgültige Zerschlagung der New Yorker Mafia in den Achtzigerjahren sorgte. Sie hatte mir einmal von den Informanten erzählt, die sie einsetzten, Fußsoldaten sozusagen, die gegen ihre Familien Beweise sammelten, eine Sache, die man eigentlich nicht tun sollte, die aber bedeutete, dass man fürs Leben gezeichnet war, auf dem besten Weg, beseitigt zu werden. Die Staatsanwaltschaft verzeichnete damals keinen einzigen Verlust unter ihren Informanten. Das ging über Jahre, sie kümmerten sich nicht einmal um irgendeinen Zeugenschutz, es genügte, die Typen einfach von einem Stadtbezirk in den anderen zu verfrachten. Wie sich herausstellte, war die sagenumwobene Fähigkeit der Mafia, Leute wie ein der Hölle entkommener Bluthund überall aufspüren zu können, nur ein Mythos. Sie konnten einen nicht einmal in Astoria finden. Die Sondereinheit mietete einige Wohnungen in verschiedenen Stadtvierteln an und tauschte die Leute alle paar Monate aus. Daran dachte ich beim Anblick von Newton Reddick. Er hielt sich die ganze Zeit in Brooklyn auf, sogar in Williamsburg, in einem Loft im zweiten Stock auf der North Fifteenth. Er teilte sich die Wohnung mit vier anderen Leuten, drei Deutsche und ein Kanadier, alle von ihnen Flugbegleiter. Jeden Abend machte er sich auf den Weg in ein Café, um an seinem Roman zu arbeiten, den er schon so lange hatte schreiben wollen, was ihm aber aus unerfindlichen Gründen nicht gelungen war, obwohl er Zeit und Geld und eine Frau hatte, deren Agent ihr wahrscheinlich den Gefallen getan hätte, ihn zu verkaufen. Er mochte sein neues Leben. Er mochte es, im Café zu schreiben. Ein Dollar pro Tasse und er musste kein schlechtes Gewissen haben, wenn er nachfüllte. Er gab sich als Richard Carstone aus. Derselbe Name, den er verwendet hatte, um in dem Hotel einzuchecken, in dem er vermeintlich das Zeitliche gesegnet hatte. Ein erfahrener Ermittler hätte daran gedacht, dieser Spur zu folgen. Jedenfalls hatte er seine fixen Abläufe und die verhalfen ihm zu einer verlässlichen Zufriedenheit. So erklärte er es. Immer tausend Worte, darauf folgte ein Fußmarsch von der Williamsburg Bridge nach Greenpoint und wieder zurück. Man wusste nie, was man zu sehen bekam, je später, desto besser. Es war ihm nie bewusst gewesen, wie sehr er es genoss, die ganze Nacht wach zu bleiben und sich im Freien aufzuhalten. So wie er es erzählte, war es nicht schwer heraushören, dass er in diesen letzten Monaten viel über sich selbst erfahren hatte. Deshalb bist du nach Brooklyn gezogen, dachte ich. Er war nur spät dran, es auszuprobieren.

Wir spazierten zu dritt durch das Viertel und unterhielten uns. Es war nach Mitternacht. Ich wollte die beiden verlassen, aber Anna sagte, ich solle bleiben, sie wolle nichts tun, was sie später bereuen würde, und wenn doch, dann wolle sie ihren Anwalt dabeihaben. Ich hatte den Eindruck, dass beide die Situation mit einer seltsamen, an Absurdität grenzenden Zurückhaltung handhabten. Ich hielt ein paar Schritte Abstand. Wenn ich mich zu weit zurückfallen ließ, drehte sie sich um und fragte, weshalb ich zurückblieb. Ich konnte sie sehr gut verstehen. Es war nicht die Art Gespräch, die es erforderte, zu flüstern. Sie stellte ihm eine Menge Fragen über den Tod, wie er ihn vorgetäuscht hatte, und zum Papierkram. Ihre Fragen waren sehr präzise und falls sie einen Stift zur Hand gehabt hätte, hätte sie vielleicht sogar Notizen gemacht. Er beschrieb alles so detailliert wie möglich. Keiner von beiden stellte die Frage nach dem Sinn. Möglicherweise hatten sie schon vorhin darüber gesprochen oder es war ohnehin für jedermann offensichtlich, weshalb sie nicht das Bedürfnis hatten, es anzusprechen. Reddick schien sein neues Viertel und die Gegend sehr zu schätzen. Er zeigte ihr immer wieder Dinge, als hätte er sie entdeckt, die Lichter der Brücke, den alten Fähranleger am Ende der Grand, eine Bar in der Kent, die er mochte. Irgendwo an der Waterfront fragte ich ihn, was es mit dem Bauprojekt, der Flächenumwidmung, auf sich hatte.

Er machte auf dem Absatz kehrt und sah mich ernst an. Seine Augen funkelten vor Interesse. Es erinnerte mich an den ersten Abend in der Poquelin, als er zu mir gekommen war, um seine Hilfe anzubieten. Ich hatte das Gefühl, den Mann zu kennen, obwohl wir uns nur an diesem einen Abend getroffen hatten, für etwa eine Stunde. Wir waren so gut wie Fremde.

»Was meinen Sie?«, fragte er.

»Liam Moore«, sagte ich. »Die Fälschungen, die Flächenumwidmungen, die Gebäude, die sie da errichten wollen. Sie reißen die Docks und die Lagerhäuser ab und stellen drei Hochhäuser mit Stadtblick hin. Und das ist erst der Anfang. Die ganze Gegend wird bald ein Wohnsilo sein. In ein oder zwei Jahren.«

»Davon wusste ich nichts«, sagte er.

»Moore half dabei, die Genehmigungen einzuholen. Er hat einen hochrangigen Beamten mit einigen seltenen Büchern bestochen.«

Sein Blick wechselte von Verwunderung zu professionellem Interesse. »Welche Art von Büchern?«

Ich bemühte mich, mich daran zu erinnern, worum es sich handelte, was man mir gesagt hatte. »Vintage Erotica.«

Er schüttelte den Kopf. »Nicht meine. Die muss er von jemand anderem bekommen haben.«

In diesem Moment ergab alles Sinn. Die Stadt war voller Bücher. Es gab einfach zu viele Möglichkeiten.

Wir gingen an einer der Baustellen vorbei. Das Gelände war bereits abgesperrt, an den grünen Sperrholzzäunen hingen unzählige Schilder, die zur Vorsicht mahnten und darauf hinwiesen, dass man dort nichts aushängen dürfe, dass mit Bußgeldern zu rechnen sei und dass Verstöße unter der angegebenen Telefonnummer zu melden seien. Allerdings ging nicht klar daraus hervor, um welche Art von Verstößen es sich dabei handelte, ob es das Aushangverbot oder das Betreten der Baustelle betraf. Mir fiel ein, dass Ulises vor einigen Monaten, die mir wie Jahre vorkamen, an einem Projekt für einen Immobilienentwickler gearbeitet hatte. Er schrieb Gedichte, die auf Baustellenzäune gedruckt und an Straßenecken ausgehängt werden sollten. Damals kam mir das lächerlich vor, aber nicht lächerlicher als Vintage Erotica oder ein Café, das einem den ganzen Tag und die ganze Nacht die Tasse nachfüllte, ohne dass man noch einmal bezahlen oder etwas zu essen kaufen musste. Der ganze Ort kam mir ein wenig verrückt vor, aber das war mir gleichgültig: Es ging mich ja auch nichts an. Ich war immer noch ein Anwalt. Wir waren dazu bestimmt, immer diskret zu sein.

»Nicht aufgeben«, sagte Anna. »Wir sind fast da.«

Ich konnte nicht sagen, ob sie mit Newton oder mit mir sprach, oder ob ich sie falsch verstanden hatte. Wie viele Monate hatte sie damit verbracht, nach ihm zu suchen und sich zu fragen, was geschehen war? Jetzt hatte sie ihn. Um uns herum war leere Luft und ausgehobene Erde, aber man konnte die Gebäude unter den Füßen beinahe spüren, bereit, durch die Oberfläche zu brechen, wie Stängel, die nach der Sonne suchen, als würden sie von selbst wachsen, wenn man sie nur ein wenig goss und in Ruhe ließe, zweiunddreißig Stockwerke in die Höhe ragen und einen Immobilienmakler anheuern.

Sie lenkte uns Richtung Wasser. Wahrscheinlich begingen wir gerade Hausfriedensbruch, aber das spielte keine Rolle. Zwischen zwei Bauzäunen befand sich ein schmaler Durchgang. Der Weg führte bis ans Ufer, wo gerade die Flut einsetzte und Müll an die Ruinen eines alten Deiches schwemmte. In der Ferne leuchteten die Lichter der Stadt. Sie glitten an der Wasseroberfläche entlang und man kam sich dort am Ufer stehend klein und lächerlich vor.

»Noch ein Stück weiter«, sagte Anna. »Ich war noch nie hier unten auf der Brooklyn-Seite. Warst du jemals hier, Newton? Aber was rede ich bloß, das ist ja jetzt deine Heimat. Du warst bestimmt überall, davon bin ich überzeugt. All diese Spaziergänge. Sie sind der Schlüssel zu einem guten Roman, nicht wahr? Viel frische Luft und einige Spaziergänge. Da zirkulieren die Gedanken genauso wie das Blut. Mein Gott, wir haben eine Menge zu besprechen, meinst du nicht?«

Newton schien ihre Fragen ernst zu nehmen.

»Ich denke nicht, dass ich je hier war«, sagte er.

»Das ist gut. Eine unverbrauchte Erfahrung. Etwas, das wir teilen können. Ist das nicht entzückend?«

Es gab einen Steg, der auf den Fluss hinausführte. Es handelte sich nicht wirklich um einen Steg, sondern um eine Reihe glitschiger Felsen, die von der Flut freigelegt waren und zu den Überresten eines Docks führten, das verkohlt und fast zu Asche verbrannt aussah, obwohl es wahrscheinlich der korrodierenden Wirkung des Salzes im East River und was auch immer sonst noch geschuldet war. Er war stabil genug, um darauf zu laufen, doch das konnten sie nicht wissen. Anna ging voraus und Newton folgte ihr. Er wirkte unsicher. Ich blieb am Ufer. Da draußen auf dem Wasser wirkten sie gar nicht wie ein so ungleiches Paar. Es war dunkel und er trug diese Jeans und seine Umhängetasche. Sie reichte ihm die Hand, um ihm von den Felsen auf den Steg zu helfen. Sie standen dort mit der Stadt vor sich, die gewaltig und wunderschön aussah. Nachdem sie sich vorgebeugt hatte, um ihm etwas zu sagen, was ich nicht hören konnte, holte er das Notebook aus seiner Tasche. Es muss vier oder fünf Kilo gewogen haben. Seine dünnen Arme, die aus den T-Shirt-Ärmeln ragten, konnten es kaum hochhalten, zumindest sah es für mich vom Ufer her so aus.

Er stemmte seine Füße in den Boden und warf das Notebook mit beiden Händen ins Wasser. Anna zeigte keine Reaktion. Er blickte sie nicht an, um zu sehen, ob sie eine zeigen würde. Er starrte auf die Stelle, an der der Computer im Wasser versank. Er hatte beim Aufprall kaum ein Spritzen verursacht. Dort gab es alle möglichen Gezeitentümpel und Strudel, die so ziemlich alles hätten verschlingen können. Ich hatte den Eindruck, dass Reddicks Knie einen Augenblick lang nachgaben, vielleicht bildete ich mir das auch nur ein und gestaltete den Moment dramatischer, als er tatsächlich war, denn ich war davon überzeugt, dass alles, was sich darauf befand, woran auch immer er in diesen Monaten geschrieben hatte, nirgendwo gesichert war. Er war ein alter Mann und die machten sich über derlei Dinge niemals Gedanken. Jetzt war es fort, im East River ertränkt und für immer verloren.

Anna drehte sich um und rief mir etwas zu. Sie bat mich, auf den Steg zu kommen.

»Bring diese Notizbücher«, sagte sie.

Ich trug ihre Notizbücher noch immer mit mir herum. Ihre Stifte befanden sich in meiner Gesäßtasche.

»Wozu?«, fragte ich.

»Herr Gott noch mal, komm einfach her. Komm schon, du wirst doch wohl keine Angst vor ein bisschen Wasser haben.«

»Wozu willst du die Notizbücher haben?«

»Das sage ich dir, wenn du hier bist. Komm schon, die Brise hier draußen ist so angenehm. Newton, sag es ihm.«

Reddick sagte etwas, ich konnte es bloß nicht verstehen. Es war an sie gerichtet, ein Geheimnis.

»So ist es«, sagte sie lächelnd. »Das ist absolut richtig.«

Sie sah so glücklich aus. Als hätte er ihr einen Witz erzählt, oder sie ihm, und als wäre es etwas, das seit Jahren zwischen ihnen lief, etwas Furchtbares und Vertrauliches. Ich wusste nicht wirklich, was zwischen den beiden vor sich ging, aber in diesem Moment beschloss ich zu gehen. Falls einer von ihnen nach mir rief, wurde es vom Wind und dem Rauschen des Flusses verschluckt.

26

Es war etwa fünf Uhr morgens, vielleicht auch später, und ich saß in Kellog's Diner in der Metropolitan Avenue und erzählte Ulises, was passiert war. Ich hatte ihn bestimmt angerufen und gebeten, mich dort zu treffen. Ich erinnerte mich nicht an den Anruf, aber die Wahrscheinlichkeit, dass er zu genau jener Stunde dort vorbeigekommen war, war äußerst gering. Er wohnte nicht einmal in der Gegend, auch wenn er dort relativ viel Zeit verbrachte und immer irgendwohin mit der Bahn unterwegs war, entweder der G- oder der L-Linie. Damals beschwerten sich die Leute andauernd über die G-Linie, doch für Ulises war sie gut genug.

Wir saßen in einer Nische und blickten aus dem Fenster auf

die Metropolitan und die Union. Fünf oder sechs Lastwagen standen dort in der Dämmerung und warteten auf etwas, vielleicht auf Benzin oder Proviant, bevor sie sich auf den Weg zum Highway machen würden. Das Neonschild des Diners spiegelte sich rosa und blau auf ihren Seitenverkleidungen und in den Pfützen, die die Schlaglöcher entlang der Metropolitan füllten. Es gab dort immer Pfützen, auch wenn es schon lange nicht mehr geregnet hatte. Es herrschte nur die feuchte Hitze, die nicht nachlassen wollte. Ulises hörte mir aufmerksam zu, als ich ihm erzählte, woran ich mich von dieser Nacht erinnern konnte, angefangen von dem Zeitpunkt, als wir das Lagerhaus abschlossen, bis zu dem Moment, als ich Anna und Newton flüsternd und Gegenstände in den East River werfend auf dem Dock zurückgelassen hatte. Ihre Notizbücher hatte ich noch bei mir. Ihre Stifte auch.

»Hast du sie gelesen?«, fragte Ulises. »Ich wäre neugierig zu sehen, woran sie derzeit schreibt.«

»Nein«, erwiderte ich. »Das wäre unethisch oder sonst was.«

»Aber du hast sie mitgenommen.«

»Um sie aufzuheben. Ich werde sie ihr über einen Botendienst zukommen lassen.«

»Sie war bestimmt nicht sehr erfreut darüber, dich mit ihrem Eigentum weggehen zu sehen.«

»Wahrscheinlich nicht. Vielleicht freut sie sich aber später einmal darüber.«

»Denkst du, sie hätte ihre Notizbücher wirklich in den Fluss geworfen? Die ganze Arbeit zerstört?«

Es war eine berechtigte Frage.

»Ich weiß es nicht«, sagte ich. »Ich habe sie doch gefragt, was sie mit ihnen vorhabe, aber sie wollte es mir nicht sagen.«

Ulises nickte auf diese feierliche, fast lächerliche Art, die er hatte und die einem verriet, dass er in Gedanken war, aber nicht registrierte, was man ihm gerade erzählte, oder dass er einem zwar gut zuhörte, aber dass die Gedanken, die er gerade hegte, jenseits jeglichen Begreifens waren, selbst seines eigenen. Auf diese Art nickte er mehrfach, als ich ihm die Einzelheiten ein weiteres Mal erläuterte und versuchte, ihm zu erklären, was passiert war und weshalb und wo Newton Reddick die ganze Zeit gesteckt hatte und was er behauptete, getan zu haben. Er hatte einen eigenen Roman schreiben wollen. Es klang so einfach, wenn man es so sagte.

Als die Kellnerin mit der Rechnung für den Kaffee vorbeikam, sagte Ulises, dass wir besser etwas zu essen bestellen sollten. Wir könnten mit einem warmen Frühstück im Magen klarer denken. Ich bestellte French Toast und Ulises etwas, das sich Gesamtpaket nannte. Es bestand aus so ziemlich allem, was auf der Karte stand. Die Kellnerin schien ihn zu mögen und brachte uns zwei Extrateller mit knusprig gebratenem Speck.

»Vielleicht hatte sie vor, ihn ins Wasser zu stoßen«, sagte Ulises. »Sie wollte, dass du dabei neben ihr stehst, der einzige Zeuge, der dazu noch an die Schweigepflicht gebunden ist. Der perfekte Mord, so ungefähr jedenfalls. Er ist ja bereits tot, das wäre also ein Doppelmord und dafür könnte sie nicht verurteilt werden, habe ich recht? Vorausgesetzt, dass er nicht schwimmen kann und sich auf dem Weg nach unten nicht den Kopf stößt. Vielleicht würde er aber auch das Richtige tun und einfach sinken. Irgendwo habe ich gelesen, dass man nicht willentlich ertrinken kann, aber was weiß man schon?«

»Vielleicht«, sagte ich und bemühte mich, ihm zu erklären, was es mit dem Verbot der Doppelbestrafung auf sich hatte und wieso so viele Leute das Konzept von *double jeopardy* falsch auslegten. Es interessierte ihn überhaupt nicht, seine Gedanken rasten vor sich hin und er war vernarrt in den Ausdruck, nicht in dessen korrekte Anwendung. Das war das Problem bei einem Gespräch mit ihm um fünf Uhr morgens in einem Diner mit Leuchtreklame. Er verheddterte sich in Details oder im Klang eines Satzes, der nichts oder etwas ganz anderes bedeutete. Ich musste immer wieder an Anna denken und daran, wie es war, die letzten Wochen mit ihr zu verbringen. Ich glaube nicht, dass ich jemals jemanden getroffen hatte, der so lange still und ruhig dasitzen konnte, stundenlang. Wahrscheinlich würde ich das auch nie tun und sie deshalb in Zukunft als unruhiger in Erinnerung behalten, als sie es war.

»Übrigens, ich bin mit dem Auto hier«, sagte Ulises und zeigte aus dem Fenster auf einen Chrysler LeBaron, ein Cabrio, das in einem Erdton zwischen Lehm und Schlamm lackiert war. Das Verdeck war heruntergeklappt und der Wagen parkte in zweiter Reihe neben einem Polizeiauto. Auf der Union Street parkten immer Polizeiautos. Ich hatte nicht einmal gewusst, dass er einen Führerschein besaß. Er kannte das U-Bahn-Netz und die Buslinien besser als jeder andere, den ich je gekannt hatte. Einer seiner Freunde hatte ihm den LeBaron geliehen. »Ich habe ihn für den ganzen Monat«, sagte er. »Ich muss ihn am Labor Day zurückbringen. Ich werde damit ans Kap fahren.«

»Wann beginnt der Workshop?«, fragte ich.

Ich vermutete, dass er bald nach Princeton aufbrechen würde. Er hielt diesen Poesie-Workshop jedes Jahr im Fine Arts Center und behauptete, dass sie ihm dafür viel Geld zahlten, wobei er sich nicht erklären konnte warum. Offenbar gab es Leute, die darauf brannten, nach Cape Cod zu fahren und dort zu schreiben, und sie wollten Ulises dabeihaben, um sie anzuleiten, sie zu ermutigen und zu kritisieren und mit ihnen abends noch einen Drink zu genießen, nachdem sie mit dem Schreiben und den Ermutigungen durch waren.

»Erst in ein paar Tagen«, sagte er. »Scheiße, lass uns irgendwohin fahren. Du musst raus aus New York. Dieser Fall hat dir den Kopf verdreht und du musst ihn irgendwie wieder geradebiegen, irgendwo anders, an einem fremden Ort. Du brauchst eine andere Umgebung. Frische Luft.«

»New York trägt keine Schuld an der Misere.«

Er zuckte mit den Schultern. »Ich sage ja nicht, dass es so ist, ich sage nur, dass du wegfahren solltest.«

Wir bestellten noch etwas zu essen, die Kellnerin füllte unsere Kaffeebecher nach und sprach Ulises mit Namen an. Sie sagte es so, wie Kellnerinnen »Liebling« oder »Süßer« sagen, wenn sie mit einem reden, nur war es in dem Fall Ulises' Name, der, den er sich selbst verpasst hatte, als er aus Venezuela nach New York kam.

»Ich denke noch immer, dass es etwas mit den Gebäuden zu tun hat«, sagte er. »Immobilien bestimmen alles.«

»Vielleicht«, sagte ich.

»Glaubst du nicht?«

Ich wiederholte, wie Reddick auf die Andeutung reagiert hatte. Er tappte wie ich im Dunkeln oder war überzeugend, sich als einfacher Mann, dessen Kopf von Büchern besessen ist, darzustellen. Manchmal ist eine Verschwörung nur eine andere Bezeichnung für unser Leben, das weitergeht, ohne dass wir es bemerken. Das sagte ich jedenfalls. Es war ein Gedanke, der mir in diesem Moment durch den Kopf ging. Ulises lachte.

»Und das nimmst du einfach so hin?«, fragte er.

»Ich sehe keine andere Möglichkeit«, erwiderte ich. »Man kann nicht ewig am selben Fall arbeiten.«

»Da hast du recht. Weißt du was, du hörst dich langsam an wie ein Poet.«

»Wie das?«

»Du lässt dich auf die Mehrdeutigkeit ein. Manche Leute brauchen Jahre, um das zu verinnerlichen.«

Ich bezahlte unser Frühstück und legte zum Trinkgeld einen extra Zwanziger, um zu beweisen, dass ich immer noch ein Profi war, ein Anwalt mit Anwaltsausweis und abbezahlten Studienkrediten, und kein abgehalfterter Dichter. Die Kellnerin steckte das Geld ein, bedankte sich bei Ulises fürs Vorbeikommen und musterte mich ein wenig misstrauisch, als sähe sie mich zum ersten Mal. Als ob ich ein Gespenst wäre, das sie soeben in ihrem Haus entdeckt hätte. Ihr Name war Anne-Lise. Er war in kalligrafieähnlicher Schrift auf ihre Uniform genäht.

Draußen war es bereits hell und die Lastwagen waren fort, auch die Polizisten, die Ulises in zweiter Reihe zugeparkt hatte, waren unauffindbar. Es war ein strahlender Morgen voll leerer sommerlicher Versprechen. Ich blickte nach Westen, in Richtung Uferpromenade. Da die Metropolitan ein Gefälle hatte, konnte man bis dahin sehen. Ich bezweifelte, dass Anna und Newton noch immer dort waren, auch wenn es möglich war. Vielleicht hatten sie vor, wie ein Möwenpaar den ganzen Vormittag auf die Sonne zu warten, die sie wärmen würde, bevor sie bereit dazu wären, ihren Platz zu verlassen. Ich wusste es wirklich nicht, es war jetzt ihre Angelegenheit.

Ulises sagte, dass er keine Pläne habe. Er denke daran, eine Spritztour zu machen, raus aus der Stadt, für ein oder zwei Nächte. Er kenne einige Leute im Umland, die dort Häuser hätten. Irgendeine Frau auf Rhode Island. Überall gebe es

Leute mit Häusern und es war Sommer. »Ist das nicht wunderbar?« Der LeBaron habe zwar einen lausigen Spritverbrauch und der zweite Gang würde von Zeit zu Zeit krachen, aber im Tank seien zwanzig Dollar, vielleicht auch mehr. Ich setzte mich auf den Beifahrersitz. Er war aus Kunstleder gefertigt und die Nähte platzten bereits auf.

»Also gut«, sagte ich, »fahren wir.«

Ulises lächelte. »Verarsch mich nicht. Wenn ich mal auf dem Highway bin, gibt es kein Zurück mehr.«

»Ich meine es ernst. Wir verlassen die Stadt. Keine Taschen, keine Straßenkarten, kein Plan.«

»Perfekt.«

»Wir fahren jetzt los und blicken nicht zurück.«

»Jetzt leg schon den Gang ein. Du kannst doch fahren, oder? Das da ist übrigens die Kupplung.«

Das Auto ruckelte, als er den ersten Gang einlegte. Es war eine schöne Karre, auf ihre eigene, hässliche Art und Weise.

»Wir müssen ihr einen Namen geben«, sagte Ulises. »Wenn wir sie fahren, muss sie auch einen Namen haben.«

»Wie willst du sie nennen?«

»Du bist der Poet, sag du es mir.«

»Von wegen«, sagte ich. Dann dachte ich eine Weile darüber nach. »Wie wäre es mit Desdemona?«

»Gütiger Gott«, sagte Ulises. »Welch fürchterlicher Name für ein Auto.«

Die Leute hinter uns hupten. Wir fuhren mit ungefähr fünfzehn Stundenkilometern auf dem Autobahnzubringer. Ich schaltete das Radio ein. Héctor Lavoe und die Fania All-Stars gaben »Mi Gente« zum Besten. Die Lautsprecher waren so gut wie tot und Héctor Lavoes Stimme war wie ein Messer, das sie aufschlitzte.

»Heilige Scheiße«, sagte Ulises. »So verlässt man die Stadt. Mach das lauter!«

Er begann auf das Lenkrad zu trommeln und nahm endlich Fahrt auf.

»Que canta, mi gente, que canta, mi gente, que canta, mi gente.«

»Übrigens«, sagte er, »ich habe da einen Fall, den ich dir zuschanzen möchte. Ein Freund, der Hilfe braucht.«

»Welche Art von Hilfe?«

»Visum, Pässe, solche Dinge eben. Ein Trompeter aus Montreal.«

»Nur keine Scheidungen bitte.«

»Nein, keine Sorge. Er tourt nur den ganzen Herbst mit falschen Papieren. Im Dezember ist er wieder da.«

»Großartig, bis dahin habe ich nichts zu tun.«

»So muss man leben, Kumpel. Es nehmen, wie es kommt.«

Wir nahmen den Brooklyn-Queens-Expressway durch Queens und waren bald auf der Triborough Bridge über Randall's Island. Die Stadt lag im Rückspiegel und sah darin ziemlich klein aus. Wir besprachen, wohin wir fahren sollten. Die erste Entscheidung, die wir zu treffen hätten, sei, ob ins Landesinnere oder an der Küste entlang, sagte Ulises. Im Landesinneren wären wir bald in der Hügellandschaft, wo die Luft dünner und es kühler sei, aber an der Küste hätten wir Strände und das Meer. Er erzählte, dass man an der Küste immer vom Muschelgraben leben könne, wenn es mit der Literatur nicht klappen sollte. Er könnte verkaufen, was er wollte, den Rest selbst essen und das ganze Jahr über ein reines, ehrliches Leben führen, sofern es keine Probleme mit den Marktpreisen oder Algen geben würde. Ich konnte mir Ulises nicht in Gummistiefeln im Winter vorstellen. Ich glaubte nicht, dass er in seinem ganzen Leben je eine einzige Muschel ausgebuddelt hatte. Es spielte aber keine Rolle, denn es war schön, diesem Dichterunsinn zuzuhören.

Ich schloss meine Augen und im Wind lag ein Hauch von Salz.

Danke an:
Jack, Kathy und Franny Murphy und das Heim voller Bücher, das wir teilen.
Duvall Osteen und dem ganzen Team von Aragi Inc.
Ibrahim Ahmad, Marissa Davis, Bennett Petrone, Alex Cruz-Jimenez und allen von Viking, die an diesem Buch gearbeitet haben.
Leonardo und Gisela Henriquez, Adriana und Ignacio Pardo.
Jonathan Lee, Riad Houry, Dan Sheehan und Téa Obreht.
Allen, die diese seltsamen, vergangenen Tage in New York geteilt haben.
Dem Center for Fiction für seine Großzügigkeit und die Unterstützung.
Die Bibliothèque Mazarine, die New-York Historical Society, die Arthur W. Diamond Law Library, Sotheby's, dem Blue Stove, dem Grey Dog und anderen Institutionen, die mir die Möglichkeit boten, zu recherchieren, zu schreiben und Verpflegung gewährten.
Debevoise & Plimpton, gute Kumpel und über jeden Verdacht erhaben.
Shannon Rebholz, Anna-Lise Quach, Elliot Greenfield, Louis Begley, die ehrenwerte Barbara S. Jones und andere Rabbis, die ich traf.
Und am allermeisten an Carolina Henriquez-Schmitz, mein schlagendes Herz.

SEPTIME
suspense

www.septime-verlag.at